Albrecht Leopold, Wilhelm Dohna

Der Feldzug der Preussen gegen die Franzosen in den Niederlanden, im Jahr 1793

Albrecht Leopold, Wilhelm Dohna

Der Feldzug der Preussen gegen die Franzosen in den Niederlanden, im Jahr 1793

ISBN/EAN: 9783743306646

Hergestellt in Europa, USA, Kanada, Australien, Japan

Cover: Foto ©ninafisch / pixelio.de

Manufactured and distributed by brebook publishing software
(www.brebook.com)

Albrecht Leopold, Wilhelm Dohna

Der Feldzug der Preussen gegen die Franzosen in den Niederlanden, im Jahr 1793

DER
FELDZUG der PREUSSEN

GEGEN DIE FRANZOSEN

in den Niederlanden

im Jahr 1793,

von

Albrecht, Reichs = Burggrafen zu Dohna,
Ritter des Ordens vom Verdienst, Königl.
Preuss. Hauptmann, und General Adjudanten bey dem Gouverneur und General der
Infanterie Freyherrn von Knobelsdorff,
Befehlshaber der Preussischen Truppen in
den Niederlanden.

DRITTER BAND.

Stendal 1798,
auf Kosten des Verfassers
und in Commission
bei Hemburg in Berlin.

Zur Nachricht.

Zu meiner Rechtfertigung über die verschiedentlich an mich eingegangenen Fragen meiner Freunde, warum ich dies Werk nicht mit den doch eigentlich sehr nöthigen Plans begleitete, dienen folgende Kabinettsschreiben Sr. Majestät des hochseligen Königs.

Mein lieber General von der Infanterie v. Knobelsdorff!

Da Euer Adjutant, Graf Dohna, während des Feldzugs in den Niederlanden ein Journal geführt hat, und die Plane aller Läger Meiner und der Kaiserlichen Armee, unter andern von der Belagerung von Valenciennes besitzt, so will Ich Euch hierdurch auftragen, ihm anzubefehlen, daſs er diese Materialien an Meine Plankammer zu Potsdam einsenden solle, damit davon bey Anfertigung der Geschichte des Krieges gegen Frank-

)(

reich Gebrauch gemacht werden könne. Ich bin Euer wohlaffectionirter König

Berlin, FR. WILHELM.
den 25. Jenner 1796.

An den General der Infanterie v. Knobelsdorff.

Mein lieber General der Infanterie von Knobelsdorff!

Mit der gemeldeten Ablieferung des von den Capitain Grafen zu Dohna geführten Journals und der dazu gehörigen Plans an die Plankammer zu Potsdam bin Ich sehr wohl zufrieden, und will Euch auftragen, solches gedachtem Capitain von Meinetwegen zu erkennen zu geben, und demselben Mein Wohlwollen zu bezeugen. Ich bin Euer wohlaffectionirter König.

Berlin, FR. WILHELM.
den 4. Febr. 1796.

An den General von der Infanterie v. Knobelsdorff.

Ueber die Bearbeitung des Werkes, welches ich Sr. Majestät im Manuscripte heftweise eingesandt hatte, erhielt ich folgendes Königliches Kabinettsschreiben.

Mein lieber Capitain Graf zu Dohna!

Ich habe mit Eurem Schreiben vom 22sten d. M. das 1te Heft Eurer Geschichte von der Campagne in den Niederlanden wohl erhalten, und bezeige für den rühmlichen Fleifs, womit ihr dieses Werk bearbeitet, Meine besondere Zufriedenheit, als Euer wohlaffectionirter König

Berlin,   FR. WILHELM.

den 24. Dec. 1796.

An den Capitain Grafen von Dohna.

Nach Ueberreichung des ersten Theils, als er im Drucke erschienen war, empfieng ich von Sr. Königl. Majestät, dem jetzt regierenden Könige, folgendes Kabinettsschreiben.

Mein lieber Capitain Graf zu Dohna!

Der mittelst Schreiben vom 10ten Febr. Mir zugekommene Erste Theil Eures Werkes über den Feldzug in den Niederlanden vom Jahre 1793, überzeugt sehr angenehm Mich von Eurer so zweckmäfsigen Thätigkeit, und zweifle ich nicht, dafs, sobald Meine jetzt noch schwachen Augen, Mir eine nähere Ansicht dieser

)(2

Eurer Arbeit verstatten, Ich um so mehr dagegen verbleiben werde Euer wohlaffectionirter König

Berlin,   FR. WILHELM.
den 1. März 1798.

An den Capitain und Adjutant Graf zu Dohna in Stendal.

Nach Ueberreichung des zweyten Bandes.

Mein lieber Capitain Graf zu Dohna! Ich habe mit Eurem Schreiben vom gestrigen Dato den zweyten Band Eurer Beschreibung des Feldzuges in den Niederlanden erhalten, so weit damals Meine Truppen an demselben Theil genommen haben, und bezeuge Euch über diesen abermaligen Beweis Eurer fortdauernden zweckmäßigen Thätigkeit, aufrichtig hierdurch Meinen Beyfall als Euer wohlaffectionirter König

Charlottenburg,   FR. WILHELM.
den 8. July 1798.

An den Capitain Graf zu Dohna, Adjutant des Feldmarschalls v. Knobelsdorff.

Ich wende mich nun wieder nach den Niederlanden, und theile meinen Lesern ein Schreiben des Erbprinzen von Oranien mit, welches es ihnen erklärlich macht, warum der von ihm beabsichtigte Angriff unterbleiben mußte.

Mon General!

Je m'empresse d'avoir l'honneur d'informer Votre Excellence, que j'ai reçu ce matin une Lettre du Prince de Cobourg, dans laquelle il me donne a connoitre, qu'il prefereroit, que le projet d'attaque, dont j'avois fixé l'execution a demain n'eut pas lieu et qu' ainsi je n'entreprendrai rien demain.

Je lui ai ecrit ce matin a ce sujet et j'attendrai sa reponse, dont je ne manqueroi pas de faire savoir le resultat a Votre Excellence.

J'ai l'honneur d'être avec une parfaite considération

Mon General

de Votre Excellence

Au Quartier General de Menin ce 1. Iuillet 1793.

le très - humble et obéissant Serviteur · G. F. Pr. HED. D'ORANGE. Com. Gen.

A

Uebersetzung:

Mein Herr General!

Ich säume nicht mir die Ehre zu geben Ew.
Excellenz zu benachrichtigen, dafs ich heute
Morgen einen Brief vom Prinzen v. Coburg
erhalten habe, in welchen er mir den Wunsch
zu erkennen giebt, der Entwurf zu einem
Angriff, den ich auf morgen früh vestgesetzt,
mögte ganz unterbleiben, daher ich also morgen nichts unternehmen werde.

Ich habe ihm diesen Morgen aufs neue geschrieben und erwarte seine Antwort, deren
Inhalt ich nicht verfehlen werde Ew. Excellenz
mitzutheilen.

Mit vollkommner Hochachtung habe ich die
Ehre zu seyn etc.

Am 1sten Juli kamen doch wieder einige 30
Mann vom Feinde bis an die Oelmühle zwischen *Ca-*
pellen, *Templeuve en Pevèle* und *Pontamarque* vor, aber die
Unannehmlichkeiten des vorigen Tages mufsten bey
ihnen doch wohl noch zu sehr in frischem Andenken
seyn, denn sie blieben nicht lange auf diesem Posten, sondern gingen gleich wieder zurück nach
Pontamarque. *Capellen* war nicht wieder vom Feinde
besetzt worden. Die Bauern aus *Templeuve*
musten heute diejenigen begraben, welche am vorigen Tage geblieben waren.

Es fand ausserdem auch an diesem Tage
die Auswechselung der Holländischen Gefangenen

statt, da' indessen die Franzosen keine Offiziere mitbrachten, so musten die Holländer zwey gefangene französische Offiziere wieder mit zurücknehmen.

Am 2ten zeigte der Feind eine beträchtliche Anzahl Cavallerie, dem Posten des Rittmeisters von *Kronach* vom Kayserlichen Regiment v. *Kavanagh,* welcher zwischen *Nomain* und *Genais* stand, gegen über, setzte gegen demselben Vedetten aus und schickte verschiedene Patrouillen ab. Uebrigens verhielt er sich ruhig. Der Rittmeister von *Ziethen,* vom Preussischen Carabinier Regiment, welcher zu eben der Zeit eine Recognoscirung mit Cavallerie und Schützen von *Nomain* aus machte, fand in *Capellen* eine starke Abtheilung Infanterie, von welcher wahrscheinlich jene dem Rittmeister v. *Kronach* gegenüber postirte Cavallerie den Vortrapp machte. Der Rittmeister *von Ziethen* griff sogleich diese feindliche Infanterie an, welche sich, ohne Stand zu halten, auf *Pontamarque* zurückwarf. Die Kavallerie zog sich ebenfalls dahin zurück, da der Rittmeister *von Kronach* sie anzugreifen Anstalt machte. Es war zu bedauern, dass die Anzeige von dieser Postonehmung der feindlichen Cavallerie - Abtheilung erst dann nach *Nomain* kam, als bereits der Rittmeister *von Ziethen* zu seiner Recognoscirung nach *Capellen* abgegangen war, denn er kehrte nun, da er die feindliche Infanterie geworfen hatte, *Pontamarque* selbst aber mit blosser Reuterey und, wenigen Schützen nicht angreifen konnte, nach seinem Posten zurück; wäre er aber von jenem feindlichen Cavallerie - Posten unterrichtet gewesen, so würde von demselben, da er sich zwischen dem Rittmeister von *Kronach* und dem Rittmeister *von Ziethen* befand, wenig entkommen seyn. Die Franzosen hatten auf der holländischen Communikation, wenigstens da, wo sie am kürzesten gewesen seyn würde, zu *Roubaix* einen Posten von höchstens 100 Mann, welcher täglich seine Patrouillen und zwar ziemlich weit vorpoufsirte. Dadurch wurde nicht nur die ganze Gegend unsicher, sondern es konnte auch, im Fall der Erbprinz seinen beabsichtigten Angriff ausführen wollte, *Croix*, wenigstens von *Lannoi* aus nicht, durch Ueberfall, wie es der Erbprinz wünschte, genommen werden. Entstand Allarm in *Roubaix*, so hatte der Generalmajor *von Reitzenstein*, dem nur noch 2 Bataillons und einige Iäger blieben, rechts alles mögliche von *Mouvaux*, wo um diese Zeit der Angriff noch nicht angefangen war und links von einem zwischen der Brücke von *Lamponpont* und *Croix* befindlichen 400 Mann starken feindlichen Posten zu befürchten, wie selbst für den Rücken, wenn nicht ein Bataillon zu *Roubaix* stehen bleiben konnte, welches bei seiner Stärke von 2 Bataillons nicht möglich war. Noch gröfser wäre die Verlegenheit dieses Generals geworden, wenn, wie der Fall doch möglich war, der Angriff der Holländer auf *Mouvaux* mislungen wäre, in welchem Falle er, wenn s e i n e Unternehmung auf *Croix* auch von dem glücklichsten Er-

folge 'war, gänzlich abgeschnitten gewesen seyn
würde.

Der Preußische kommandirende General
machte alle diese Bedenklichkeiten dem Obristlieü-
tenant *v.* *Gomerz* vom Kayserlichen General - Stabe,
der sich im Gefolge des Erbprinzen befand, frey-
müthig bekannt, und fügte zu dem noch den wichtigen Verlust der Disposition des Erbprinzen, welche dem Feinde in die Hände gefallen war, hinzu, wonach der Feind nothwendig nun seine
Maſsregeln genommen haben würde; er zeigte ihm
die Wahrscheinlichkeit eines zu gewärtigenden feindlichen Angriffs, da der Feind bereits 44 Kanonen
aus den Aufsenwerken von *Lille* bringen lassen, er
also gewiſs, nach der vollständigen Uebersicht der
Disposition des Erbprinzen, dem schwächsten Theile
entgegen gehen, ihn werfen, und bey der Zerstücke-
lung, in welcher er sowohl die Holländische als
die Preußische Armee in diesem Augenblicke finden
müſste, keine Gefahr laufen würde, mit Nachdruck
angegriffen werden zu können, weil er, ehe dies
möglich wäre, Zeit genug gewönne, einen grofsen
Theil jener Armee en detail zu schlagen. Er stellte
ihm dies alles vor und bath ihn, den Erbprinzen
so lange wenigstens zur Ruhe zu vermögen, bis
es entschieden sey, wohin der Feind seinen Angriff
richten wolle, oder — wie es auch der Wunsch des
Feldmarschalls Prinzen von Coburg sey — bis die
Bergschotten und Hessen angekommen wären.

6

Den 3ten neckte der Feind wieder unsre Posten von *Bouvines*, er verlor einen Mann und zog sich dann wieder zurück. Inzwischen erhielt der Preufs. General folgendes Schreiben von dem Feldmarschall Prinzen v. Coburg.

An den Königl. Preufs. Herrn General-Lieutnant Freyherrn von Knobelsdorf Excellenz.

Hauptquartier Herin, den 2ten Jul. 1793.

Ich habe Ewr. Excellenz die 6 Eskadrons Kayserlich Königl. Cavallerie unter dem Commando des Herrn Obristen *Grafen v. Hohenzollern* aus dem Beweggrund überlassen, damit die eingetroffene englische Cavallerie von selbiger die Anleitung zum Felddienst erhalten und darinnen unterrichtet werden mögte. Da bereits eine geraume Zeit verstrichen und die dermaligen Umstände es nothwendig machen, dafs ich meinen linken Flügel bis *Querenaing* ausdehne, so werden Ewr. Excellenz sich selbst überzeugen können, dafs es nicht mehr in meiner Möglichkeit ftehe, diese Kayserlich Königliche Kavallerie, so, bereit ich auch hierzu wäre, bey Ihrem unterhabenden Corps weiterhin angelehnet zu lassen. Ich ersuche daher Ewr. Excellenz den Herrn Obristen *Grafen v. Hohenzollern* mit den 6 Kayserlich Königl. Eskadrons von dort abgehend zur Hauptarmee einrückend zu machen, mich aber von dem Tag ihrer Ab-

rückung von dort und von der allenfalsigen
Eintreffung allhier benachrichtigen zu wollen.

PRINZ COBURG,

Feldmarschall.

Der Preufsische Feldherr war aufser Stande die
Vertheidigung der Gegend, welche ihm anvertrauet
war, mit wenigern Truppen, als er jetzt hatte, zu
übernehmen, sie wenigstens so zu vertheidigen,
dafs er bey einem irgend unternehmenden Feinde
nicht einem Affront blofs gestellt gewesen wäre, wo
nicht gar den Verlust der Königl. Magazine zu befürchten Ursach gehabt hätte; er sah sich also zum
erstenmale genöthigt, das Ansuchen des Kayserlichen Feldmarschalls unter diesen Umständen ab-
zulehnen. Wenn man annimmt, dafs von den
5 Escadrons *Gr. Golzischer* Husaren 2 zu dem Vorpostendienst vor der Fronte des ganzen Lagers;
Eine zur Deckung der Brücken von *Tressin* und
Forest; 2 andere zur Deckung der rechten Flanke
gegen *Hemm* und *Lamponpont* und zur Unterstützung
der Holländer in *Lannoi* gar nicht entbehrt werden
konnten; wenn man annimmt, dafs von den beyden
Preufsischen Cuirassier-Regimentern Leib-Cuiras-
sier und Leib-Carabiniers, die zusammen 10 Eskadrons ausmachten, täglich zu der Besatzung von
Orchies und dem Commando in *Nomain* 300 Pferde
gegeben wurden, dafs diese nämlichen 10 Eskadrons, sobald *Lannoi* angegriffen wurde und der
Obrist *v. Blücher* mit den 2 Eskadrons von *Willem*
jenem Orte zu Hülfe eilte, sogleich 300 Pferde in

A 4

die Stelle dieser beyden Eskadrons nach *Willem*
rücken lassen, folglich diese beständig gesattelt haben mufsten; wenn man noch dazu nimmt, dafs
diese nämlichen 10 Eskadrons doch ihre Feld- und
Lagerwachten, auch verschiedene andere Commando's geben mufsten, so wird es keinem Zweifel unterworfen seyn, dafs ein Theil dieses Reserve-Pi-
quets für *Willem* von den Pferden genommen werden mufste, welche von *Nomain* vom Posten kamen. Wenn man nun endlich noch bedenkt, dafs
alle Vorposten des linken Flügels von den Kayserlichen 6 Eskadrons gegeben wurden und dafs diese
blos mit Bestreitung dieser Posten, und dadurch, dafs
auf diesen Flügel fast täglich Angriffe vom Feinde
gemacht wurden, schon einen äufserst schweren
Dienst hatten, wenn man aufserdem erwägt, dafs
die Engländer vor der Hand noch zu nichts gebraucht werden konnten, aufser am Tage einer
Schlacht einzuhauen, schlechterdings 'aber gar keinen Vorpostendienst kannten — weshalb auch, um
sie denselben zu lehren, bey jede Vedette von *Ka-*
vanagh oder von *Albert cheveaux legers* immer zwey
Engländer gestellt wurden — ihnen allein also unmöglich der schwierige Vorpostendienst anvertraut
werden durfte, die Preufsische Cavallerie aber zufolge obiger Berechnung, bey Abgang der Kayserlichen 6 Eskadrons, den linken Flügel auch noch
zu besetzen aufser Stände war: so wird man wohl
dem Preufsischen commandirenden General nicht
den Vorwurf machen, er habe nicht zu alle dem,

was die Alliirten verlangten willig die Hand gebo-
then und dadurch den Gang irgend einer Unternehmung erschweret. Er würde in diesem Falle
durch seine Bereitwilligkeit, sich in die Wünsche
seiner Alliirten zu fügen, die Magazine seines Königs auf eine unverantwortliche Weise der Gefahr
preifs gestellt, oder die Königlichen Truppen blos
auf dem Vorpostendienst so abgemattet haben, dafs
sie, wenn einst wieder ein entscheidender Tag, wie
deren in den vorigen Monathen so manche gewesen waren, für sie eintrat, nicht die Dienste zu leisten vermogt hätten, welche sowohl die Welt, als
insbesondere unsere Alliirten und jeder Preufsische
Waffenbruder mit vollem Rechte von ihnen erwartete.

Der kommandierende General ertheilte daher
dem Feldmarschall Prinzen v. Coburg folgende
Antwort auf jenes Schreiben.

Cysoing, d. 3ten Jul. 1793.

Ewr. Hochfürstlichen Durchlaucht hatten die
Gnade in einem an mich erlassenen Schreiben
de dato Herin d. 5. Iuni mir den Auftrag zu geben, das Lager von Bouvines in Besitz zu nehmen und geruheten hinzu zu fügen, dafs Sie
mir das Corps des Obristen Mylius, nämlich
1 Bataillon Grün Laudon, 4 Compagnien Tyroler
Scharfschützen und 2 Eskadrons Husaren von
Blankenstein, ferner die 6 Eskadrons unter dem
Befehl des Obristen Grafen von Hohenzollern und

A 5

sämmtliche zu Ostende gelandete Engländer zu Hülfe schicken würden*).

In dieser Hoffnung unternahm ich es, das Lager zu beziehen, in welchem ich gegenwärtig stehe.

Das Corps des Obristen *Mylius* blieb aus. Ewr. Hochfürstlichen Durchlaucht schrieben mir einige Zeit darauf, wie Sie von allen Seiten um Verstärkung gedrängt würden. Ich fühlte wie unmöglich es Ewr. Durchlaucht sey, überall Verstärkung hinzuschicken, und da Ewr. Durchlaucht hinzuzufügen geruheten, Sie könnten das Corps des Obristen *Mylius* vorjetzt nur noch nicht schicken, so glaubte ich, es würde wenigstens einstens kommen, und übernahm die Vertheidigung jenes Lagers, dessen linken Flügel ich eigentlich gar nicht, so wie das Terrain zwischen *Orchies* und *Cysoing* ift, mit einem Corps von der Stärke des meinigen, ohne die Truppen durch unendliche Fatiguen zu ruiniren, vertheidigen kann.

---

*) Am Schluſs dieses Schreibens, *Herin vom ſten Inni* fügte der Feldmarschall noch hinzu: „ich habe aus Erfahrung gelernt, „auf Ewr. Excellenz gütige Hülfe und einsichtsvolle Bereitwillig-„keit zu rechnen, und dieser Trost iſt mir dermalen um so wich-„tiger, als Ewr. Excellenz mich warlich aus einer groſsen Verle-„genheit helfen können.“ Hier wird mit keiner Silbe gesagt, daſs wir die 6 Kayserlichen Eskadrons nur erhielten, um die Engländer den Dienst zu lehren. A. d. H.

Ich hoffte, das Corps würde denn doch nicht
lange bleiben, und so bestimmte mich der
Wunsch, Ewr. Durchlaucht gefällig und dem Allgemeinen nützlich zu seyn, diese Stellung
beyzubehalten.

Nur durch die unermüdete Thätigkeit sowohl
der Kayserlich Königlichen, als Königlichen
Preußischen Truppen bey einem unaufhör-
lichen Dienst bin ich in den Stand gesetzt worden, die fast täglichen Versuche des Feindes
auf meine Vorposten abzuweisen.

Die Engländer, welche seit dem 22sten hier
sind, werden gewiß am Tage einer Schlacht
ihre Schuldigkeit thun, sind aber übrigens gänzlich unerfahren und zu solch einem schwierigen
Vorpostendienst, als der hiesige, gar nicht zu gebrauchen, so wie 11 Tage, die sie hier sind,
zu wenig waren, um ihnen nur das nothwen-
digste beyzubringen.

Ungern und zwar zum erstenmahl muß ich
mich daher unterstehen, Ewr. Hochfürstlichen
Durchlaucht meine gehorsamste Gegenvorstel-
lung machen.

Ewr. Durchlaucht geruhen einzusehen, daß,
selbst wie das Corps jetzt ist, ich nur mit unend-
licher Fatigue der Leute das Terrain behauptet
habe. Aber jetzt, da die Engländer noch gar
nicht auf den Vorposten zu gebrauchen sind und
Ewr. Hochfürstlichen Durchlaucht mir die 6 Eskadrons auch noch nehmen wollen, bin ich nicht

mehr im Stande, wenn ich diese Stellung be-
halte, weder für die Sicherheit meiner Truppen,
noch für die Sicherheit der Vorräthe des Königs,
meines Herrn, zu stehen.

Ich unterstehe mich daher, da wie mich dünkt
es nothwendig ist, die Stellung von *Orchies* und
Bouvines beyzubehalten, um die Beybehal-
tung der 6 Kayserlich Königlichen Eskadrons
nebst der dabey befindlichen reitenden Artillerie, deren ich sonst keine habe, Ewr. Durchlaucht gehorsamst zu ersuchen; oder wenn
Ewr. Durchlaucht sie irgend wo anders zu nothwendig gebrauchen, mir den Tag, wo sie hier
abgehen und dort eintreffen sollen, gnädigst anzeigen zu lassen, damit ich im Stande bin, meine
Anstalten in der Art zu treffen, dafs ich mit Ewr.
Hochfürstlichen Durchlaucht hoher Erlaubnifs
noch an demselben Tage ein Lager bey *Tournay*
beziehen kann.

Knobelsdorff.

Dies Schreiben bewirkte nun zwar wohl die Erlaubnifs, jene 6 Eskadrons beybehalten zu dürfen,
es wurde jedoch von Kayserlicher Seite auf eine etwas sehr empfindliche Art aufgenommen. Dies
verdiente der Preufsische Befehlshaber um so weni-
ger, da er, — den einzigen Fall bey *St. Amand* ausgenommen, wo der gröfste Theil des Preufsischen
Corps zur Unterstützung der Kayserlichen Armee
selbst verwendet und der zur Unterstützung stets

bereitwillige Herzog *von Yorck* ihn durch englische Truppen ersetzte, — noch nie einige Hülfe von seinen Alliirten erhalten, vielmehr sich bestrebt hatte, immer sich selbst genug zu seyn und dabey sowohl rechts den Holländern, als links den Kayserlichen hülfreiche Hand zu leisten jede Gelegenheit zu ergreifen.

Den 4ten Juli ward der Generalmajor *Gr. v. der Golz*, da er eben bey den, jenseits der *Marque* vor *Bouvines* poussirten Vedetten hielt, um die feindlichen Bewegungen bey *Sainghin* zu beobachten, von einem im hohen Getraide versteckt liegenden feindlichen Fußjäger in den rechten Schenkel dicht übers Knie geschossen. Der Knochen war zerschmettert; er erhielt sich aber doch noch, unterstützt von seinen beyden Adjutanten *v. Bonin* und *Gr. v. d. Golz*, bis *Bouvines* auf dem Pferde. So groß die Liebe war, die sich dieser thätige und verdienstvolle General in der Armee zu erwerben gewußt hatte, so groß und allgemein war auch der Schmerz über das ihn getroffene Schicksal. Da er nun außer Stande war, den Oberbefehl über die Vorposten des rechten Flügels zu führen, so wurde dem Obristen *v. Blücher* das Commando übergeben und der Major *v. Coring* desselben Regiments, dagegen nach *Willem* gelegt.

Den 5ten machte der Feind Miene uns angreifen zu wollen und zog zu dem Ende 200 Pferde ein, mit welchen ein Theil der Bespannung jenes aus den Aussenwerken vor *Lille* genommenen Geschützes besorgt werden sollte. Das Lager von *Magdalaine* erhielt eine Verstärkung durch das 3te Regiment reitende Iäger und 2 Bataillons National-garden; der Angriff sollte auf den 6ten oder 7ten bestimmt seyn.

Der Obristlieutenant *v. Gometz* antwortete indefs dem preufsischen Befehlshaber in folgendem Schreiben:

„Das gnädige und verehrteste Schreiben vom 2ten dieses habe ich richtig erhalten. Es kommt unter die glücklichen Vorfälle zu rech-nen, dafs die Ausführung einer Operation, welche wegen ihrer Verwickelung und acht-zehnstunden langen Ausdehnung nicht viel Gu-tes von sich versprach, eben dazumahl einge-stellt worden, als die Depeche, worin die Disposition enthalten war, dem Feind in die Hände gefallen ist.

Ich bin weder der Erfinder dieses compli-cirten Plans gewesen, noch habe ich daran An-theil gehabt, dafs selbiger längs eines unbesetz-ten Cordons an Ewr. Exzellenz abgeschickt wor-den; man hat mir sogar aus dem ganzen Vor-fall ein Geheimnifs gemacht.

Indessen unterlege ich Ewr. Excellenz Er-fahrenheit und Einsicht, ob es nicht in allen Fällen vortheilhafter wäre, wenn der Erbprinz *von Oranien* ein Lager anfänglich zwischen *Roncq* und *Tourcoin*, in der Folge aber bey, *Lincelles*

bezöge. Ich' würde aber auch diese Stellung
in so lange für die Holländer bedenklich
finden, als selbe ihren linken Flügel nicht vollkommen und mit Sicherheit an jenen des rechten von Ewr. Excellenz Corps werden gestützt
haben, und hierzu scheint mir das Wegnehmen und Behaupten der Punkte von *Hemm* und
Croix unentbehrlich, welches der General *Rei-*
tzenstein über sich zu nehmen hätte und den der
Erbprinz auf diesen Fall, ohne dafs es Aufse-
hen machte, über *Moucron* und *Herseaux* hinter
der Linie mit Infanterie und Artillerie verstärken könnte. *Mouvaux* könnte zu gleicher Zeit
angegriffen werden, und falls der Feind vertrieben würde, wären die Verschanzungen zu
rasiren und das Lager bey *Roncq* ohne weiteres
zu beziehen. Der Erfolg dieser Unternehmung würde das weitere beflimmen. Ew. Exzellenz hoher Einficht wird die Thunlichkeit
vielleicht erscheinen, die Ausführung aber halte
ich ohne Ew. Excellenz Beyftand für sehr schwer
und ich bekenne aufrichtig, dafs, wenn der Herr
General *Reitzenstein* für die Zeit der Operation und
bey selber bis er bey *Lamponpont* und haupt-
sächlich bey *Croix* etabliret ist, nicht einige
Beystand von preufischen oder Oeftreichschen
Truppen erhält, seine Operation mifslingen
könnte. Daher wünsche ich, dafs zur Etabli-
rung des linken Flügels des Prinzen von *Oranien*
an der *Marque* und bey diesen Punkten, welche

eine olufehlbare Communikation zwischen dem
Königl. Preufs. Corps und dem Holländischen
herstellen sollen, dem Herrn General v. Reitzenstein einige Unterstützung, wenn auch nur
auf ein paar Tage zufliefsen könnte. Ewr.
Excellenz geruhen meine Aeufserung als einen
blofsen Wunsch zu betrachten, Denenselben
entgeht aber nicht, wodurch dieser Wunsch
veranlafst ist. Ich bin nunmehro mit der inneren Beschaffenheit unserer Alliirten etwas näher
bekannt geworden und nehme von daher das Zu-
trauen, Ewr. Excellenz die mir einzig wahr-
scheinliche Möglichkeit eines guten Erfolgs
zu unterlegen.

Mich zu Gnaden empfehlend, habe ich die
Ehre mit der vollkommensten Ergebenheit und
Verehrung zu beharren

Ewr. Excellenz

ganz gehorsamster Diener

Ypern,   A. D. Gometz.

den 5ten Juli 1793.   K. K. Obristlieutnant im General-
Stabe.

Man hörte diesen Morgen bey den Holländern
ein lebhaftes Feuer, welches in der Entfernung ein
Peloton-Feuer schien. Der Preufsische General
schickte daher sogleich zu dem Erbprinzen, um
nähere Nachrichten darüber einzuziehen. Aus dem
nachfolgenden Schreiben des Erbprinzen, ersahe er
indessen, dafs das Feuer blos bey Gelegenheit einer

Recog-

Recognoscirung entstanden, von feindlicher Seite hingegen nichts unternommen war.

Mon General!

Je ne saurois manquer de presenter a Votre Excel-lence mes remercimens pour la lettre, qu'elle m'd fait l'honneur de m'ecrire en date du 5 de ce mois, ainsi que des nouvelles qu'elle a bien voulu m'y communiquer et que j'ai trouvès très interessantes.

Je puis avoir l'honneur de lui mander, qu'ayant fait hier matin une simple reconnoissance du cotè de Lincelles et Bondues nos troupes legéres s'etoient trop avancées vers les avant postes de l'ennemi et ont étes même jus qu'a Bondues.

Le feu de Mousqueterie, qui s'y est fait aura vraisemblablement donnè lieu a la supposition du feu de Peloton, dont Votre Excellence a fait mention dans sa lettre.

C'est avec la plus parfaite estime, que j'ai l'honneur de me dire

mon General

de Votre Excellence

An Quartier General   *le très humble Serviteur*
de Menin ce 6 Juillet 1793. G. F. Pr. Hed. d'Orange,
                    Com.   Gen.

Uebersetzung:

Mein Herr General!

Ich verfehle nicht Ewr. Excellenz meinen Dank abzustatten für das Schreiben, welches

Feldzug der Preußen. III. Theil.   B

Sie unterm 5ten d. M. an mich zu richten mir
die Ehre erzeigten, so wie für die Nachrichten,
welche Sie mir darin gefälligst mitzutheilen beliebten, die ich sehr merkwürdig gefunden habe.

Auch habe ich die Ehre Ihnen anzuzeigen,
daß meine leichten Truppen bey einer bloßen
Recognoscirung, die ich gestern gegen *Lincelles*
und *Bondues* unternommen, zu weit gegen die
feindlichen Vorpoften vorgedrungen und sogar
bis in *Boudues* gewesen sind.

Das kleine Gewehrfeuer, welches bey dieser Gelegenheit statt gefunden, wird wahrscheinlich zu der Vermuthung des Pelotonfeuers, dessen Ewr. Excellenz erwähnen, Anlaß gegeben
haben.

Mit der vollkommensten Hochachtung habe
ich die Ehre etc.

Die Armee blieb den 6ten in Bereitschaft den
Feind zu empfangen. Den 7ten machte der Feind
gegen *Lamponpont* sehr ansehnliche Bewegungen,
aber auch heute erwartete man seinen Angriff vergebens: er hatte den Gedanken eines Angriffs auf-
gegeben, indem er unterrichtet war, daß wir ihn
erwarteten. Am Nachmittag dieses Tages feyerte
man zu *Lille*, *Douai* und in allen feindlichen Vestungen, Besatzungen und Cantonirungen die Einsetzung
der neuen Constitution durch Abfeuerung der Artillerie und des kleinen Gewehrs.

Der Feind poufsirte bey der *Ferme del boche* ein
Piket von 40 Mann theils Nationalgarden, theils
Jäger zu Pferde. *Ferme del boche* ist eine Meyerey,
welche eine viertel Stunde vom Schlofs *Engremont*
liegt, es ist die letzte, wenn man nach *Ennevelin*
geht. Der äufserste Posten des Feindes war zwischen *Bonans* und *Verderue* bey der *Cense* von *Martin
de Buchy.* Der Posten von *Pont a Marque* an sich war
gegenwärtig wieder mit 1200 Mann besetzt. Die
44 Canonen, welche *Cüftine* hatte aus den Aussenwerken von *Lille* bringen lassen, wurden seit 3 Tagen nach *Douay* eingeschifft. General *la Marliere*
lies übrigens *Pont a Marque* mit einem Graben und mit
Erdwerken umgeben; diese Werke nahmen
bey dem Schlofs der Frau *Biscof* ihren Anfang
und reichten bis an die Strafse nach *Orchies,* woselbst
eine für 2 Kanonen eingerichtete Redoute etablirt
war. Die Strafse nach *Orchies,* war hier durchsto-
chen und es war auf derselben ein Werk in Form
eines halben Mondes angebracht, welches wieder
an die Strafse stiefs, die nach *Douay* führet. *La
Mariiere* versicherte den Sonntag Mittag bey der Ta-
fel, dafs wenn bey der neulichen Unternehmung
auf *Pont a Marque* eine Abtheilung diesen Posten über
Fretin angegriffen hätte, der ganze Posten wahrscheinlich aufgehoben worden seyn würde, weil
man ihm auf diese Weise sehr leicht den Rückzug, so-
wol nach *Douay*, als nach *Seclin* hätte abschneiden
können. Darin hatte *la Marliere* gewifs Recht, auch
würde sich ohnfehlbar eine hinreichende Truppen-

B 2

abtheilung über *Fretin* 'dem Posten von *Pont' a Marque*
gezeigt haben, wenn es die Absicht des Preufsischen
Feldherrn gewesen wäre, diesen Posten zu nehmen.
Dafs dies aber gar nicht in seinem Plane lag, sondern dafs er vielmehr blos die Gegend bis *Pont·
a Marque* recognosciren wollte, ist meinen Lesern
aus der Erzählung der unter Anführung des Obristen *Grafen v. Hohenzollern* vorgenommenen Recognoscirung bereits bekannt.

Von der royalistischen Armee war *Nantes* am
19ten angegriffen worden. Der Geist von *Lille* fieng
an, eine für die Alliirten günstige Stimmung zu erhalten, verschiedene Sections der Stadt versammel-
en sich und widersetzten sich mit Macht und Glück
den Gewaltthätigkeiten der Jakobiner.

In Corsika war die volle Gegenrevolution ausgebrochen; auch erklärten sich verschiedene andere
Departements Frankreichs gegen Paris.

Der Generallieutnant von *Knobelsdorf* zeigte
dem Feldmarschall *Prinz Coburg* an, dafs der in
Preufsischer Gefangenschaft sich befindende französische Obristlieutnant *Geffroy* jetzt von seinen Wun-
den hergestellt sey, und fügte dieser Anzeige den
Wunsch bey, ihn gegen den gefangen gewesenen
Major von *Boclzig* auswechseln zu dürfen. Zugleich
machte er dem Feldmarschall die Verwundung des
Generals Grafen *von der Golz* bekannt, worauf er
folgendes Schreiben erhielt.

An des Königl. Preufs. Generallieutnant
Freyherrn von Knobelsdorf Excellenz.

Da Ew. Excellenz den durch die Königl.
Preufsischen Truppen gefangen wordenden
französischen Obristlieutnant *Geffroy* statt des
ranzionnirten Herrn Majors *von Bölzig* zurück
zu geben, den Antrag machen; so kann die
Sache hierdurch am geschwindesten abgethan
werden, da ohnedies die in diesseitiger Gefangenschaft befindlichen französischen Officiers
wegen ihrer weiten Entfernung in *Cölln* und
Aachen nicht anders als mit vieler Beschwerlichkeit hieher gebracht werden können. Das dem
Herrn General Grafen *von der Golz* zugestofsene
Unglück, ist mir sehr schmerzlich zu vernehm-
men gewesen. Ich bitte Ew. Excellenz, solches diesem braven Herrn General in meinem
Namen zu versichern, mir auch von dessen
Befinden öfters gefällige Nachricht zu ertheilen.

PRINZ COBURG.
Feldmarschall.

Der Feind neckte uns am 8ten, 9ten und 10ten
wie gewöhnlich, aber auch wie gewöhnlich ohne
Erfolg.

Am 10ten machte uns ein Schreiben des Feldmarschall Prinzen Coburg bekannt, dafs die Vestung
Condé capitulift habe.

An des Königl. Preufs. Herrn Generallieutnant Freyherrn von Knobelsdorff Excellenz.

Dafs die feindliche Vestung *Condé* heute ca-
pitulirt und die darinnen befindliche Garnison
sich als Kriegsgefangene ergeben habe, hinter-
gebe ich mir die Ehre Ew. Excellenz die Nachricht zu ertheilen,
Die Garnison besteht aus 4009 Mann, dann
277 Officiers.
Zugleich bestätige ich den richtigen Empfang Ew. Excellenz beyder Zuschriften vom
9ten und 10ten dieses.

PRINZ COBURG,
Feldmarschall.

Ausser dieser Mannschaft befanden sich in
Condé noch 103 Kanons.

Der Feldmarschall Prinz von *Coburg* verlangte
hierauf die Vertauschung der 2 Eskadrons *Albert
Chevaux legers,* welche mit 4 Eskadrons *Kavannagh,* bey
den Preufs. Truppen standen, gegen 2 Eskadrons
Kavannagh welche bey *Condé* waren gebraucht worden.

An des Königl. Preufsischen Herrn Generallieutnants Freyherrn von Knobelsdorff
Excellenz.

Es ist befunden worden die bey *Condé* stehende 3te *Kavannaghsche* Division mit der Her-

zog *Albertschen Chevaux legers* Division, welche
bey den Königl. Preußischen Truppen zugetheilt ist, zu verwechseln, um aber nirgends
eine ganze Cavallerie Division auf einmal wegzuziehen, muß diese Vertauschung Eskadrons
Weise geschehen. Es bricht demnach Morgen
den 11ten früh von jeder Division dieser zwey
benannten Eine Eskadron auf, legt die Hälfte
des Weges zurück, füttert ab, und trifft Abends
in ihrer neuen Bestimmung ein; das nehmliche
geschieht den 12ten mit den andern beyden Eskadrons, wodurch denn die Austauschung un-
vermerkt geschehen seyn wird.

PRINZ COBURG,
Feldmarschall.

Wer die vorherigen Briefe des Feldmarschalls
Prinzen von *Coburg* mit einiger Aufmerksamkeit
gelesen hat, wird in diesem leicht einen veränder-
ten Ton wahrnehmen und darin das gütige, freundschaftliche, ganz dem Charakter dieses liebenswür-
digen Fürsten angemessene, welches so deutlich in
allen übrigen Briefen desselben sprach, vermissen;
ein Beweis, daß die Verweigerung der Kayserlichen
Eskadrons, die doch, wenn der Preußische General nicht ganz seine Pflichten gegen das Interesse
seines Corps und des Königs, seines Herrn, aus den
Augen setzen wollte, statt finden mußte, von Kayserlich Königlicher Seite noch im frischen Andenken war. Da indessen der Preußische Feldherr

die Erlaubnifs, diese Reuterey beybehalten zn können erlangt hatte, das Beste seines Herrn sowohl,
als des Allgemeinen beobachtet war, zu welchem
leztern die Behauptung der Stellung von *Orchies* und
Bouvines so nothwendig war, so lies er jetzt sein an-
gelegentliches Geschäft seyn, die dadurch wenigstens scheinbar unterbrochenen freundschaftlichen
Verhältnisse der beyden alliirten Corps wieder fest-
zustellen. Um keinen Anlafs unbenutzt zu lassen,
ergriff er die Gelegenheit des Falls von *Condé*, und
ersuchte den Prinzen von *Coburg* in einem Schreiben, ihm zu erlauben, die Eroberung dieser Vestung durch ein Freudenfeuer feyern zu dürfen;
welches der Prinz, der so gern zur Freundschaft
die Hand bietet, ganz in seiner alten freundschaftlichen Sprache, folgendergestalt beantwortete.

An des Königl. Preufs. Herrn General-
Lieutnant Freyherrn von Knobelsdorf
Excellenz.

Herlin, den 11ten Jul. 1793.

Zuvörderst sage ich Ew. Excellenz für die
geäufserte aufrichtigste Theilnahme an dem Fall
der Vestung *Condé* meinen ergebensten Dank.

Das Freudenfeuer, welches Ew. Excellenz
über dieses glückliche Ereignifs abzuhalten bereit sind, ist mir ein neuer Beweis von Ew.
Excellenz ungeheucheltem Anhange für das
allgemeine Beste, und für die Fortschritte un-

serer Waffen, ich muſs jedoch Ew. Excellenz
ersuchen, dieses Freudenfcuer auf eine Zeit zu
verschieben, wo es die ganze Armee an ein
und dem nehmlichen Tage, welchen ich mir
noch vorbehalte Ew. Excellenz zu intimiren,
abhalten könnte.

Einige Umstände hatten die Abrückung der
Kavannaghschen Division verzögert, ich habe jedoch unter einem befohlen, daſs selbe heute
noch zu ihrem Regiment abrücke.

PRINZ COBURG,
Feldmarschall.

Der kommandierende General schickte am 11ten
den Lieutnant *v. Wolky* vom Golzischen Husaren
Regiment nach *Lille*, um die Auswechselung der
32 Gefangenen, die das Corps seit seiner Mobilma-
chung verlohren hatte, zu bewirken. So höflich er
von dem kommandierenden General *la Marliere* empfangen wurde, so, beleidigend benahm sich der
Pöbel gegen ihn.

Am 12ten erhielt der General ein sehr gnädiges
Handschreiben von seinem Könige, welches den
rothen Adler-Orden begleitete, den der König dem
Generalmajor Grafen *v. d. Golʒ* übersandte.

Die Feyer der Uebergabe von *Condé* wurde
durch nachfolgendes Schreiben des Prinzen von
Coburg auf den 14ten festgesetzt.

B 5

An. des Königl. Preufs. Generallieutnant
Freyherrn v. Knobelsdorf Excellenz.

Da übermorgen als den 14ten Vormittags
von der hier stehenden Kayserlich Königl.
und Englisch Hannöverischen Armee das *Te Deum*
wegen Eroberung der Vestung *Condé* abgehal-
ten wird: so bitte ich Ew. Excellenz, solches
zur nehmlichen Zeit bey dem unter Dero Kommando stehendem Königl. Preufs. Corps
d'Armée gleichfalls abhalten lassen zu wollen.

PRINZ COBURG,
Feldmarschall.

Der Feind hatte am 12ten keinen Posten in
Hemm, sondern die Besatzung von *Lamponpont* pa-
troullirte auf der Chaufsée gegen *Lannoi*, auf welcher indefs der General *Reitzenstein* an diesem Tage
nicht nur ein paar tiefe Durchschnitte machen,
sondern auch den Verhau stärker machen lies.

Die Nachrichten, welche wir jetzt von *Maynz*
erhielten, meldeten, dafs das Dorf *Costheim*, welches mit 400 Mann besetzt war, von der Belagerungs-
armée angegriffen und eingenommen sey, bey wel-
her Gelegenheit 9 Offiziers, 180 Unteroffiziers und
Gemeine und 4 Kanonen in ihre Hände gefallen
waren.

Den 13ten streckte die Besatzung von *Condé*
das Gewehr. Die Stadt wurde mit einem Theil des

Corps, wolches die Blokade formirt hatte und das
aus Kayserlichen und Emigrirten bestand, besetzt.

Aus dem Innern Frankreichs erhielten wir unterm 11ten, 12ten und 13ten folgende Nachrichten:

Die Armée des General *Westermann*, welche
den Auftrag hatte, *Nantes* zu entsetzen, war gänzlich geschlagen und hatte auf ihrem Rückzuge nicht
nur viele Leute, sondern auch 11 Kanonen verlohren. Die beyden Bataillons von der *Gyronde* hatten
die *Westermannsche* Armée verlassen und den Weg
nach *Bourdeaux* genommen. General *Byron* war zu-
rückberufen und General *Dillon* verhaftet. Letzte-
rer wurde beschuldigt, eines von den Häuptern einer Verbindung zu seyn, welche in Paris geschlossen worden, Ludwig XVII. zum König auszurufen.
Der General *Wimpfen* nahm seinen Abschied und
sein Bruder erhielt den Oberbefehl über die Armée
der Departements, welche gegen Paris marschirten.
Der Vortrapp dieser Armée war nur noch 16 *Lieues*
von Paris und die Einwohner der Hauptstadt, der
Anarchie müde, weigerten sich, sich dieser sie be-
drohenden Armée entgegen zu stellen. General
Wimpfen erlies ein Sendschreiben sowohl an die Einwohner von Paris, als auch an alle die Oerter, welche
seine Armée berühren würde, worin er erklärte, er
komme als Freund und blos in der Absicht, der
Anarchie ein Ende zu machen, er würde nur diejenigen als Feinde betrachten, welche Unordnung
und Zwietracht verbreiteten. Er habe, setzte er

hinzu, hinlängliche Kräfte, sie zu schlagen und zu überwinden.

In *Lyon* war die Gegenrevolution völlig ausgebrochen. *Birotteau*, Deputirter dieser Stadt, ward angeklagt, an dem Aufstand dieser Stadt gegen die Convention schuld zu seyn. Allen nicht angesessenen Einwohnern von *Lyon* ward bei harter Strafe befohlen, diesen Ort zu räumen. Es erschien inzwischen ein Dekret, worinnen verordnet wurde, dafs eine Armée gegen Lyon anrücken solle,

Den 14ten schofs die ganze Armée *Victoria* über die Einnahme von *Condé*. Der Feind marschirte mit 2 — 3000 Mann und dem dazu gehörigen Geschütz jenseits der *Marque* auf den Höhen vor *Bouvines* auf. Der General beschlofs ihm den Uebergang über die *Marque*, wenn er ihn versuchen sollte, nicht streitig zu machen, ihn aber nachher auf der Plaine zwischen der *Marque* und seinem Lager zu empfangen; allein wir schmeichelten uns vergebens, dafs er dies unternehmen sollte: er zog sich ohne auch nur einen Schufs auf unsre Vorposten zu thun, nach seinem Lager von *Magdelaine* zurück. Den 15ten zeigte der Erbprinz von Oranien an, dafs das Lager von *Magdelaine* aufgebrochen sey, ohne dafs man die weitere Bestimmung desselben erfahren konnte.

Mon General!

Comme j'ai reçu la nouvelle que le Camp de la Magdelaine c'est levé, sans que l'on saohe ou il s'est porté, je m'empresse d'en donner cohnoïtsance a Votre Excellence.

J'ai l'honneur d'être avec la plus parfaite consïderation.

Mon General

de Votre Excellenoe

Au Quartier General
de Menin ce 15. Iuillet
1793.

le très humble Serviteur

G. F. PR. HED. D'ORANGE,
Com. Gen.

Uebersetzung:

Mein Herr General!

Da ich Nachricht erhalten habe, daß das Lager von Magdelaine aufgebrochen ist, ohne daß man erfahren kann, wohin es eigentlich gegangen, so eile ich Ew. Excellenz solches bekannt zu machen.

Ich habe die Ehre mit der vollkommensten Hochachtung zu seyn etc.

Der Preußische Oberbefehlshaber dankte dem Erbprinzen für die Mittheilung dieser Nachricht, und fügte einige Nachrichten hinzu, die er erhalten hatte.

Nächst der Deckung der dem Generallieutenant von *Knobelsdorff* anvertrauten Gegend mußte sein

Hauptaugenmerk 'seyn, jede Unternehmung des
Feindes auf Flandern zu verhindern, er hatte sich
daher alle Mühe gegeben die Stellung des Feindes
in jener Gegend auf das genaueste auszuforschen,
und hierüber folgendes in Erfahrung gebracht. Der
Feind hatte bey

Gyvelde ein Lager, welches abwechselnd aus
3 — 4000 Mann bestand, und welches wahrscheinlich die Besatzung von Dünkirchen ausmachte, worin gegenwärtig nicht mehr als
5 — 600 Mann zur Garnison waren. Der Feind
verschanzte dies Lager für eine gröfsere Anzahl
von Mannschaften, er hatte in der Fronte Flechen gebaut, auf beyden Flügeln Redouten
und zog einen nassen Graben von dem Kanal,
der von Dünkirchen nach Fürnes geht, in die
Moere, wovon selbiger einen Theil zu über-
schwemmen gedenkt.

Der 2te Posten des Feindes ist

Hondschote, hier hat selbiger einige Flechen angebracht, gewöhnlich stehen 800 Mann mit
2 Kanons daselbst.

Killem ist wechselsweise bald besetzt bald nicht.

Oost-capelle, Koupüren, Verhau und Flechen
800 Mann, 2 Kanons.

Bambeke, 300 Mann.

Houthkercke, Flechen, 800 Mann, 2 Kanons.

St. Laurent, gewöhnlich 150 Mann.

Stéenvorde, viele Flechen, 1000 Mann, 2 Kanons.

Cassel, ein verschanztes Lager, 3 — 4000 zuweilen 5000 Mann, 8 bis 10 Kanonen, worunter eiserne.

Caestre, 700 Mann.

Bailleul, dieser Ort ist mit Flechen umgeben und ein kleines Lager dabey, die Stärke des Feindes gegen 1200 Mann.

Armentiere, dieser Ort war ehmals eine Vestung, ist jetzo mit Flechen und Batterien umgeben, da hier sehr viele Durchmärsche geschehen, so kann man die eigentliche Stärke des Feindes nicht bestimmen. Sie ist gewöhnlich zwischen 2 — 4000 Mann mit 8 Kanonen Uebrigens hat der Feind noch Posten bey *Commines*, *Blaton*, *Lincelles*, *Bondues*, *Mouvaux*, *Croix* etc.

Den 16ten wurde der Hauptmann von *Chapuzeau* von dem *Hagckenschen* Grenadier Bataillon mit einem Schreiben an den Kommandanten von *Douai*, General *la Roziere*, wegen Auswechselung des Obristlieutnant *Geffroy* gegen den Major *von Boelzig*, nach *Flines*, als dem ersten französischen Posten geschickt. Der Hauptmann fand bis an den genannten Ort nichts vom Feinde, vor demselben aber war ein ziemlich starker Verhau, welcher ihn nöthigte, einen starken Umweg zu machen; in *Flines* selbst fand er einen Posten, den er ohngefähr 120 Mann schätzte. Er erfuhr hier, dafs der Kommandant von *Douai*, General *la Roziere*, vor einigen Tagen von dort nach Paris abgerufen sey, in dessen Stelle der

General *Pascal Kerenveyer* den Oberbefehl über-
nommen habe.

Der Generallieutnant *von Knobelsdorff* bestimmte
eine Recognoscirung der feindlichen Stellung bey
Lille auf den folgenden Tag, und gab zu diesem Ende
folgenden Befehl aus:

Disposition.

Die beyden Kürassier-Regimentnr des rechten
Flügels schicken 100 Pferde, nehmlich 50 von jedem Regiment, nach *Willem* und ersetzen die Stelle
der Eskadron des Rittmeister *von Planitzer*, welche
mit zu der Recognoscirung kommt; sie brechen
Nachts 12 Uhr auf, geben zu *Willem* keine Feldwacht und kehren sobald der Rittmeister *v. Planitzer*
mit seiner Eskadron wieder nach *Will.m* kommt,
ohne weitere Befehle zu erwarten, ins Lager zurück.
Ausserdem geben die beyden Kürassierregimenter
des rechten Flügels, nehmlich Leibkarabiniers und
Leibkürassier, noch 200 Pferde unter den Befehlen
eines Stabsofficiers und der übrigen dazu gehörigen
Ober- und Unterofficiers, zu welchen 4 Eskadrons
Graf *v. d. Goltz* stofsen, mit diesen vereinigen sich
200 Pferde von *Kavannagh* und 100 von der Englischen Reuterey. Von der Infanterie werden hierzu
die Grenadier-Bataillons *v. Mallschützky* und *v. Blomberg* gegeben. Das Grenadier-Bataillon *v. Knobels-*
dorff nimmt von der Batterie Grynaeus zwey schwere
6 pfündner und eine Haubitze mit, das Grenadier-
Bataillon von *Blomberg* behält seine beyden 6 pfünd-

ner.

ner. Zum Soutien dieser zur Recognoscirung bestimmten Truppen rücken die beyden Mousquetier-Bataillons *v. Kalkstein*, welche ihre 6pfündigen Kanons ebenfalls bey sich behalten, nach der Brücke von *Bouvines*, den Oberbefehl über das Ganze hat der Generalmajor *v. Kunitzky*, unter ihm befehlen die Obristen *von Blücher* und *Graf von Hohenzollern*, den Truppen, welche zur Recognoscirung bestimmt sind, werden auch noch die nöthigen Schützen und Jäger zugetheilt werden.

Alles bricht im Lager dergestallt auf, dafs es mit dem Schlag 2 Uhr die *Marque* passiren kann. Die Tornister bleiben im Lager: die übrigen Truppen im Lager ziehen sich an, und erwarten nähere Befehle. Ich werde der Recognoscirung selbst beywohnen und in *Bouvines* hinterlaffen, wo ich zu finden bin.

Zur Unterstützung dieser Recognoscirung und um derselben Flanken und Rücken zu decken, nimmt mit Anbruch des Tages ein Stabsofficier sämmtliche Vorposten des linken Flügels zusammen, neckt die Posten von *Templeuve* und *Ennevelin*, *cochon prés* u. s. w., und der Obristlieutnant von *Osen* bricht mit dem 2ten Bataillon von *Kunitzky* aus *Orchies* auf nimmt 200 Pferde unter dem Rittmeister von *Watteville* aus *Nomain* mit, wirft den Feind aus *Capellen* und beunruhigt den Posten von *Pontamarque*, jedoch ohne sich im geringsten zu engagiren, oder sich dem feindlichen Kanonenfeuer auszusetzen, indem die ganze Absicht seiner Bewegung dahin geht, die

Aufmerksamkeit des Feindes nach sich zu ziehen und ihn in die Unmöglichkeit zu setzen, dem, was bey *Bouvines* die *Marque* passirt hat, in den Rücken zu kommen. Er nimmt zu dem Ende zwey 12pfündner aus *Orchies* mit, die ihn, da der Feind Geschütz von kleinerem Caliber hat, in den Stand setzen, denselben in seinen Verschanzungen zu beunruhigen, ohne von ihm erreicht werden zu können.

'Da ich um halb 6 Uhr die Recognoscirung gegen *Lille* beendiget zu haben glaube, so wird sich der Obristlieutnant um diese Zeit mit seinem Bataillon wieder nach *Orchies* zurückziehen und die Reuterey nach *Nomain* rücken lassen; eben so führt der Stabsofficier, der die Posten des linken Flügels anführt, selbige um diese Zeit wieder nach ihrem Posten zurück.

KNOBELSDORFF.

Ein Mädchen aus *Caen* Namens *Charlotte Corday,* ermordete um diese Zeit zu *Paris* den so berüchtigten *Marat.* Zwey Mitglieder der Nationalversammlung, die man in Verdacht hatte, diesen Mord angestiftet zu haben, wurden angeklagt. *Marats* Tod veranlaßte viele Verhaftnehmungen, und man befürchtete, daß er das Signal zu neuen Auftritten von der Art des 10ten Augusts werden dürfe.

Die *Jacobiner* zu *Lyon* waren theils verhaftet, theils hatten sie sich geflüchtet, und versteckt, einer von ihnen erhieng sich, um der Verhaftnehmung zu entgehen.

Die *Marseiller* waren im Marsch nach *Lyon*; *Avignon* nahm sie freundschaftlich auf, und jederman glaubte fest, *Marseille* wünsche wie *Lyon* die Wiederherstellung der königlichen Würde. Ein Commissär der Nationalversammlung erhieng sich in *Marseille* an dem Fenster seines Gefängnisses. *Cüstine* war angeklagt worden. Das Lager von *Magdalaine* war aufgebrochen, und durch Bürger besetzt. Niemand war von dessen Bestimmung unterrichtet.

Am 16ten griffen die Franzosen die Holländer zu *Tourcoing* von zwey verschiedenen Seiten an. Eine Colonne hatte den Weg über *Mouvaux*. die andere den zwischen *Mouvaux* und *Roubaix* durchführenden sogenannten *chemin descarliers* genommen. Er wurde aber von beyden Seiten zurückgeworfen. Der Verlust der Holländer bestand in drey Todten und einem verwundeten, die emigrirten Jäger hatten einen Todten. Der Feind lies auf dem Wahlplatz 20 Todte zurück und nahm vielleicht eben so viel verwundete mit sich. Das Lager von *Magdalaine* war wieder eingerückt, hatte also wahrscheinlich zu dieser Unternehmung auf *Tourcoing* den *replis* Posten gemacht.

Den 17ten ward die Recognoscirung unternommen, deren weitere Erwähnung ich übergehe, weil sie in einem vom Preufsischen General an den Erbprinzen von Oranien unter dem 18ten gerichteten Schreiben enthalten ist.

C 2.

Monseigneur!

Permettés que je presente a Votre Altesse serinni-
sime mes tréshumbles remerciments de la lettre qu' elle
a daignée m' écrire.

J'ai fait hier une petite reconnoissance vers Lille,
a ce but j'ai passé la Marque a Bouvines, avec deux
bataillons et dix Escadrons, et suis avancé jusqu' a
Lezennes Ronchin et Ascq, voyant arriver une colonne
qui se retournoit d' Annapes a Helesmes, et ayant re-
connu absolument la position de l' ennemi et le terrain
de l' autre coté de la Marque, j'ai fait halte et me
suis retournés sans être poursuivis a mon camp. Je
combinois avec cette decouverte, l' idée de surprendre
une patrouille qui vient harzeler toùts les matins depuis le premier jours que je me trouve ici le poste que
j'ai a Pont a Bouvines, mais nous ayant apperçu ils
ne sont pas venu d'assés prés. J'en espere cependant
le profit qu'ils laisseront ce poste pour quelque tems au
moin tranquile et que cette manœuvre sera de quelque
utilité pour Votre Altesse serinnissime, vu que l' ennemis doit croire d' aprés cette reconnoissance, que nous
lui voulons de ce coté ci, et qu'il doit retirer par con-
sequant ses forces du coté de la Flandre.

Esperant que le Poste de Pont a Marque quitterois
peut être, s'il nous scavoit de l' autre coté de la Marque et risquant d'être enveloppés par nous s'il etoit en
même tems pris par devant, je l'ai fait canoner du coté
de Capellen. Mais, puisque nous n'avons pas tiré de
notre coté vu que nous n' avons par trouvés d' Ennemi,

il ne c'est point apperçu que nous avions passé la Marque il n' a pas quitté son poste et nos troupes n' ayant ordre que de le cannoner se sont retournés à l' heure que je leur avois indiqué a Orchies et Nomain. Les Tirailleurs du Bataillon de Kunitzky, sous les Ordres du Lieutenant Klitzing avoient penetré en poursuivant ceux que le Lieutenant Colonel d' Osen avoit chassé de Capellen jus qu' a la portée du feu de Musqueterie du Pont a Marque, mais étant seuls et trop peû nombreux ils n'osoient rien entreprendre sur le poste méme et se replierent sur leur Bataillon. Le feu du Canon ennemis nous couté un tambour de tué et un bas officier deux soldats de blessés, de l' artillerie un cheval a eu la jambe cassée par une balle ennemie. Nous en revange leurs avons demonté deux Canons, comme ils ont eu de méme de tué et blessés dont j' ignore cependant le nombre.

C'est avec les sentimens du plus devoué respect que je suis

  Monseigneur.

    de Votre Altesse serenissime

a Cysoing,   *le plus humble et obeissaut Serviteur*
ce 19. Juliet 1793.   **KNOBELSDORFF.**

Uebersetzung:

Gnädiger Herr!

Ew. Hochfürstlichen Durchlaucht erlauben, daſs ich Hochdenenselben meinen gehorsamsten Dank für das Schreiben sage, welches Sie an mich zu erlassen die Gnade gehabt haben.

Ich habe gestern eine kleine Recognoscirung gegen *Lille* gemacht, in dieser Absicht
bin ich bey *Bouvines* über die *Marque* mit zwey
Bataillons und zehn Eskadrons gegangen und
bis *Leʒennes*. *Ascq* und *Ronchin* vorgerückt. Da
ich sah, daſs eine von *Anappes* kommende Colonne
nach *Helesmes* zurück gieng, auch hinlängliche
Kenntniſs von der Stellung des Feindes sowohl,
als auch der Gegend jenseits der *Marque* erlangt
hatte, gieng ich, ohne vom Feinde verfolgt zu
werden, in mein Lager zurück.

Ich verband mit dieser Recognoscirung die
Idee, eine feindliche Patrouille zu überraschen,
die seit dem 1sten Tage, wo ich den Posten
von *Bouvines* besetzt habe, denselben alle Morgen beunruhiget. Da sie uns aber bereits von
weitem bemerkte, kam sie uns nicht nahe
genug.

Ich hoffe indessen nicht nur den Vortheil
davon zu haben, daſs sie wenigstens für einige
Zeit den Posten in Ruhe lassen werden, sondern überhaupt auch, daſs diese Bewegung
von Nutzen für Ew. Hochfürstlichen Durchlaucht seyn wird, indem der Feind durch diese
Recognoscirung auf die Vermuthung gebracht
wird, daſs wir von dieser Seite etwas gegen ihn
zu unternehmen beabsichtigen, und daher seine
gegen *Flandern* gesammelte Macht schwächen
muſs.

In der Hoffnung, dafs der Posten von
Pont a Marque vielleicht von selbst abgehen
würde, wenn er erführe, dafs wir uns auf der
andern Seite der *Marque* befanden und er daher
Gefahr liefe, abgeschnitten und eingeschlossen
zu werden, wenn er zugleich von vorne angegriffen würde, habe ich ihn von der Seite von
Capellen her kanoniren lassen. Der Feind ward
indefs unsern Uebergang über die *Marque* gar
nicht gewahr, indem wir nicht feuern konnten,
da wir nichts vom Feinde fanden, und er verliefs daher unter diesen Umständen den Posten
nicht.

Unsere Truppen, die nur Befehl hatten, ihn
mit Artilleriefeuer zu begrüfsen, kehrten zu der
ihnen von mir im Voraus festgesetzten Stunde
nach *Orchies* und *Nomain* zurück. Die Schützen
des *Kunitzkyschen* Bataillons unter dem Lieutnant
von Klitzing waren im Verfolgen der feindlichen
Abtheilung, die durch den Obristlieutnant von
Osen aus *Capellen* geworfen worden, bis auf die
Entfernung eines Flintenschusses an *Pont a Marque* vorgedrungen, da sie aber zu schwach waren, um auf den Posten selbst etwas zu unternehmen, so zogen sie sich wieder zu ihrem
Bataillon zurück. Das Artilleriefeuer des Feindes verursachte uns den Tod eines Tambours;
ein Unterofficier und zwey Gemeine wurden
verwundet. Einem Pferde von der Artillerie
wurde durch eine feindliche Kugel ein Fufs zer-

schmettert. Wir haben dem Feinde zwey Kanons demontirt, auch hatte er ebenfalls Todte
und Verwundete, deren Anzahl ich jedoch
nicht bestimmen kann.

Mit den Gesinnungen der ergebensten Ehrfurcht habe ich die Ehre zu seyn etc.

Cysoing,
den 18. Juli 1793. K N O B E L S D O R F F.

Der in diesem Schreiben enthaltenen Erzählung
muſs ich nur noch das hinzu fügen: wir waren nicht
nur durch Kundschafter unterrichtet worden, sondern
auch so durch die Erfahrung überzeugt, daſs durch die
Windmüller dem Feinde immer das Zeichen unsrer
Ankunft gegeben wurde, welches vorzüglich der
Fall bey dem Müller zwischen *Capellen* und *Pont a
Marque* war, wie er sich dessen auch noch an diesem Morgen schuldig gemacht hatte, ohnerachtet er
oft und zu wiederholtenmalen dagegen gewarnt war;
es lieſs daher der Obristlieutnant von *Osen* diese
Mühle allen andern zur Warnung anzünden.

Das Zeichen wurde von den Müllern auf folgende Art gegeben. Der Müller stellte die Mühle
nach der Seite hin, von welcher wir anrückten und
lieſs sie dann einige oder mehrere Mahle umgehen,
je nachdem wir schwach oder stark an Zahl waren.
Kamen wir von verschiedenen Seiten zugleich, so
drehte er, nachdem er das Zeichen von einer Seite
gegeben hatte, die Mühle ebenfalls nach den andern
Seiten und verfährt dann, je nachdem wir zahlreich

oder schwach von einer oder der andern Seite anrückten, nach der vorhin erwähnten Weise. Da
nun von den Windmühlen alles in grofser Entfernung erkannt, die Windmühle selbst aber sehr weit
gesehen werden kann, so war dies ein leichtes und
untrügliches Mittel, schon von weitem von unsrer
Ankunft unterrichtet zu werden, ja selbst allemahl
vorher bestimmt zu wissen, von welcher Seite und
ob mit einer schwachen oder starken Truppenabthei-
lung der eigentliche Angriff unternommen werden
würde.

Von der Gegenrevolution im Innern Frankreichs liefs sich jetzt viel erwarten, da die Waffen der
Gegenrevolutionairs beträchtliche Fortschritte machten. *Rhodes* war in vollem Aufruhr; *Carrier* hielt
sich daselbst auf. *Nantes* war nach einem achtstün-
digen Gefecht von den Truppen der *Vendée* erobert worden. Die *Marseiller* brachten zwey Departements Administratoren um, weil sie Patrioten waren. 1200 Mann brachen aus *Marseille* mit zwey Kanonen gegen *Paris* auf: überhaupt waren alle Sections von *Marseille* in voller Gegenrevolution.

Der General *Kellermann* erhielt an der Stelle von
Cüstine, welcher angeklagt und nach *Paris* berufen
war, das Kommando. Das Lager von *Caesar* rückte
nach *St. Quentin*, wohin auch am 17ten von den
Wällen von *Lille* 16 Stück schweres Geschütz, nämlich drey 24pfündner, drey Haubitzen und zehn
16pfündner, unter Bedeckung von 20 Dragonern,
über *Lens* geschickt wurden.

Um das freundschaftliche Vernehmen ganz wieder herzustellen, theilte der Preufsische General
dem Feldmarschall *Prinzen von Coburg* das unterm
15ten des vorigen Monats erhaltene Cabinets-Schrei-
ben des Königs mit und bemerkte dabey, dafs er
den darin enthaltenen Beweis der Königlichen Gnade
ihm verdanke. Der *Prinz von Coburg* ertheilte ihm
darauf folgende Antwort:

An des Königl. Preufs. Herrn Generallieutnant Freyherrn von Knobelsdorff Excellenz.

Hauptquartier Herin, den 18. Jul. 1793.

Durch das von Ew. Excellenz mir zugekommene gefällige Schreiben, so wie durch das mir
mitgetheilte von Sr. Majestät dem Könige an
Ew. Excellenz erlassene allergnädigste Hand-
billet erwächst mir das gröste Vergnügen, dafs
Sr. Majestät nach der Höchstselben ganz eigenen Gerechtigkeit Ew. Excellenz wahre Verdienste nicht mifskannten; diese allein müssen
Sr. Majestät bewogen haben, Höchst dessen
Zufriedenheit neuerdings Ew. Excellenz zuzusichern, alles, was ich etwa hierzu hätte beytragen können, war für mich Pflicht und ich
bin herzlich erfreut, dafs ich meinen Wunsch
hierin nicht verfehlt habe.

Uebrigens danke ich Ew. Excellenz aufs ver-
bindlichste für die überschriebenen Nachrichten.

PR. COBURG,

Feldmarschall.

Dies Schreiben war noch von nachfolgendem
Briefe begleitet.

An des Königl. Preußs. Herrn Generallieutnant Freyherrn von Knobelsdorff Excellenz.

Ich habe die Ehre Ew. Excellenz in der
Anlage die Proclamation zu behändigen, welche
ich auf Allerhöchsten Befehl Sr. Majestät meines allergnädigsten Herrn bey Uebergang der
Vestung Condé habe publiciren lassen.

Ew. Excellenz belieben daraus zu ersehen,
dafs Seiner Majestät diese Vestung und den
dazu gehörigen Distrikt als allerhöchst Dero
rechtmäfsig erworbenes Eigenthum betrachten,
ich werde dadurch veranlafst, Ew. Excellenz
zu bitten, dafs Sie in den zu machen seyenden
Ausschreibungen auf die Gränze des besagten
Distrikts gefälligen Bedacht nehmen wollen.

Ueber dem linken Ufer des *Scarpe* Flusses
sind die in demselben begriffenen äufsersten
Ortschaften, *Rumegies*, *Sameon*, *Landas*, *Beuvry*,
Bouvignies, *Marchiennes*, *Somain* wornach auch
St. Amand in diesen District gehört, und Ew.

Excellenz gefällig seyn will die zu Aushebung einer Contribution daselbst verlegte kommandirte abgehen zu lassen.

PR. COBURG,

Feldmarschall.

Vom Erbprinzen von Oranien erhielt der Preußische General folgendes Schreiben.

Mon General!

La lettre, que Votre Excellence m'a fait l'honneur de m'écrire en date d'hier m' est trés bien parvenue.

Je la prie d'agréer mes remerciments, pour la relation de la reconnoissance, qu' Elle a fait faire a ses troupes le 17 de ce mois vers Lille; et que je suis persuadé, ne laissera pas d'attirer l' attention de l' Ennemi de ce coté.

C'est avec les sentimens de la plus parfaite consideration que j'ai l'honneur d'étre

Mon General

de Votre Excellence

An Quartier General   *le trés humble Serviteur*
de Menin ce 19 Juliet   G. F. PR. HED. D'ORANGE.
1793.   *Com.   Gen.*

Uebersetzung:

Mein Herr General!

Ich habe den Brief, welchen Ew. Excellenz unter dem gestrigen Datum an mich zu schrei-

ben mir die Ehre erzeigt haben, richtig erhalten.

Sie wollen gütigst meinen Dank für die Erzählung der Recognoscirung annehmen, welche
Sie ihre Truppen den 17ten dieses Monats haben gegen *Lille* unternehmen lassen, die nach
meiner Ueberzeugung gewifs die Aufmerksamkeit des Feindes auf jener Seite heften wird.
Mit den Gesinnungen der vollkommensten
Hochachtung habe ich die Ehre zu seyn etc.

Der Feind war seit einigen Tagen gegen die
Holländer besonders unruhig, er wurde aber überall glücklich zurückgewiesen.

Der Obrist *v. Geusau* war ihm mit ein paar Bataillons entgegen gegangen. Anfangs hatte der
Feind viele *Contenance* gezeigt, zuletzt aber war er
doch durch ein richtig angebrachtes Kartätschenfeuer
in Unordnung und zum Weichen gebracht worden.
Der Verlust der Holländer bestand in 6 Todten und
8 Verwundeten, unter welchen ein Offizier befind-
lich war.

Der Feind verminderte sich zusehens an der
Gränze gegen die Holländer, so dafs man den Abgang der Französischen Truppen wohl an 2000 Mann
rechnen konnte, hingegen arbeitete er in dieser Ge-

gend viel an Verschanzungen. Wohin diese hier weggezogenen Truppen sich eigentlich gewendet, ob nach den Lägern vor *Lille*, oder nach *Cambrey*, oder nach dem Innern des Landes, konnten wir nie in Erfahrung bringen.

Gegen uns machte der Feind am 18ten, 19ten und 20sten die gewöhnlichen Neckereyen, vorzüglich bey *Bouvines*, worauf er sich jederzeit nachdem er diesem Posten einige Kartätschenschüsse abgelockt hatte, mit dem Verlust einiger Leute zurückzog.

Den 21sten um 5 Uhr Morgens griff der Feind *Lannoi* an, der Major von *Coring* Graf *Golzischen* Husaren-Regiments gieng sogleich von *Willem* aus jenem Orte zu Hülfe und nahm den Feind in die Flanque. Sobald der Feind indessen diese Bewegung wahrnahm, trat er seinen Rückzug an. Von der Infanterie aus *Lannoi* war ein Unteroffizier bey dieser Gelegenheit geblieben.

Der kommandirende Preusische General hatte zufolge der ihm hiezu von dem Feldmarchall Prinzen von *Coburg* gemachten Anforderung, sogleich die noch nicht zu *St. Amand* eingezogenen Ausschreibungen aufzuheben befohlen und dem Commissariat darüber das nöthige zu verfügen aufzutragen. Der Feldmarschall Prinz *Coburg* dankte den General von *Knobelsdorff*, dafür in folgendem Schreiben.

An des Königl. Preuſs. Generallieutnants
Freyherrn von Knobelsdorff Excellenz.

Ich eile Ew. Excellenz für die Bereitwilligkeit zu danken, mit welcher Sie alle der disseï-
tigen Besitznehmung von der Vestung und dem
District von *Condé* entsprechende Anstalten getroffen haben.

Die zu *St. Amand* aufbewahrten Arrestanten
bitte ich Ew. Excellenz nach *Condé* abzuschicken
und dem dasigen Commandanten General *Czer-
neʐʐy* übergeben zu lassen, ihm aber auch alle
dazu gehörige Acten übermitteln zu wollen, damit die Gerechtigkeit gepflegt werden möge.

Die veranlaſste Recognoscirung ist ein wie-
derholter Beweiſs von Ew. Excellenz Einsicht
und Thätigkeit und versreche ich mir durch
die geschehene kluge Einleitung die beste Wirkung.

PR. COBURG,
Feldmarschall.

Den 22sten griff der Feind die Holländer in
Commines, *Werwick*, *Halluin*, *Roncq* und *Tourcoing* an,
versammelte aus dem Lager von *Magdalaine* so viele
Truppen, daſs in allem 5000 Mann bey *Lamponpont*
standen, und rückte mit einem ziemlich starken Detachement auf die Ebene vor *Pont a Marʒue*; gegen
Capellen und *Templeuve*.

Sobald dies der Preußische Feldherr erfuhr, befahl er, daß der Major *v. Coring* mit den bey sich habenden zwey Eskadrons Husaren und den dazu abgetheilten Schützen von *Willem* aus, so wie das Grenadier Bataillon von *Mallschützky* aus dem Lager, auf den ersten Schuß, der gegen *Lannoi* zu fiele, zur Unterstützung dieses Ortes eilen, wogegen 300 Pferde aus dem Lager zur Deckung des rechten Flügels desselben in die Stelle der abgerückten Eskadrons nach *Willem* marschiren sollten. Der Feind verhielt sich aber bey *Lamponpont* ganz ruhig und unternahm nichts; eben so nahm er sich auf der Ebene von *Pont a Marque*, vor *Templeuve* und *Capellen*. Der Rittmeister *Prinz Ferdinand v. Schönaich Carolath* machte von *Nomain* aus eine Patrouille mit 40 Pferden und einigen Schützen durch *Capellen*, und kehrte nachdem er sich von der Stärke und der Stellung des Feindes, so wie auch davon, daß er keine weitere Bewegung unternehmen würde, überzeugt hatte, mit Verlust eines seiner Blänkler zurück.

Bey den Holländern waren alle feindlichen Versuche glücklich abgeschlagen worden, sie behaupteten durchgehends ihre Stellung.

Den 24sten griff der Feind mit mehr als gewöhnlicher Lebhaftigkeit den Posten von *Bouvines* an; um diesem Posten wieder auf einige Zeit Ruhe zu verschaffen, beschloß der Preußische General das feindliche Detachement am andern Morgen aufheben zu lassen. Der Obriste *v. Blücher* erhielt den Auftrag, diese Unternehmung auszuführen. Es wurden

den

den ihm hiezu 150 Pferde von den Husaren Grafen *von der Golz*, eine Eskadron von *Kavannagh* Küras- sier und 300 Mann Infanterie gegeben, mit diesen Truppen legte er sich die Nacht in ein Versteck jen- seits der Brücke von *Bouvines.*

Ein Schreiben aus *Lille* benachrichtigte uns in- dessen, dafs am 22sten General *la Vallette* kassirt, mit allen seinen Adjutanten arretirt und nach Paris geführt worden sey. Den 23sten ward General *la Marliere* nach Paris gefordert, um Rechenschaft von seinem Betragen abzulegen, er war auch am Nach- mittage dieses Tages wirklich dahin abgegangen, sein Generaladjutant *Dupont* hatte seine Stelle er- halten. *Duhem* und *le Sage*, Deputirte des National- Convents von *Lille*, folgten ihm am 24sten, jedoch auf einem andern Wege nach *Paris.* Es ist gewifs, sagte jenes Schreiben, dafs wenn die Anführer der vereinigten Mächte einige Absichten auf *Lille* ha- ben, nie ein glücklicherer Zeitpunkt eintreffen konne, als der gegenwärtige, denn es ist nur zu gewifs, dafs weder unsre Commissairs, noch unsre Geistlichen ein Bombardement aushalten werden. Uebrigens mögen nun ihre Absichten seyn, welche sie wollen, so habe ich auch im Fall der Belagerung ganz sichere Anstalten zur Unterhaltung eines Einverständnis- ses getroffen. — Das Lager von *Magdelaine* beträgt 13,200 Mann, von welchem 3000 zu *Linzelles*, 2000 zu *Armentiere*, 200 zu *Hautbourdin*, 1300 zu *Pont a Marque*, 2000 zu *Commines* u. s. w. Die Besatzung der Vestung giebt seit vier Tagen alle Nächte ein

Bataillon nach dem Dorfe *Fache*. Das Lager von *Cassel* besteht aus 10000 Mann, welche aber unvollzählich sind. Was für Posten von dort aus gegeben wurden, war dem Correspondenten unbekannt.

Noch befanden sich immer 44 Departements im Aufstande. Der Erbprinz v. *Oranien* schickte nun dem Preußischen Feldherrn eine Erzählung des vom Feinde auf sämmtliche Holländische Vorposten von *Tourcoing* bis *Commines* am 22sten gemachten Angriffs.

Monsieur!

Ayant attendu, que les rapports ulterieurs des differents postes, sur lesquels les françuis avoient entrepris une attaque generale dans la matinée du 22 de ce mois, fussent rentrés, a fin de pouvoir en former la relation, je puis avoir l'honneur d'en presenter a Votre Excellence une traduction ci jointe, qui contient toutes les circonstances de cette journée, ainsi que de la mauvaise reussite des projets que l'ennemi avoit eu dessein d'executer sur nos avant postes.

Je prends la liberté de m'y referer en priant Votre Excellence d'agréer en même tems les sentimens de la plus parfaite estime avec la qu'elle j'ai l'honneur d'être

Monsieur

de Votre Excellence

An Quartier General   le très humble Serviteur
de Menin ce 24. Juillet 1793. G. F. Pr. Hed. d'Orange,
                                Com.   Gen.

Traduction de la relation de l'attaque generale des français sur tous nos avant postes, depuis Tourcoing jusqu'a Commines le 22 Juillet 1793.

A $8\frac{1}{4}$ *heures du matin on entendoit au quartier general quelques coups de fusils, du coté de Werwick, Bousbeck, Ronck, Halluin et des autres avant postes; et a 9 heures son Altesse reçut le rapport que Werwick, etoit attaqué de trois cotés, surquoi Elle fit d'abord prendre les armes aux troupes du camp, detachant l'escadron et le bataillon de reserve vers Werwick et en donnant immediatement connoissance au Prince Frederic d' Orange a Ypres, au General Major de Geusau a Tourcoing et au Colonell de Bylond a Roncq, avec ordres de se tenir sur leurs gardes.*

Une $\frac{1}{2}$ *heure après on reçut le rapport que les avant postes de Halluin avoient du se retirer, a cause que les Français avançoient en force du coté de Bousbeck, sur quoi son Altesse se porta avec la plus grande hate par Halluin vers Bousbeck, ayant auparavant donné l'ordre au colonell de Thouars de faire prendre les armes a son bataillon et de renforcer les portes de la ville de Menin.*

En arrivant a Halluin son Altesse envoya l'ordre au camp pourque le Bataillon des Grenadiers de Breydenbach se mit en marche, avec deux pieces de 6 ℔. afin d'occuper la redoute d'Halluin, et que le bataillon des gardes Suisses suive le chemin de Bousbeck afin de couvrir notre flancq droit.*

*Tandis que le bataillon de Hesse Darmstadt et
une partie de l'escadron de Hesse Cassel occu-
poient la hauteur du bois de la · Granville, vers ou
ils s'etoient mis en marche; — les volontaires, qui
etoient marchés en avant, pour soutenir les avant
postes, avoient deja reussi de repousser les Français
jusqu'a la hauteur ou nos avant postes se plaçoient
ordinairement, non obstant que l'ennemi avoit entrepris son attaque avec une si grande superiorité
de forces, et avoit deja poussé jusqu'au dit bois, de
la Granville. Une partie de ces volontaires soute-
nue pas 20 Dragons s'avança sous les ordres du Capitaine Schaffner le long du chemin ordinaire de
Bousbeck, passa le piquet des gardes a cheval et
entra jusque dans le village de Bousbeck même, que
les Français avoient occupé peu auparavant avec
beaucoup de monde et ou les gardes Suisses qu'on
avoit envoyés pour soutien ont pareillement prises poste
pendant quelque tems.*

*Après que toutes les dispositions furent faites de
ce coté ci, son Altesse reçut un second rapport de
Werwick contenant que l'ennemi ne s'etoit pas
porté plus en avant qu'a moitié chemin de Commines a Werwick — que nos chasseurs et un detachement de Laudon verd l'avoient repoussé jusqu'a
Commines — que le Colonel de Lynden avec les Hus-
sards, une escadron de Hesse Philippsthal et
3 compagnies de Hirzel s'etoient directement avan-
cés sur Commines pour empécher l'ennemi de passer la Lys — et que le General Major prince Char-*

les de Hesse Darmstadt avoit envoyé les Grenadiers
de Gumvens avec un Obusier vers Commines de sor-
te que tout étant tranquile de ces cotés la son Altesse
se porta sur Roncq et y plaça deux Compagnies de
Hesse Darmstadt sur une hauteur pour soutenir les
volontaires en cas que les Français revinssent. Son
Altesse trouva tous les postes entre Roncq et Bousbeck en ordre et fut informé par le Colonell de Byland que les Français avoient attaqué Roncq par la
chaussée de Lille et du coté de Linzelles, en même
tems, mais que la garde postée vers Linzelles, après
qu'on eut placé une piece de canon sur la hauteur qui
s'y trouve, ainsi que les autres postes avoient repoussé
l'ennemi avec perte de plusieurs morts et blessés.

Son Altesse reçut ensuite encore des informations
de la part du prince de Hesse Darmstadt par ou Elle
apprit que le feu continuel, que nos troupes n'avoient
cessé de faire pendant presque deux heures consecu-
tives, ainsi que l'envoy de l'Obusier vers Commines
avoient obligé l'ennemi de precipiter sa retraite,
et de passer la Lys non seulement a l'aide de ses
pontons, mais encore par le pont qui s'y trouve sur
cette riviere — Que tout étoit fini et que hormis la
quantité des morts que les Français avoient emenés
avec eux, on leur avoit fait 5 prisonniers a cette
occasion.

La dessus son Altesse fit rentrer toutes les troupes au camp et en arrivant au quartier general Elle
y recut le rapport du General Major de Geusau, por-
tant que les Français avoient attaqué a la même heure

les postes de Roncq*) premierement du coté de Lille
et ensuite par le chemin du haut Caroli**) — qu'il
n' avoit pas seulement repoussé et chassé l'enne-
mi mais que même la cavallerie en le poursuivant
avoit fait un Officier et 14 hommes prisonniers, par-
mis lesquels l' Officier et 5 hommes se trouvoient
blessés. — Que les troupes de la republique avoient
pris au dela de 50 fusils de l' ennemi, qui avoit eu
beaucoup de morts et blessés — qu'a tout moment
on decouvroit encore des cadavres ennemis, et qu'a
une heure après midi les Français avoient de nouveau
risqué une attaque, dans le but de pouvoir en atten-
dant enterrer leurs morts; mais qu'il ne valois pas
la peine d'en faire mention. — Qu'en tout il avoit
de son coté un homme de tué et onze de blessés, par-
mis lesquels la Cornette Sloest de Grimberg du Re-
giment de Tuyll, le Lieutenant Schnetzler du Regi-
ment de Stockkar et l' Enseigne Thomasset du Re-
giment de May.

La perte generale que nous avons eue de notre
coté sur les differents postes, se monte a 3 Officiers
de blessés, deux soldats de morts et une vingtaine
de blessés, parmis lesquels 3 cannoniers, qui fu-
rent auprés du bataillon de Hirzel ainsi que le bom-
bardier, qui reçut une legére blessure a la tête par
l'affut du canon, qu'un boulet ennemis toucha et

---

*) Muſs heiſsen Posten von Tourcoing. A. d. H.

**) Muſs heiſsen du baut Carlier. A. d. H.

fit reculer au moment que celui ci appointa la piece
ce qui néanmoins ne l'empecha pas, après s'etre re-
mis de l'appointer de nouveau immediatement.

En general on ne sauroit assés louer le courage
et la bravoure de nos troupes ainsi que l'intrepidité
avec laquelle elles sont tombées sur l'ennemi, dans
les differentes attaques de cette journée, d o n t l e s
Français se souviendront pendant long-
t e m s et ou ils ont vu echouer leurs projets illicites,
de tromper nos avant postes tant pas des cocardes
Oranges, dont ils s'etoient pourvues, qu' en feig-
nant de se faire passer pour deserteurs.

Leur perte doit avoir été très considerable et peut
étre compté a 200 hommes.

Uebersetzung:

Mein Herr!

Nachdem ich die letzten Meldungen der verschiedenen Posten, auf welche die Franzosen
am Morgen vom 22sten dieses Monats einen
allgemeinen Angriff unternommen, abgewartet,
um daraus eine Erzählung des Ganzen zu bilden, so kann ich jetzt die Ehre haben, Ew.
Excellenz anliegend eine Uebersetzung davon
zu übermachen, welche alle nähere Umstände
dieses Tages, so wie den für den Feind un-
glücklichen Ausgang des Entwurfs, den er auf
unsre Vorposten auszuführen beabsichtigte,
enthält.

Ich bin so frey mich darauf zu beziehen in
dem ich Ew. Excellenz ersuche, die Versicherung der Gesinnungen der vollkommensten Achtung anzunehmen, mit welchen ich etc.

Hauptquartier Menin,   G. F. Erbprinz v. Oranien.
den 24. Juli 1793.   Com,   Gen.

Uebersetzung der Erzählung des allgemei-
nen Angriffs der Franzosen auf alle unsere Vorposten von Tourcoing bis
Commines, am 22sten July 1793.

Um halb 9 Uhr hörte man im Hauptquartier
einige Gewehrschüsse nach den Seiten von
Werwick, Bousbeck, Roncq, Halluin und den übrigen Vorposten hinfallen, und um 9 Uhr erhielten Ihro Durchlaucht die Meldung, daſs *Werwick* von dreyen Seiten her angegriffen würde;
worauf Hochdieselben sogleich den Truppen
im Lager das Gewehr in die Hand nehmen, die
zur Reserve stehende Eskadron und das ebenfalls hiezu bestimmte Bataillon gegen *Werwick*
abrücken liefsen, dem Prinzen *Friedrich von
Oranien* zu *Ypern*, dem Generalmajor *von Gensau*
zu *Tourcoing* und dem Obristen *Byland* zu *Roncq*
aber mit dem beygefügten Befehl auf ihrer Huth
zu seyn, Anzeige davon machen liefsen. Eine
halbe Stunde nachher, ward gemeldet, daſs die
Vorposten von *Halluin* sich hätten zurückziehen
müssen, weil die Franzosen stark von der Seite

von *Bousbeck* her anrückten, worauf Ihro Durchlauchten nachdem Sie vorhero dem Obristen
v. Thouars den Befehl ertheilt, sein Bataillon unter das Gewehr treten zu lassen, und damit die
Besatzung der Thore der Stadt *Menin* zu verstärken, sich aufs schleunigste durch *Halluin*
gegen *Bousbeck* zu begaben.

Bey der Ankunft Ihro Durchlauchten in
Halluin schickten Hochdieselben den Befehl ins
Lager, daſs das Grenadier-Bataillon *von Brey-
tenbach* sich mit zwey 6pfündigen Kanonen in
Marsch setzen und die Redoute von *Halluin* be-
setzen sollte, so wie das Bataillon *Schweizer-
Garde* auf der Strafse nach *Bousbeck* vorrücken
muſste, um unsere rechte Flanque zu decken.

In der Zeit, daſs ein Bataillon von *Hessen-
Darmstadt* und ein Theil der Eskadron von *Hessen-Cassel* die Höhe am Walde der *Granville*
besetzte, gegen welche der Feind angerückt,
war es den *Freywilligen*, welche zur Unterstützung der Vorposten vorgegangen waren, ge-
lungen, die Franzosen bis auf die Höhen zu-
rückzuwerfen, auf welchen sonst gewöhnlich
unsre Vorposten standen, ohnerachtet der
Feind seinen Angriff mit weit überlegener
Macht unternommen hatte, und wirklich schon
bis zu dem besagten Holz der *Granville* vorgedrungen war. Ein Theil dieser *Freywilligen* unterstützt von 20 Dragonern und angeführt durch
den Hauptmann *Schaffner*, drang auf der gra-

den Straße nach *Boußbeck* über das Piquet der
Garde zu Pferde hinaus, und kam selbst bis in
das Dorf *Bousbeck* hinein, welches kurz vorher
noch von den Franzosen mit vieler Mannschaft,
besetzt gewesen und auch nachher für einige
Zeit von den *Schweizer-Garden*, welche zur Unterstützung nachgeschickt worden, gleichfalls
besetzt ward. Nachdem auf dieser Seite
alle Veranstaltungen gehörig getroffen waren,
erhielten Ihro Durchlauchten die Meldung von
Werwick, daß der Feind nicht weiter als bis
auf dem halben Wege von *Commines* nach *Werwick* vorgedrungen sey — daß unsere Jäger und
eine Abtheilung von *Grün Laudon* ihn bis *Commines* zurückgeworfen — daß der Obrist *von
Lynden* mit den Husaren, einer Eskadron von
Hessen-Philippsthal und drey Compagnien von
Hirzel gerade gegen *Commines* vorgerückt sey, um
dem Feinde den Uebergang über die *Lys* zu verwehren — so wie daß der Generalmajor *Prinz Carl
von Hessen Darmstadt* seiner Seits die Grenadier
von Gumvens mit einer Haubitze gegen *Commines*
habe anrücken lassen, — so daß, da auf dieser
Seite alles ruhig war, Ihro Durchlauchten sich
nach *Roncq* begaben und zwey Compagnien von
Hessen-Darmstadt zur Unterstützung der Freywilligen, im Fall die Franzosen wieder zurück
kämen, auf eine Höhe postirten.

Ihro Durchlauchten fanden alle Posten zwischen *Roncq* und *Bousbeck* in gehöriger Ordnung

und erfuhren durch den Obristen *von Ryland*,
dafs die Franzosen *Roncq*, längs der Chaufsée
von *Lille* und von der Seite von *Lincelles* her
zu gleicher Zeit angegriffen, dafs aber die Wacht,
welche gegen *Lincelles* zu steht, nachdem auf
die dabey befindliche Anhöhe eine Kanone aufgefahren, so wie ebenfalls alle übrige Posten,
den Feind mit Verlust vieler Todten und Verwundeten zurück geworfen hätten.

Ihro Durchlauchten erhielten nachhero noch
Meldungen vom *Prinzen von Hessen Darmstadt*,
durch welche Hochdieselben erfuhren, dafs
durch das ununterbrochene Feuer, welches
unsre Truppen zwey Stunden hindurch unterhalten, und durch die gegen *Commines* geschickte Haubitze der Feind seinen Rückzug
dergestalt zu beschleunigen gezwungen worden,
dafs er über die *Lys* nicht allein mit Hülfe seiner Pontons, sondern selbst über die auf diesem Flufse sich befindende Brücke gegangen —
dafs jetzt alles beendiget und dafs, ausser der
Menge von Todten, welche die Franzosen alle
mit sich hinweg geschleppt, man ihnen bey dieser Gelegenheit noch fünf Gefangene abgenommen.

Unter diesen Umständen liefsen Ihro Durchlauchten wieder alle Truppen ins Lager rücken
und erhielten bey ihrer Rückkunft im Hauptquartier eine Meldung des Generalmajor *von
Geusau*, welcher anzeigte, dafs die Franzosen

zur nehmlichen Zeit den Posten von *Roncq* *), erst von der Seite von *Lille* und nachher mit mehrerer Stärke auf dem Wege von *Haut Caroli* **) angegriffen hätten: — dafs er nicht allein den Feind geschlagen und zurückgeworfen, sondern dafs sogar die Reuterey bey der Verfolgung des Feindes 1 Officier und 14 Mann gefangen bekommen, von welchen der Officier und 5 Mann verwundet, — dafs die Truppen der Republik dem Feinde mehr als 50 Gewehre abgenommen, welcher auch viele Todte und Verwundete habe; dafs man alle Augenblicke noch Leichname des Feindes entdecke und dafs um 1 Uhr Nachmittags die Franzosen einen neuen Angriff gewagt hätten, in der Absicht unterdessen ihre Todten zu beerdigen, es lohne aber nicht der Mühe, dessen näher zu erwähnen: — dafs er in allem 1 Todten und 11 Verwundete habe, unter welchen der Cornet *Sloet von Grimberg* vom Regiment *von Tuyll*, der Lieutnant *Schnetzler* vom Regiment *Stockkar* und der Fähndrich *Thomafset* vom Regiment *von May*.

Unser Verlust im Ganzen auf den verschiedenen Posten besteht in 3 verwundeten Officiers, 2 Todten und ohngefähr 20 verwundeten Soldaten, unter welchen 3 Artilleristen, welche bey

---

*) Mufs heifsen den Posten von Tourcoing. A. d. H.
**) Mufs heifsen von *haut Carlier*. A. d. H.

dem Bataillon *von Hirzel* waren, und ebenfalls
ein Bombardier, der eine leichte Verwundung
am Kopfe durch die Affüte des Kanons erhielt,
welche in dem Augenblick, da er das Kanon
richtete, von einer feindlichen Kugel getroffen
und dadurch zurück gestofsen wurde. Es
hinderte ihn dies jedoch nicht, nachdem er
sich eben erholt, es sogleich aufs neue zu richten. Ueberhaupt kann man im ganzen den
Muth und die Tapferkeit unsrer Truppen nicht
genug rühmen, so wie die unerschrockene Herz-
hafügkeit, mit welcher sie in den verschiedenen
Angriffen dieses Tages auf den Feind giengen,
dieses Tages, dessen die Franzosen
sich noch lange erinnern werden, an
welchem sie die unerlaubten Anschläge scheitern sahen: so wohl durch Orange Kokarden,
mit denen sie versehen waren, als auch dadurch,
dafs sie sich für Ueberläufer ausgaben, unsere
Vorposten zu hintergehen. Ihr Verlust mufs
sehr ansehnlich gewesen seyn, und kann auf
200 Mann gerechnet werden.

————————————

Den 25sten um 4 Uhr des Morgens kam der
Feind in die Gegend des ihm durch den Obristen
v. Blücher gelegten Verstecks. Er stiefs auf unsere
Infanterie und gab Feuer. Es wurde erwiedert; in
dem Augenblicke aber gab der Obrist *v. Blücher* das
Zeichen zum förmlichen Angriff, die Reuterey brach

aus ihrem Hinterhalte hervor, gieng mit verhängtem
Zügel auf die feindliche Infanterie los und tournirte
zugleich das Dorf *Sainghin*, um dem Feinde den
Rückzug abzuschneiden. Unsre Infanterie drang
indessen, ohne sich mit Schiefsen abzugeben, mit
dem Bajonet in das Dorf *Sainghin* ein, um das, was
sich vom Feinde hinein geworfen hatte, gefangen
zu nehmen oder bey Gegenwehr nieder zu stofsen.
Es wurde alles mit dem glücklichsten Erfolg ausgeführt: wir erhielten 82 Gefangene, unter welchen
sich 2 Officiers befanden. Die Anzahl der Todten,
welche der Feind zurück liefs, läfst sich nicht genau
bestimmen, weil er in aufserordentlich hohen Getraide stand, in welchem viele seiner Todten nicht
aufgefunden seyn mögen. Unser Verlust war ge-
ringe: bey den Husaren waren 2 Pferde todt geschossen und 1 Husar und 2 Pferde verwundet. Bey
der Eskadron *von Kavannagh* war ein Pferd verwundet.

Unter dem Obristen *v. Blücker*, welcher den
Oberbefehl über das Ganze führte, führte der Rittmeister *v. Pechthold* die Kayserlich Königl. Cavallerie,
die Königl. Preufs. aber der Rittmeister *von Planizer*.
Der Major *v. Neumann*, General-Quartiermeister bey
dem Preufsischen Corps, übernahm die zu treffenden
Einrichtungen bey der Infanterie, welche vermischt
aus den Regimentern *Knobelsdorff*. *Kalkstein*, *Köthen*
und *Kunitzky* genommen war, und durch die Haupt-
leute *von Heyne* und *von Ising* des *Köthenschen*, und *von*

Wedel und *von Wallersbrun* des *Künitzlyschen* Regiments angeführt wurde.

Der kommandirende Preuß. General war selbst Zuschauer dieses Vorfalls. Am folgenden Tage erhielt er folgendes Schreiben vom Feldmarschall *Prinzen von Coburg.*

An des Königl. Preußsischen Herrn Generallieutnants Freyherrn von Knobelsdorff Excellenz.

Hauptquartier Herin, den 26sten Jul. 1793.

Nach Anzeige des Herrn Obristen Grafen *von Hohenzollern* sollen sich unter den von den Königl. Preußsischen und Kaysererlich Königlichen Truppen gestern mitgebrachten feindlichen Gefangenen 6 Kayserliche Deserteurs befinden.

Ich bin so frey, Ew. Excellenz zu bitten, diese 6 Mann unverzüglich in das hiesige Hauptquartier unter guter Bedeckung abschicken zu wollen.

PRINZ COBURG,
Feldmarschall.

An dem heutigen Tage erhielten wir die frohe und für Deutschland so äußerst wichtige Nachricht von der glorreichen Einnahme von *Maynz* durch unsern König, mit dem beygefügten Verfolg der Begebenheiten am Oberrhein. Vom 30sten Juny bis 31sten July.

Um dem Batteriebau vor dem Nonnenkloster Erde und Raum zu verschaffen, welcher durh reve-tirte *Terrassen* zu sehr eingeschränkt war, haben die *Mineurs* während des gestrigen Tages verschiedene kleine *Fourneaux* angelegt, und gegen die Nacht ge-sprengt, die auch völlig der Absicht entsprochen haben.

Desgleichen haben die *Mineurs* das Stück Mauer umgeworfen, was links der *Redoute*, auf dem rech-ten Flügel diese *Redoute* maskirte, mit dieser Arbeit wird noch fortgefahren.

In der *Paralelle* unweit der *Capelle* zeigte sich eine durch Mauerwerk unterstützte Oeffnung.

Der Mineur-Lieutnant *Rück* hat selbige unter-stüzt und auf 20 Schritte vorwärts Gänge gefunden, die rechts und links sich verbreiten, aber dann wie-der durch Mauern geschlossen sind. Heute arbei-ten die *Mineurs*, um in diesen Gängen weiter zu kommen, und zu wissen, was sie eigentlich sind.

Die *Artillerie* machte mit dem Bau der *Batterien* von No. 1 bis 8 den Anfang, nehmlich:

No. 1. *Demontier-Batterie* von zwey 24pfündigen Kanonen.

Emplacement neben dem Nonnen-Kloster vier 12pfündige Kanonen und zwey Hau-bitzen.

No. 2. *Wurf-Batterie* von 3 zehnpfündigen Mor-tiers.

No. 3.

No. 3. *Defensions - Batterie* von vier 6pfündigen Kanonen.

No. 4. *Wurf - Batterie*, von drey 50pfündigen *Mortiers*.

No. 5. *Ricochett-* und *Defensions - Batterie*, von zwey 6pfündigen Kanonen.

No. 6. *Wurf - Batterie*, von drey 10pfündigen *Mortiers*.

No. 7. *Demontier - Batterie* von vier 24pfündigen und vier 12pfündigen Kanonen.

No. 8. *Enfilir* und *Defensions - Batterie* von drey 12pfündigen Kanonen.

Gegen über dem Obristen *v. Rüchel* war alles ruhig, nur dafs der Feind unsere Ueberfahrt mit Kartätschen sehr unsicher machte, wodurch besonders die *Pontonier* litten, davon 1 Mann getödtet und 4 Mann verwundet wurden. Gegen 7 Uhr fanden wir noch einen Franzosen, welcher zwey Tage in einem Loche gehungert hatte. Bis jetzt hat Maynz noch alle Nächte gebrannt.

Beym *Schönfeldschen* Corps fiel vom 25sten bis zum 1sten July gar nichts vor, ausser dafs man einige feindliche *Vedetten* aufhob, welche sich den unsrigen, um mit ihnen zu sprechen, zu sehr genähert hatten. Um die Holländischen *Kanonier - Schaluppen* zum Theil von Lllfeld nach Ginsheim zu Lande zu transportiren, war der Lieutenant *Graf Hordt* vom General - Stabe vom Könige mit diesem Auftrage nach *Ellfeld* beordert worden. Dieser transportirte das Geschütz erst besonders, und ladete die *Schaluppen* alsdann auf besondere dazu eingerichtete Wagen, welche über *Budenheim*, *Marienborn* und *Bodenheim* nach *Ginsheim* geführt wurden. 6 dieser Schaluppen verblieben beym Corps des Generallieutnant *von Schönfeld*, um den Rhein unterhalb *Maynz* zu sperren, und zu verhindern, dafs auf selbigem keine feindliche Ladung auf Schiffen entkomme. Diese wurden von *Schierstein* bis *Budenheim* en echellon stationirt. Um diese Schaluppen selbst mit dem kleinen Gewehr zu flankiren, lies General *Schönfeld* auf Befehl des Königs die Schiersteiner *Aue* mit 70 Mann Fufsvolk besetzen, und für selbige ein *Retranchement* quer über die *Insel*, *Schierstein* gegen über, anlegen und so einrichten, dafs auch 2 Kanonen darauf placirt werden konnten. Um mit diesem Posten von *Schierstein* aus zu communiciren, wurde mit unsern daselbst befindlichen Brückengliedern eine Brücke gleich unterhalb *Schierstein* auf die *Aue* hinüber geschlagen, da diese *Aue* bis gegen die *Peters*-und *Ingelheimer-Aue* heraufläuft, so diente diese Veranstaltung auch zur Verstärkung für den *Kalkreutschen* linken und *Schönfeldschen* rechten Flügel; indem, wenn der Feind einen Ausfall von *Mombach* gegen *Budenheim* machen, oder eine Landung zwischen *Schierstein* und *Bibrich* versuchen sollte, sogleich eine Verstärkung von 100 Mann und zwey 6pfündigen Kanonen auf die *Aue* hinüber marschirt, um dem Feinde in die Flanken und in den Rücken zu schiefsen. Diese Insel ist fest und bewachsen, man kann sich also auf selbiger bis auf die Spitze mit

Leichtigkeit bewegen. Die Brücke selbst ist durch drey davor liegende Kanönier-Schaluppen gedeckt.

Nachdem zur Verstärkung des Belagerungs-Corps am linken Rhein, Ufer, das 2te Bataillon *von Borch* vom *Schönfeldschen* Corps und 4 Compagnien Kayserliche vom Obristen *v. Rüchel* abgegangen waren, das Grenadier-Bataillon *v. Vittinghoff Schönfeldschen* Corps aber die Lücke, die durch Abrückung der 4 Kayserlichen Compagnien beym Obrist *von Rüchel* entstanden war, wieder ausfüllen mufste, so blieben auf den Höhen von *Hochheim* nur noch zwey Bataillons *v. Croufatz* und zwey Bataillons *v. Borch.* In der Nacht vom 1sten zum 2ten gieng die *Trenchée-Arbeit* gut von statten. Die 1ste *Paralelle* erhielt gegen die Ablösung ihre völlige Breite und Tiefe, so dafs diese Nacht von dem *Crochet* rechter Hand nach den Batterien der weggenommenen *Redoute* eine neue *Communication* gezogen werden konnte, die *Artillerie* hat diese Nacht einen sehr guten Anfang mit dem Batterie-Bau gemacht und wird damit fortfahren.

Den 2ten July gegen Abend machte der Feind einen abermahligen Versuch gegen die Vorposten in der Gegend von *Mombach* und *Gunzenheim*, wurde aber zurückgeworfen; er war 200 Pferde stark, und hatte 50 Mann Infanterie zum Soutien ins hohe Korn vertheilt postirt. Von uns wurden 2 Husaren *von Wurmser* leicht verwundet. Von diesem Tage wurde die Insel, welche durch den Obristen *von Rüchel* den 29sten vorigen Monats genommen worden, etwas seltner von der *Albani-Schanze* beunruhiget, je-

E 2

doch fielen des Nachts sowohl als am Tage verschiedene Schüsse von daher ohne jemanden zu be-
schädigen.

Die *Costheimer Mayn-Schanze* kartätschte gleichfalls den Arm des Rheins eine Zeit lang, so wie sie
einen Kahn von uns entdeckte, schadete uns aber
eben so wenig als die *Albani-Schanze.* Der Holländische Rittmeister *von Wiedenbrück* bauete in dieser
Nacht eine Brücke von Flöfsen über den Arm der
zwey Französischen Inseln diesseits des Orts, wo
die Franzosen die ihrige gehabt hatten.

Gegen Abend lösete das 3te Bataillon *Garde* die
Bataillons des Obrist *v. Rüchel* in ihren Posten ab,
weil diese Befehl hatten, zur Deckung der *Trencheen*
diese Nacht nach der *Marienborner* Seite zu marschiren. In der Nacht vom 2ten zum 3ten July ward
ein vor der Batterie No. 3 liegender feindlicher Einschnitt, in welchen sich, gedeckt durch das hohe
Getraide, am Tage Französische Jäger schlichen,
und die Arbeiter beunruhigten, rasirt.

Die Batterien von No. 9 bis No. 15 wurden in
Arbeit genommen,

No. 9. *Ricochett* und *Defensions-Batterie* von zwey
- 6pfündigen Kanonen.

No. 10. *Wurf-* und *Defensions-Batterie* von zwey
12pfündigen Kanonen
drey 10pfündigen Mortiers
zwey 10pfündigen Haubitzen.

No. 11. *Demontier-Batterie* von drey 24pfündigen
und drey 12pfündigen Kanonen.

No. 12. *Wurf-Batterie* von drey 50pfündigen Mortiers.

No. 13. *Ricochett-* und *Defensions-Batterie* von drey 6pfündigen Kanonen.

No. 14. *Ricochett-* und *Defensions-Batterie* von drey 6pfündigen Kanonen.

No. 15. *Demontier-Batterie* von sechs 12pfündigen Kanonen.

Die neue vom *Rüchelschen* Corps besetzte Insel ward heute von der *Favorite* sowohl als von der *St. Albani-Schanze* stark beunruhiget, und die Kartätschen der *Mayn-Schanze* bestrichen unaufhörlich den ihr sichtbaren Theil der Communications-Brücke. Auf dem *Bley-Kopf* sind bereits drey *Logements* zur Sicherheit der Truppen etablirt. Diese Nacht wurde ein Grenadier beym Faschinenholen erschossen. Das Commando, welches zur Deckung der *Trenchéen* nach dem linken Rhein-Ufer gewesen, hatte vom Grenadier Bataillon *von Wolframsdorf* 1 Todten und 4 Blessirte, vom Grenadier Bataillon *v. Vittinghoff* 3 Verwundete.

Vom 3ten auf den 4ten July wurde ein Stück der 1sten *Paralelle* von der Batterie No. 15 an bis gegen den *Hechtsheimer Grund* hinein geschnitten und an den dort sich befindenden starken und steilen Absatz der Anhöhe apuyrt. An allen übrigen *Trenchéen* wurde mit dem größten Fleiß gearbeitet, vorzüglich da der unaufhörlich starke Regen sie an den meisten Orten dergestallt mit Wasser und Schlamm anfüllte, daſs die Truppen nur mit der äuſsersten Beschwerlichkeit darinnen aushalten konnten.

Die gestern angefangenen Batterien wurden zwar noch in dieser Nacht fertig, allein es war der ganz grundlosen Wege halber nicht möglich, das Geschütz darinnen aufzufahren.

Die Stadt ward jedoch heute schon aus 58 *Piecen* beschossen. Der Feind machte ein fürchterliches Feuer, aber ohne Würkung. Am 2ten waren die Artillerie-Lieutnants *v. Cosel* und *v. Schmidt* durch Kanons erschossen worden, unser Verlust besteht seit dem 16ten Juny bis jetzt, überhaupt in 30 Officiers, 75 Mann todt, blesſirt 7 Officiers und 238 Mann, unter welchen der brave Lieutnant *von Pirch* gefährlich verwundet ist. Es brannte heute in *Maynz*, jedoch nur wenig, gegen die *Gustavsburg* und am rechten Rhein-Ufer war alles still.

Vom 4ten zum 5ten July gleich am frühen Morgen waren nunmehr alle Batterien von No. 1 bis 15 in vollem Feuer, und zwar mit 64 Stücken, die sowohl in ihren kreuzenden *Directionen*, als in der Richtigkeit der Würfe, jeder davon zu erwarteten Absicht entsprachen. Man machte das lebhafteste Feuer, um sobald wie möglich das der vorliegenden *Carls-Schanze*, und des Forts *Elisabeth* zu dämpfen.

Unser heftiges Feuer machte, daſs das feindliche Feuer sehr schwach wurde, auch verbrannten wir ihm ein Magazin von 1500 Malter. Auſser einigen Kartätschen-Schüssen, die ohne Würkung von der *Mayn- Schanze* auf unsre Brücke geschleudert wurden, fiel am rechten Ufer nichts vor.

Vom 5ten zum 6ten July.

Der Feind hatte auf der Anhöhe hinter *Zahlbach* einige kleine Feldschanzen etablirt, davon die mittelste eben so ansehnlich, wie die von ihm vor *Weissenau* vorgelegte *Redoute* war.

Um den linken Flügel der *Paralelle* einzuschneiden, war es nothwendig, ihn aus diesen Schanzen zu vertreiben, und die Schanze selbst zu demoliren, zu diesem Ende waren die Bataillons

1ste *von Manstein*

Grenadier *von Thadden* und

2te Bataillon *von Schladen*

in der Tiefe versammelt. Der General *v. Manstein* befehligte die Unternehmung.

100 Freywilligen vom 1sten Bataillon *v. Manstein* machten die *Avantgarde*, und wurden vom Capitain *v. Ichtner Mansteinschen* Regiments geführt; sie erstiegen sogleich die Höhe, nahmen die Hauptredoute, stiefsen ohngefehr 8 Mann vom Feinde nieder, und die Arbeiter fiengen sogleich zu demoliren an.

Das Bataillon *v. Manstein* setzte sich davor, um die Arbeiter zu decken. Die Grenadiers *v. Thadden* giengen links durch *Zahlbach*, vertrieben die feindlichen Posten, und giengen den Hohlweg herauf, front gegen die feindliche Einschnitte daselbst habend, um alles abzuhalten, was uns vom Fort *Linsenberg* aus in die linke Flanke kommen könnte oder

E 4

würde. Drey Compagnien *von Schladen* sollten die
Schanze rechts, und eine Compagnie die Schanze an
der *Chaussée* nehmen und demoliren. Die drey Compagnien aber wurden durch ihren Führer irre gelei-
tet, dergestallt, dafs sie gerade auf das *Glacis* des
Philippi Forts stiefsen. Die braven Truppen glaub-
ten, das sey die Schanze, sprangen sogleich in den
Graben, rissen die *Pallisaden* um, erkletterten die
Escarpe des *Avant fofsées* drangen hinter die Brust-
wehr und stiefsen alles nieder, was sich vom Feinde
widersetzte. Der Lieutnant *von Sulkoffsky* erstieg sogar mit 32 Mann das vorliegende Fort; der Feind,
der es für einen Generalsturm hielt, floh, und kam
nur erst dann zurück, als er sahe, dafs diese braven
Leute nicht unterstützt wurden. Unsere Leute
mufsten bey diesem Sturm das grausamste Kartät-
schen- und kleine Gewehrfeuer ausstehen, so dafs
der Graben von ihren Todten angefüllt wurde, dem
ohnerachtet drangen sie vorwärts. Der Verlust dieses braven Bataillons besteht in

Lieutnant *von Vittinghoff* ⎫
    Lieutnant *von Korff* ⎬ Todt.
      und *von Arnim* ⎭

Major *von Oertel*, Capitain *von Meerstedt*, Lieutnant
von Vofs verwundet. Unterofficiers und Gemeine
an 200 todt, gefangen und verwundet. Der König
schenkte diesen braven Truppen den verwundeten
jedem 16 gute Groschen, den übrigen 4 Groschen
und einen Biertag, auch der Lieutnant *v. Sulkoffsky*
erhielt ein Geschenk vom Könige.

Bey den übrigen Attaquen waren vom 1sten Bataillon von *Manstein* .

todt   4 Unterofficiers und 7 Gemeine ,

blefsirt   - 38 —

vermifst   - 1 —

Vom Grenadier-Bataillon *von Thadden*

todt   1 Gemeiner

blefsirt   2 Gemeine.

Von den in der *Hauptredoute* eroberten 2 Mortiers wurde, der eine vernagelt und vergraben, der andere in das *Defilé* hinunter gestürzt; beyde rechts und links befindliche Einschnitte wurden demolirt und die *Hauptredoute* ruinirt. Mit Tages Anbruch führte der Feind aufs neue zwey Kanons in die eroberte Schanze und bemühte sich die beyden Einschnitte wieder auszugraben, von welcher Arbeit er jedoch durch Freywillige, welche *Prinz Louis Ferdinand* ihm entgegen schickte, verjagt, und beyde Einschnitte der Erde völlig gleich gemacht wurden.

Während dieser Action ward der linke Flügel der 1sten *Paralelle* eingeschnitten, mit einem grofsen *Crochett* gedeckt, und solches noch durch eine geräumige Redoute verstärkt.

Vom 6ten zum 7ten wurde der gestern eingeschnittene linke Flügel der 1sten *Paralelle* so viel möglich vervollkommnet, auch in dieser Nacht noch eine Batterie von vier 12pfündigen Kanons in der *Redoute* zu Stande gebracht, welche von einer ganz vortrefflichen Wirkung gegen die auf der *Zahlbacher* Anhöhe liegende feindliche *Redoute* war. Die beyden aufs neue darinnen etablirten Kanons wurden am Tage demontirt und schwiegen nun gänzlich.

Mit anbrechender Nacht griff der Generalmajor *von Kleist* mit dem Grenadier- und 2ten Bataillon *Manstein*, so wie mit dem 1sten Bataillon *Ferdinand* diesen für den linken Flügel der *Trenchéen* eben so wichtigen Posten, wie es jener bey *Weissenau* für den rechten war, an. 150 Freywillige, gedeckt durch die obenerwähnten 3 Bataillons, erstiegen unter Anführung des Hauptmann *von Klosten* und Lieutnant *von Bachmann*, *Mansteinschen* Regiments, abermahls die Redoute, warfen den Feind, der sich hartnäckig vertheidigte, zurück, stiefsen 5 Mann nieder, und nahmen 12 Mann gefangen, die übrigen entflohen. Die Bataillons zur Bedeckung rückten vor, und demolirten diese so lange vom Feinde behauptete, unter den Kanonen des Forts *Linsenberg* und des Forts *Philipp* liegende Redoute.

Unser Verlust besteht in 1 Mann von *Ferdinand* todt und 7 von *Manstein* verwundet.

Der Erfolg dieser für die Attacke so günstigen Unternehmung verschaffte den Vortheil, noch in dieser Nacht den linken Flügel der 2ten Paralelle zu etabliren, und selbige durch eine mit einem angehängten *Crochett* versehene *Redoute* zu sichern. Die Artillerie fieng in dieser Nacht den Bau der Redoute No. 16. an.

Den 7ten befahl der König, dafs Général *Kleist* dieselbe Unternehmung nochmals beginnen sollte, um völlig die *Redoute* der Erde gleich zu machen,

so wie er dem General *von Schönfeld* die Wegnahme
und Behauptung des Dorfs *Costheim* anbefahl, welcher Angriff durch ein lebhaftes Bombardement des
Obristen *v. Rüchel* unterstützt werden sollte.

Der Feind schien hartnäckig darauf zu bestehen,
seine *Zahlbacher Redoute* wieder zu etabliren. Er al-
larmirte zu dem Ende unsre Arbeiter durch drey
verschiedene Ausfälle, wurde aber jedes mahl durch
Freywillige wieder zurück geworfen. 20 Mann vom
Feinde wurden in den Ueberbleibseln der *Redoute*
niedergestochen und einige Gefangene gemacht.
Wir hatten 3 Todte 7 Blefsirte. Bey seinen
Ausfällen bekamen wir zwey Gefangene. Die *Redoute* ward gänzlich rasirt, an der Vervollkommung
des linken Flügels der 1sten und 2ten *Paralelle* mit
der gröfsten Thätigkeit gearbeitet, und auf den *Zahlbacher* Höhen das *Crochett* des linken Flügels zur 2ten
Paralelle angelegt.

Die *Batterie* No. 16, aus zwey 24pfündigen Kanonen und zwey 10pfündigen Haubitzen, wurde heute
fertig. Die *Redoute* ward mit 8 *Piecen* besetzt. Die
zwey 24pfündige Kanonen und zwey Haubitzen
haben zur Absicht, die feindlichen Communicationen vom Hauptwall nach der *Carls-* und *Elisabeth-
Schanze* durch Schlumpschüsse zu enfiliren und überhaupt die dortige *Esplanade* unsicher zu machen.
General *Schönfeld* gab zu der ihm vom Könige aufge-
tragenen Wegnahme und Behauptung des Dorfes
Costheim, welches der Feind mit 400 Mann und
4 Canonen besetzt hatte, folgende Disposition aus.

Disposition zur Attacke von *Costheim.*

Hochheim, den 7ten July 1793.

Diese Nacht wird *Costheim* attakirt und behauptet. Der Angriff geschieht mit 6 Bataillons, als
Grenadier und 2te Bataillon *Crousatz,* 2te Bataillon
Borch. Sächsisches Bataillon *von Gotha* und 2 hessische Bataillons, über dieses rückt auch das sächsische Bataillon *von Clemens* zum Soutien vor; ferner
kommen hiezu 300 Arbeiter von den übrigen Bataillons des Corps und aufser den Officiers und Unterofficiers, welche zur Aufsicht mit diesen Arbeitern
commandirt werden, sind die Lieutenants *von Kirchfeld, v. Heugel,* und der sächsische Lieutenant *v. Tettau*
bestimmt, die Arbeiten als *Ingenieurs* vollziehen zu
lassen und bleiben daher in *Costheim,* bis selbige vollendet sind. Punkto halb 4 Uhr versammelt sich die
Colonne linker Hand, unter den Befehlen des Generalmajors *von Wegner,* auf der *Chaussée,* die *Tete*
bey den spanischen Reutern in folgender Ordnung:

1 Capitain, 2 Officiers und 100 Freywillige Unterofficiers und Gemeine von dem Grenadier Bataill-
lon *v. Crousatz* und dem 2ten Bataillon *v. Borch.*

Das 2te Bataillon *v. Borch* rechts abmarschirt;
neben diesem linker Hand in gleicher Höhe 1 Officier, 30 Freywillige und das 2te Bataillon *v. Crousatz*
ebenfalls rechts abmarschirt, diese 3 Bataillons marschiren mit Sections und nehmen keine Kanonen mit.

Das sächsische Bataillon mit seinen Kanonen links abmarschirt.

1 Eskadron *von Borstel*, rechts abmarschirt. 200 Arbeiter durch die Lieutenants *Kirchfeld* und *Heugel* geführt.

Der Hauptmann *v. Raumer* vom Preußischen General-Stab führt an der Spitze dieser Freywilligen die Colonne. Zu eben der Zeit, nehmlich um halb 4 Uhr, versammelt sich die Colonne rechter Hand bey der *Donnermühle*, sie ist mit Sections folgendergestallt links abmarschirt: 2 Bataillons *Hessen* ohne Kanonen, 22 Jäger vertheilen sich rechter Hand neben diesen Bataillons, um rechts zu patrouilliren, entfernen sich doch nie über 100 Schritte von der Colonne. Kommt etwas bedeutendes auf sie los, so ziehen sie sich links durch die Bataillons. Hierauf folgen

1 Eskadron *von Borstel*, links abmarschirt.

1 Eskadron Sächsische *Carabiniers*, rechts abmarschirt, das Sächsische Bataillon *v. Clemens* rechts abmarschirt, und hinter selbigem die 2 Bataillons Kanonen und 2 Granat-Stücke. Der Major *von Lecoq* und der Hauptmann *v. Wiederholdt* vom General-Stabe, führen die Hessischen Bataillons hinter dem Sächsischen Lager weg, wo sich das Bataillon *Clemens* und die Sächsische Eskadron *Carabiniers* anschließen, nach der *Donnermühle*, wo die 1 Eskadron von *Borstel* dazu stößt.

Um 11 Uhr setzen sich die beyden Colonnen in Marsch. Die Colonne linker Hand auf der *Chaussée,* die Colonne rechter Hand, die *Donnermühle* und den Graben links lassend, nach der *Chaussée* zu, wo die zuerst ankommende Colonne auf die andere warten muſs. So bald die Colonne rechter Hand die *Chaussée* erreicht hat, fällt sie in selbige, und die Colonne linker Hand muſs links neben der *Chaussée* mit selbiger in gleicher Höhe marschiren, doch so, daſs die Freywilligen kurz vor der Colonne die *Avantgarde* machen. Noch ehe die *Tete* des 2ten Bataillons *v. Crousatz* das kleine Creuz an der *Chaussée* erreicht hat, bricht es links aus der Colonne heraus und ziehet sich gegen *Costheim*, so, daſs es ohngefähr 50 bis 60 Schritt die *Capelle* links läſst. Die Freywilligen von diesem Bataillon laufen gerade auf die *Capelle*, nehmen solche im Rücken, dringen hinein ohne einen Schuſs zu thun, und stoſsen alles nieder.

Das Bataillon setzt seinen Marsch fort, und wenn zwey Compagnien vor der *Capelle* vorbey sind, so machen selbige front gegen *Costheim*, und bleiben stehen, die andern beyden Compagnien schwenken links gegen die *Capelle* ein, um die Freywilligen zu unterstützen.

Sobald die *Capelle* weggenommen, bleibt 1 Offieier mit 50 Mann darinnen, das Bataillon aber marschirt gerade nach dem Frankfurter Thor von *Costheim*, greift die Verschanzung an, und bleibt, wenn selbige emportirt ist, daselbst stehen, um diesen Ausgang durchaus zu behaupten. Sollte der Widerstand zu heftig seyn, so bleibt es *en front* gegen das Thor, verläſst diesen Posten nicht und man wird suchen, die feindliche Wacht an diesem Thor von einer andern Seite im Rücken zu nehmen.

Das Bataillon *v. Gotha* zieht sich links aus der Colonne heraus, sobald es mit der *Tete* über die kleine Brücke diesseits des Creuses gekommen ist, und marschirt in einer solchen Entfernung gegen die Ecke links des Frankfurter Thores, dafs es sich in kein allgemeines Gefecht engagirt, sondern nur einzelne zerstreute Leute, durch kleine Trupps unterstützt, gegen das feindliche *Retranchement* vom Dorfe vorrücken und schiefsen läfst. Zu gleicher Zeit werden von der *Ziegeley* ebenfalls einzelne Leute gegen den Eingang und die Verschanzungen vorgeschickt, welche die Aufmerksamkeit des Feindes durch Schiefsen unterhalten.

Die Sächsische Eskadron *Carabiniers* unterstützt das Bataillon *v. Gotha* in Trupps und unterhält die Communication mit dem, das Frankfurter Thor angreifenden 2ten Bataillon *v. Crousatz*, haut alles nieder, oder macht es zu Gefangenen, was sich in dieser Gegend aus dem Dorfe ziehen und retten wollte.

Die Eskadron *v. Borstel* aus der Colonne linker Hand unterstüzt den Angriff des 2ten Bataillons *v. Crousatz* gegen das Frankfurter Thor, und unterhält zugleich die Cummunication mit der auf der *Chaufsée* gegen das Maynzer Thor rückenden Colonne.

Die hinter dieser Eskadron marschirenden Arbeiter folgen selbiger nicht, sondern folgen dem

Grenadier - Bataillon *von Crousatz* und bleiben am Maynzer Thor vor *Costheim* stehen, von wo sie der Major *v. Lecoq* an die Arbeit stellen wird. Da durch den Abgang des Sächsischen Bataillons *von Gotha* und der Eskadron *v. Borstel* eine Lücke entstehet, so müssen die Officiers, welche die Arbeiter führen, vornehmlich der Lieutenant *v. Kirchfeld* dafür sorgen, dafs sie alsdann einen guten Schritt fortgehen, und den Weg des Grenadier-Bataillons *v. Crousatz* nicht verfehlen.

Die 100 Freywilligen des 2ten Bataillons *von Borch* und Grenadier-Bataillon *v. Crousatz*, und neben ihm die zwey *Hessischen* Bataillons und 1 Eskadron *v. Borstel* setzen ihren Marsch mit verdoppeltem Schritt fort, bis die *Tete* etwa 50 bis 60 Schritt über das kleine Creuz hinaus ist. Alsdann schwenket selbige links von der *Chaussée* ab, läfst die *Capelle* links und dirigirt ihren Marsch gerade auf das *Mainzer* Thor von *Costheim.*

Die Freywilligen stürzen durch die Oeffnungen, die sie hier finden werden, und das 2te Bataillon *von Borch* und Grenadier Bataillon *v. Crousatz* folgen ihnen auf dem Fufse, jedes Bataillon läfst 1 Compagnie am *Maynzer* Thore stehen. Die übrigen drey Compagnien *v. Borch* dringen in das Dorf nach der Seite von *Maynz,* und attakiren was sich etwa auf dem Kirchhof und dem davor liegenden Platz befindet; die 3 Compagnien *v. Crousatz* aber marschiren gegen das Frankfurter Thor und wenn sie selbiges bereits vom 2ten Bataillon *v. Crousatz* besetzt finden, so ziehen sie sich nach dem Ausgange, der nach der Ziegeley führt.

Die 100 Freywilligen suchen, nachdem sie durchgedrungen, die Häufser durch, und machen alles nieder, was sich nur mit dem Gewehr in der Hand sehen läfst.

Die 2 *Hessischen* Bataillons decken indessen den Rücken der Bataillons, so in das Dorf eingedrungen sind, gegen die Rhein-Schanze, *Cassel* und die feindlichen *Retranchements*, so, dafs ihr linker Flügel an den Rhein apuyrt, der rechte aber an der kleinen *Capelle* rechts eine Flanke macht, und halten alles ab, was etwa zum Succurs kommen könnte.

Die Eskadron *v. Borstel* von der Colonne-rechter Hand deckt die rechte Flanke der *Hessischen* Bataillons *en Echellon* rückwärts, um die Communication mit der Position von *Hochheim* zu sichern.

Das Sächsische Bataillon *v. Clemens* rückt mit seinen 2 Kanonen und 2 Granatstücken hinter der Colonne vor der *Donnermühle* vor, und hält sich mit dem Geschütz in einer kleinen Vertiefung in einer solchen Stellung, dafs es bey einem feindlichen Ausfall aus *Cassel* auf die vorliegende Höhe vorrückt, das Geschütz daselbst auffährt, und den Ausfall abhalten kann.

Alles bleibt in dieser Stellung und erwartet weitere Ordres. Da einige Eingänge von *Costheim* verrammt oder mit Pallisaten versperrt seyn konnten, so müssen sowohl die 100 Freywillige, als auch die

50 Freywillige des 2ten Bataillons *von Crousatz* 10 bis 12 Aexte und Sägen bey sich haben.

Die 300 Arbeiter versammlen sich um 8 Uhr hinter dem Lager des 2ten Bataillons *von Crousatz*, wo sie die Lieutenants *v. Kirchfeld*, *v. Heugel* und *v. Tettau* nach dem Depot hinter der Ziegeley führen werden.

Der Brigade Major *v. Borck* giebt ihnen daselbst ihr Schanzzeug und theilt solche in 2 Abtheilungen. Die eine von 100 Mann, bey der der Lieutenant *von Tettau* bleibt, geht, wenn es dunkel wird, in das *Retranchement* von der Ziegeley, um daselbst zu warten, bis sie vom Hauptmann *v. Raumer* abgeholt wird. Diese bekommt weder Faschinen noch Schanzkörbe.

Die andere Abtheilung von 200 Mann erhalten jeder einen Schanzkorb, werden zu 2 Mann rangirt und gehen sodann zu den *Rendezvous* auf der *Chaussée*. Die Lieutenants *von Kirchfeld* und *von Heugel* bleiben dabey. Alle übrigen nicht genannte Bataillons des ganzen Corps treten um 11 Uhr auf ihre Allarmplätze, und bleiben daselbst bis auf weitere Ordre stehen. Wenn der Feind aus *Cassel* und der *Rheinschanze* zu feuern anfängt, feuert die Sächsische Batterie No. 1. unaufhörlich auf *Cassel* und zwar nach den gegen *Costheim* gemachten Scharten, aber nicht nach der *Rheinschanze*. Die *Redoute* No. 1 vor dem Hessischen Lager feuert ebenfalls nach *Cassel*. Der Hauptmann *Thiemann* instruirt die schwere Batterie auf der Höhe von *Hochheim*, daß sie zu feuern anfange, sobald die Colonnen sich in Bewegung setzen, und dafs sie ihr Feuer gut auf *Cassel* richten, ohne den auf der *Chaussée* marschirenden Colonnen zu schaden.

Er schicket, sobald es dunkel wird, einen 12pfündner nach dem *Crochett* der Ziegeley, welcher aber nicht eher feuern darf, bis *Costheim* eingenommen, und die Plaine nach *Cassel* von unsern Truppen geräumt ist.

VON SCHOENFELD.

Dieser Disposition zufolge, spielten von den Höhen von Hochheim, und dem Königlichen Befehle gemäfs von der Seite der *Gustavsburg* gegen 10 Uhr von den Batterien alle Arten von Geschütz mit der gröfsten Lebhaftigkeit, so, dafs so zu sagen *Costheim* und seine Gegend mit Kugeln, Granaten, Bomben und Kartätschen übersäet war.

Gegen 12 Uhr nahm der Angriff des General *von Schönfeld* seinen Anfang. So wie sich dieser *Costheim* näherte, richtete der Obrist *v. Rüchel* sein ganzes Geschütz auf die vor *Costheim* nach der Rhein-Spitze zu liegenden Schanze, und man konnte es sehen, wie ein paar Bomben zwey von ihren Kanons demontirten. General *v. Schönfeld* hatte, wie schon erwähnt, gegen 12 Uhr alles in Marsch setzen lassen, und es vereinigten sich die Colonnen ohnweit dem Creuze vor der *Chaufsée*, und verfolgten selbige in gleicher Höhe bis an das Kreuz, nachdem das Sächsische Bataillon *von Gotha* unter Anführung

F 2

des Obristen *von Götz* sich von selbiger links herausgezogen und gegen die zwischen dem Frankfurter Thore, und dem Ausgang nach der Ziegeley vorspringenden Spitze der feindlichen Schanze vorgerückt war. Als die *Tete* beyder Colonnen auf den Scheideweg gekommen, wo die Chaufsée links nach dem Frankfurter Thore von *Costheim*, die Chaufsée rechts aber nach *Cassel* führt, sollte sich das 2te Bataillon *von Crousatz* links nach der *Capelle* wenden, diesen Posten durch 50 Freywillige wegnehmen, und sodann das Frankfurter Thor angreifen; allein es kam in der Dunkelheit der Nacht zu weit rechts, und dies veranlafste es, das Sächsische Bataillon v. *Gotha* gegen die *Capelle* und das Frankfurter Thor anrücken zu lassen, erstere fand es bereits verlassen, und die Einnahme des letztern geschah zu eben der Zeit, als die Preufsische Colonne auf der *Maynzer* Seite in *Costheim* eindrang. Diese letztere, welche aus dem 2ten Bataillon *von Borch* und dem Grenadier-Bataillon v. *Crousatz* bestand, liefs die *Capelle* links, und marschirte gerade gegen das *Maynzer* Thor, wo der Hauptmann *von Raumer* vom General-Stabe mit 100 Freywilligen zuerst durch die feindlichen Laufgräben in den Ort eindrang und dadurch den gleich folgenden Truppen den Weg bahnte. Der Feind setzte sich zwar dem Angriffe lebhaft entgegen, allein unsere Truppen drangen mit der gröfsten Entschlossenheit in ihn ein, und die Freywilligen nebst den ihnen folgenden braven Bataillons *von Borch* und *Crousatz* ärnteten zuerst die Früchte des Sieges, indem sie drey Kanonen eroberten, und über 100 Mann gefangen nahmen.

Die Colonne rechter Hand, welche aus zwey Hessischen Bataillons bestand und bestimmt war, den Succurs aus *Cassel* der Rhein-Schanze und den feindlichen Verschanzungen abzuhalten, war mit der angreifenden Colonne in gleicher Höhe bis gegen den *Mayn* und die feindlichen Laufgräben vorgerückt. Die Dunkelheit der Nacht aber war Schuld, daſs nur eine und eine halbe Compagnie von dem 1sten *Garde* Grenadier Bataillon, welche der Major *v. Lecoq* vom Preuſsischen, und der Capitain *von Wiederhold* vom Hessischen General-Stabe führten, bis an die feindlichen Verschanzungen vordrangen, und den Feind abhielten, von seinen Verschanzungen und der Rheinschanze etwas in den Rücken der angreifenden Colonne zu unternehmen. Der Ueberrest der zwey Bataillons war nicht angeschlossen geblieben. Durch einen bey nächtlichen Expeditionen nicht ungewöhnlichen Irrthum, blieb er aber doch immer in einer Stellung, die man benutzen konnte, um einem aus *Cassel* geschehenen Ausfall zu begegnen. Gegen Ende der Action vereinigten sich beyde Bataillons wieder, so daſs der linke Flügel gegen den Mayn, der rechte aber gegen die *Capelle* zu stehen kam. Jene kleine Abtheilung that indessen alles, was das Ganze hätte thun können; sie hielt nehmlich den Feind ab, aus seinen Laufgräben heraus zu kommen, wobey sie in beständigem Kartätschen-Feuer des Feindes aus der Rhein-Schanze

und seinen Batterien am *Mayn* blieb. Generallieutenant *v. Schönfeld* nahm das 2te Bataillon *von Borch*
und füllte damit die Lücke zwischen den Hessischen
Truppen aus.

Das Grenadier-Bataillon *von Crousatz* und 2te
Bataillon *von Borch* waren indefs beschäftiget, das
Dorf zu reinigen. Viele Fransosen, die sich in den
Häusern und Kellern versteckt hatten, kamen nach
und nach wieder heraus und ergaben sich. Der
Obrist *von Götz* hatte das Sächsische Bataillon *von
Gotha*, nachdem die Freywilligen dieses Batailons
beym Frankfurther Thore in den Ort gedrungen
waren, indessen in die Laufgräben postirt. Das
Sächsische Bataillon *von Clemens* stand mit 2 Kanonen und 2 Granat-Stücken während des Angriffs vor
der *Donnermühle* aufmarschirt, um einem Ausfall
aus *Cassel* mit Nachdruck zu begegnen.

Sobald wir im Besitz des Orts waren, wurden
die mitgenommenen Arbeiter angestellt, und vorzüglich die Seite nach *Maynz* vom *Dalbergschen*
Hause bis an den *Mayn*, welche ganz offen war,
in Vertheidigungsstand gesetzt. Das Grenadier Ba-
tailon *von Borch* und das *Hessische* Grenadier-Bataillon blieben zur Besatzung des Orts, alle übrige
Bataillons marschirten nach dem Lager zurück. Der
Major *von Lecoq* erhielt das Kommando über diesen
Posten, mit dem Auftrage, selbigen gegen einen
Coup de main in Vertheidigungsstand zu setzen. Wir
fanden ihn vom Brande und den Granaten völlig
verwüstet. Die feindlichen Verschanzungen am

Frankfurter Thore und gegen die *Ziegeley* waren mit vielem Fleiß angelegt.

Wir eroberten in allem vier 4pfündige Kanonen, machten an 150 Gefangene, worunter 9 Officiers; 20 bis 30 Mann blieben auf dem Platze.

Unser Verlust an Todten und Blessirten bestand in folgenden:

Regiment von Crousatz.

Todt - - - - 4 Gemeine
Blessirt 5 Officiers, 1 Unterofficier, 31 —
Vermißt - - - - 3 —

1stes Bataillon von Vittinghoff,

Blessirt - - - - 2 Gemeine

Regiment von Borch.

Todt - - 1 Gemeiner
Blessirt 3 Officiers, 1 Unterofficier 22 Gemeine
Vermißt - 1 — 1 Gemeiner

Sachsen.
Bataillon Churfürst.

Blessirt - - - - 1 Gemeiner

Bataillon Gotha.

Blessirt 1 Unterofficier 29 Gemeine.

Hessen-Cassel Grenadier.

Bataillon Dinklage.

Blefsirt 1 Officier	.	.	5 Gemeine
Vermifst	.	.	5 —

1ste Garde Grenadier.

Todt . . . 1 Gemeiner
Blefsirt 2 Officiers, 4 Unterofficiers 14 Gemeine
Vermifst . . 7 —

Preussische Kürrassier von Borstel.

Blefsirt 1 Officier 1 Unterofficier 5 Pferde.

Summa des ganzen Corps.

Todt . . . 6 Gemeine
Blefsirt 12 Officiers 8 Unterofficiers 104 —
Vermifst . 1 — 16 —
5 Pferde.

in allem todt, blefsirt und vermifst: 12 Officiers,
9 Unterofficiers, 126 Gemeine, 5 Pferde.

Den 8ten July Nachmittags griff der Feind das
linke Flügel *Crochet* auf den *Zahlbacher* Höhen an.
Das 2te Bataillon *v. Wolfframsdorf* und 2 Compagnien
v. Thadden, so es besetzt hatten, warfen den Feind
aber äufserst brav zurück. Der Lieutenant und Adjutant *v. Wense* von *Wolfframsdorf* wurde schwer
blefsirt, überhaupt hatten wir 40 Mann Todte und
Verwundete. Der Verlust des Feindes war ansehnlich.

Auch kartätschte der Feind aus seiner Rhein-
und Mayn-Schanze und fieng an, eine Gegenbatte-
rie etabliren zu wollen, allein ein Kugelregen von
unsern Batterien benahm ihm bald die Lust dazu.
In der vorigen Nacht warf der Feind während unsers Bombardements, 2 Granaten auf den Bleykopf,
die aber in der Luft crepirten.

Des Abends um 8 Uhr wurde eine Communications-Brücke von der Bürger-Aue nach dem Bley-
kopf von dem Mathematikus *Fafsbinder* geschlagen.

Um die Communication zwischen *Costheim* und
der *Ziegeley* sicher zu stellen, wurde ein Piquet von
300 Mann kommandirt, und in der nehmlichen Absicht 2 Redouten in diesem Zwischenraume angelegt.
Bey *Costheim* wurde vom 8ten bis zum 13ten fortgefahren den Ort aufs beste zu verschanzen, und um
die Vertheidigung näher einzuschränken, so wurde
der Rücken durch einen Abschnitt vom Frankfurter
Thor bis an den Mayn in Sicherheit gesetzt, welches der Feind alles ungestört geschehen lies.

Die Artillerie erbaute vom 8ten zum 9ten July
die Batterien No. 17 und 18, erstere aus

zwey 24pfündigen ⎫
drey 12pfündigen ⎬ Kanonen und
drey 6pfündigen ⎭

zwey Haubitzen,

die andere aus

sechs 12pfündigen ⎫
drey 6pfündigen ⎬ Kanonen und

drey Mortiers und
zwey Haubitzen bestehend.

Um den angefangenen Flügel der 2ten *Paralelle*
mit der 1sten *Paralelle* zu verbinden, wurde von
der Batterie No. 15 eine Communication nach der
Batterie No. 17 angefertigt, zugleich aber das *Crochett* der linken Flügel Redoute der 2ten *Paralelle*
verlängert.

Der Feind verließ die zunächst an *Costheim* liegende Schanze, zog seine Kanonen heraus, und
steckte die Schußsscharten an.

Um 4 Uhr Morgens griff der Feind abermals
das linke Flügel - *Crochett* an, und wurde wieder ab-
gewiesen. Die Communicationen zu den angezeigten
Batterien No. 17 und 18 wurden in der Nacht vom
9ten zum 10ten July erweitert und vertieft. Der
Feind machte wieder verschiedene kleine Ausfälle
und beunruhigte den Batteriebau, der demohnge-
achtet zu Stande kam, so daß die Batterien No. 17
und 18 heute feuern konnten. Das feindliche Feuer
schien heute sehr gedämpft. Die *Zahlbacher* Mühle
wurde von uns occupirt und 20 Jäger jagten ohne
Befehl dazu zu haben, bloß zu ihrem Vergnügen,
den Feind aus der *Zahlbacher* Redoute, wo er sich
mit etwa 60 Mann wieder festsetzen wollte.

Bey *Costheim* bauete der Feind heute etwas mehr
rückwärts, aber auch hieran wurde er durch unsere
Batterien gehindert. Auf das Corps bey der *Gustavsburg* fiel kein Schuß, welches ehestens mit dem

Etablissement von 4 Batterien, dreyen auf der Insel,
und einer an der Maynspitze zu Stande seyn wird.

Um die Munitionstransporte nach dem rechten
Flügel zu erleichtern, und den Weg dahin zu verkürzen, ward vom 10ten zum 11ten von der Communication aus dem *Hechtsheimer* Grunde eine neue
Communication nach den Batterien No. 5, 6, 7 und 8
eingeschnitten.

Der Capitain *v. Weyhus* von den *Darmstädtern*
ward erschossen. Auf dem rechten Flügel flogen
uns zwey Pulverkarren von einer feindlichen Granate
getroffen, in die Luft, wobey 2 Bayern, 3 Knechte
und 9 Pferde getödtet, und 1 Kanonier und 4 Knechte blefsirt wurden.

In der Nacht vom 11ten zum 12ten July wurde
aus drey verschiedenen Orten der 1sten *Paralelle* mit
Zickzacks en sappe volante, *debouchirt*, um die 2te *Paralelle*, die 400 Schritte vor der ersten angelegt werden sollte, anzufertigen.

Der Lieutenant *v. Stogentin* vom Regiment *Prinz
Ferdinand* wurde leicht blefsirt. Der Feind soll laut
Aussage der Deserteurs ohne ernstliche Widerse-
tzung *Merlins* und der *Clubbisten* die Stadt bald übergeben wollen. Er verliert sehr viel Menschen durch
unser Geschütz, und die Verwundeten werden wegen Mangel an Arzeneyen nicht gehörig verpflegt,
welches so wie die häufigen mifslungenen Ausfälle
die Garnison muthlos zu machen anfängt.

Die Nacht vom 12ten zum 13ten July war bestimmt, wiederum einen Theil der 2ten *Paralelle* zu

gewinnen, und zwar wollte man sich der beyden Flügel dieser *Paralelle* zuerst versichern, um den Batterien des Centrums nicht die Action zu hemmen. Die Zickzacks gegen die *Carls - Schanze* waren so weit vorpoufsirt, dafs man mit der 2ten *Paralelle* rechts heraus gegen die Trümmer der *Carthause* gehen konnte.

Die Zickzacks gegen die *Elisabeth - Schanze* erlaubten ebenfalls, die 2te *Paralelle* an die Batterie No. 17 anzuschliefsen, und von dem dritten dieser Zickzacks rechts nach der *Capitale* der *Welschen Schanze* zu gehn.

Hierdurch wurden nun freylich die Batterien No. 2, 3, 4, 9, 10, 11, 12, 13, 14 und 15 für die Kanonen masquirt. Dahingegen die *Wurf- Batterien*, so wie die Batterien No. 1, 5, 6, 7, 8, 17 und 18 ihre volle Wirkung behielten, und daher das Centrum, so wie auch beyde Flügel der 2ten *Paralelle* genugsam Protection hatten.

Der Feind aber hatte auf der Capitale der *Carls-Schanze* einen kleinen Einschnitt und auf der Capitale der *Welschen - Schanze* eine gröfsere Flesche avancirt, die beide von ihm besetzt waren. Erstere befand sich auf 20 Schritte vor der *Trace* der 2ten *Paralelle*; letztere aber auf 50 Schritte davon entfernt. Beyde machten die Vorschritte der 2ten *Paralelle* unmöglich.

Um halb 11 Uhr Abends wurden beyde sowohl der Einschnitt vor der *Carls-Schanze*, wie die Fleschen vor der *Welschen Schanze* durch die Kayserlichen und Bayern unter dem Grafen *von Heister* angegriffen und emportürt.

Da der Feind aus der Carls Schanze verjagt war, ward dieser Flügel der 2ten *Paralelle* gezogen, auch an dem rasiren der Flesche der Welschen Schanze angefangen.

Gegen Morgen machte der Feind einen wüthenden Ausfall auf den rechten Flügel der 2ten *Paralelle*, und zwang die Truppen, nachdem sie alle ihre Patronen verschossen hatten, die in dem Centro erhaltenen Vortheile wieder aufzugeben. Da die Preußischen Truppen auf dem linken Flügel sich eines gleichen Angriffs versahen, so ward er auch von diesen nicht behauptet, und er kam daher wieder in die Gewalt des Feindes. Der Obrist *von Hornpostel* von der Preußischen Artillerie wagte sich zu weit vor, um eine Batterie zu *traciren* und wurde erschossen. Diese scharfe Action kostete dem Feinde viele Menschen. Der Verlust der Alliirten bestand in 105 Mann, wovon 10 todt, 82 blessirt, und 13 gefangen waren.

Vom 13ten zum 14ten wollte man den Theil der 2ten *Paralelle* von der Capitale der *Elisabeth*-Schanze, bis zur Capitale der Welschen Schanze einschneiden. Die auf der Capitale der Welschen Schanze vorliegende Flesche machte es aber ohnmöglich. Die Arbeiter wurden daher zur Perfectionirung der seit einigen Tagen eingeschnittenen Linie angestellt.

Die Artillerie fieng diese Nacht den Bau der Batterie No. 19 an, sie soll zwey 12pfündige $\Big\}$ Kanonen und
zwey 6pfündige

zwey Mortiers erhalten.

Der Feind machte fünf Ausfälle und attakirte
die Mitte und beyde Flügel ohne Aufhören; sein
Verlust muſs äuſserst beträchtlich gewesen sein, wir
hatten 8 Todte und 32 Blessirte. Die Zahl klingt im
Verhältniſs unsers geringen Verlustes unwahrschein-
lich groſs, jedoch ward sie durch die Ueberläufer
einstimmig auf 400 Mann angegeben.

Auf der neu eroberten Insel katte der Obrist *von
Rüchel* drey Batterien aus *Mörsern* und *Brummern* bestehend, etablirt. Desgleichen eine neue auf unserer *Maynsplitze*. In eben dieser Nacht, nehmlich
vom 13ten zum 14ten, wurde am rechten Rheinufer
in der Plaine zwischen der Höhe von *Hochheim* und
Cassel ohngefehr 1200 Schritt von den Vestungs-
werken, eine Batterie von 8 Mortiers und vier
12pfündnern angelegt, und um selbige zu decken,
eine Art *Paralelle* rechts und links angehängt, so,
daſs der rechte Flügel vermittelst eines *Crochetts* von
der Donnermühle, der linke Flügel aber an der
Chauſsée beym Creuz endigte; 120 Mann vom Piket
deckten diese Arbeit. Den Tag über so wie die
Nacht vom 14ten zum 15ten wurde mit der Vervollkommnung dieser Arbeit fortgefahren.

Die Nacht vom 14ten zum 15ten sollte die vor
der *Capitale* der Welschen Schanze gelegene Flesche
wieder emportirt werden. 60 Freywillige durch

zwey Compagnien unterstützt, wurden dazu bestimmt, welchen 100 Arbeiter zum Demoliren der Flesche zu folgen bestimmt waren. Der Versuch gelang aber nicht, weil der Feind diese vorgelegte Schanze äußert stark besetzt und mit einem Laufgraben an die *Carls-Schanze* angehängt hatte, auch alle Communications-Linien mit dem verschanzten Lager besetzt waren, wodurch augenblicklich Succurs ankam. Unser Verlust bestand in 80 Todten und Blessirten.

Wegen der Einnahme von *Condé*, zu welcher durch glückliche Abschlagung des Entsatzes unser in den Niederlanden stehendes Corps so wesentlich mitgewürkt hatte, wurde heute *Victoria* geschossen. Der Feind machte ebenfalls ein Freudenfeuer zu Ehren des Förderationsfestes.

Von 11 bis 1 Uhr war Waffenstillstand, um die Todten zu beerdigen. Nach dem Waffenstillstande schoß der Feind aus allem Geschütz von *Cassel*, und man bemerkte, daß er die Schuß-Weite von den Festungswerken bis zu unsrer neuen Batterie zu erfahren, und die Elevation darnach einzurichten suchte.

In der Nacht vom 15ten zum 16ten befahl der König eine allgemeine Kanonade auf *Cassel*, *Maynz* und die bekannten Fleschen zu machen, welche auch Punkto 11 Uhr den Anfang nahm, und an welcher sowohl Generallieutenant v. *Schönfeld* von *Costheim* aus, als der Oestreichsche Major *von Carl*, vom *Klösterchen* aus, den lebhaftesten Antheil nahmen.

Ein Regen von Bomben, Granaten und Kugeln bedeckten das Feld bis *Cassel*, davon kein geringer
Theil nach *Cassel* selbst kam. Alle 50pfündige Mortiers, so wie die Mortiers der Batterie des *Bleykopfs*,
wurden nach *Maynz* gerichtet, woselbst man nach
Verlauf einer Stunde zu 5 verschiedenen malen Pul-
ver- und Granaten-Magazine aufgehen sah, davon
der Brand fast ganz *Maynz* zn embrassiren schien.
Endlich gieng auch die *Caserne* auf der *Citatelle* in
Brand auf, so dafs der Verlust an diesem Tage für
den Feind sehr wichtig seyn mufste. Unser Feuer
hörte gegen 1 Uhr auf, worauf der Feind von dem
Fort de mars mit halben Kugeln und Stücken Eisen
sehr lebhaft zu schiefsen anfieng, jedoch ohne alle
Wirkung, da man Sorge getragen hatte, unsre Posten in die bestmöglichste Sicherheit zu setzen, wodurch jedes Feuer des Feindes, wo nicht ganz un-
wirksam, doch nur äufserst unbedeutend seyn konnte.
Den Tag über war alles ruhig. Man untersuchte
durch Patrouillen, ob die Flesche verlassen war,
um sie zu rasiren, aber diefs war nicht der Fall, der
Feind antwortete diesmahl sehr lebhaft wieder.

Die Batterie No. 26 wurde in dieser Nacht angefangen, und im übrigen die Ausbesserung der zer-
schossenen Stellen, und die Vervollkommnung des
rechten und linken Flügels der 2ten *Paralelle* fortge-
setzt. Alle diese Arbeiten geschahen unter dem
heftigsten Kartätschen- und kleinen Gewehrfeuer.
Die Batterie No. 26 wurde vollendet, so dafs das

$\quad$ Geschütz

Geschütz darinnen aufgefahren werden kann. Sie bestand aus sechs 24pfündigen und

vier 12pfündigen Kanonen.

Vom 16ten zum 17ten July.

Es war nun entschieden, daſs dem Feinde an der Erhaltung seiner Flesche vor der *Capitale* der *Welschen Schanze* alles gelegen war. Er hatte diese Flesche nicht allein stark besetzt, und selbige durch eine *Contreapproche* mit der *Carls - Schanze* verbunden, sondern auch diese *Contreapproche* zum Soutien der Flesche, jede Nacht mit zwey Bataillons besetzt. Unserer Seits kamen wir im Angriffe keinen Schritt weiter, so lange die Flesche noch im Besitze des Feindes blieb. *Prinz Louis Ferdinand* entschied in dieser Nacht die so gehemmte Lage des Angriffs. Er griff mit drey Bataillons, denen 300 Arbeiter folgten, die Flesche an, emportirte und schleifte sie nicht allein, sondern auch noch einen grofsen Theil ihrer Communication. Der Prinz disponirte den Angriff dergestallt, daſs das Grenadier - Bataillon *von Manstein* sie *en front*, das 2te Bataillon *von Manstein* die linke, das 1ste Bataillon *von Wegner* die rechte Fronte nahm. Das 1ste Bataillon *v. Thadden* und 2te Bataillon *Prinz Ferdinand* waren zur Reserve. Dieses Unternehmen kostete uns viele brave Leute, deren Zahl beygefügt ist, die man aber wegen des äufserst wichtigen, dadurch erreichten Zweckes, nicht als aufgeopfert, sondern durch das Loos einer traurigen Nothwendigkeit zu diesem Schicksal bestimmt, betrachten muſs.

170 Arbeitern vorgetrieben. 230 Arbeiter vervollkommneten den Zickzack der mittlern Attake. Da der Transport der Munition, des Geschützes, und der Utensilien aus den Depots nach dem linken Flügel, durch die gebrochene Communication sehr beschwerlich war, so wurde, um den Weg zu verkürzen und die Transporte zu erleichtern, vom 17ten zum 18ten eine neue Communication tracirt, die aus der *Arrierparalelle* in gerader Richtung nach der Batterie No. 15 führte. 200 Arbeiter führten diese neue Communication in einer Länge von 520 Schritt. 400 Schritt blieben noch zu machen übrig. 10 Sappeurs, 45 Sappeurs Handlanger und 400 Arbeiter vervollkommneten die aus dem *Hechtsheimer Grunde* nach dem rechten Flügel führende Communication, machten die Wendungen in den Zickzacks des Angriffs vom rechten Flügel bequemer, und fertigten eine neue Communication zur Batterie No. 26 an.

10 Sappeurs und 45 Sappeurs Handlanger und 400 Arbeiter, vervollkommneten die neu eingeschnittene 2te *Paralelle* zwischen den Capitalen der *Elisabeth* und der *Welschen Schanze*, und verlängerten selbige um 40 Schritte gegen die *Capitale* der *Carls-Schanze*, auch verbesserten sie das in der Nacht vom 16ten zum 17ten etwas in die *Enfilade* der *Carls-Schanze* gelegte *Boyaux* der mittlern Attake.

Die Artillerie machte mit dem Bau der Batterien No. 20 und 21 den Anfang.

Vom 18ten zum 19ten wurde die *Enfilade* des *Boyaux* von der *Carls-Schanze* aus, gänzlich gehoben.

20 Sappeurs, 90 Sappeurs Handlanger und 300 Arbeiter arbeiteten hieran, so wie an der Vertiefung und Verbreitung der 2ten *Paralelle.* Die Batterien No. 20 und 21 wurden zum agiren fertig.

No. 20 besteht aus

drey 12pfündigen ⎫
zwey 6pfündigen ⎬ Kanonen und
zwey Mortiers. ⎭

No. 21 besteht aus

zwey 24pfündigen ⎫
einer 6pfündigen ⎬ Kanone und
zwey Mortiers. ⎭

Die Batterien No. 22 und 23 wurden angefangen.

Vom 19ten zum 20sten. 5 Sappeurs, 30 Sappeurs Handlanger und 200 Arbeiter vervollkommneten die in der Nacht vom 17ten zum 18ten hinter der Batterie No. 26 angefangene Communication und den rechten Flügel der 2ten *Paralelle.*

10 Sappeurs, 45 Sappeurs Handlanger|und 400 Arbeiter, verlängerten in einer Länge von 100 Schritt die 2te *Paralelle* von der *Capitale* der *Welschen Schanze,* bis gegen die der *Carls-Schanze* hin, um der, mit dem rechten Flügel ganz im freyen Felde liegenden Batterie No. 23 mehr Protection zu geben, ohne den Batterien No. 5 und 7 in ihren Directionen auf die *Carls-Schanze,* hinderlich zu seyn.

Die Batterien No 22 und 23 wurden fertig.

G 3

Die Batterie No. 22 bestand aus

zwey 24pfündigen
zwey 12pfündigen } Kanonen und
zwey 6pfündigen
zwey Mortiers.

No. 23 bestand aus

zwey 24pfündigen
zwey 12pfündigen } Kanonen und
zwey 6pfündigen
zwey Mortiers.

Vom 20sten auf den 21sten. Die angefertigten Batterien No. 17, 18, 19, 20, 21, 22, 23 und 26, gaben nun der 2ten *Paralelle* genug Protection, so, dafs man die Batterien No. 5, 6, 7 und 8 entbehren konnte. Es wurde also der noch fehlende Theil der 2ten *Paralelle*, in einer Länge von 624 Schritte, durch 20 Sappeurs, 50 Sappeurs Handlanger und 700 Arbeiter geschlossen; da, wo diese neue Linie die *Capitale* der *Welschen Schanze* erreicht, ist sie des steinigten Bodens wegen noch sehr unvollkommen.

20 Sappeurs, 40 Sappeurs Handlanger und 400 Arbeiter, erhöhten und verstärkten die *Traverse* in der Batterie No. 26, da das feindliche, von der *Carls-Schanze* zwar nur noch schwach, von der *Nicolaibastion* und der *Bocksbastion* aber noch ganz ungedämpfte Feuer sich auf diesem Fleck concentrirte; auch gaben sie den dahin führenden Communicationen einen starken Durchschnitt, und vervollkommneten den ganzen rechten Flügel mehr; 100 Arbeiter verlängerten die in der Nacht vom

17ten zum 18ten angefangene, aus dem *Hechtsheimer Grunde* in gerader Richtung nach der Batterie No. 15. führende Communication um 200 Schritt. Es blieben also noch 200 Schritte zu machen übrig.

Die Mortier-Batterie No. 2 ward aus der 1sten *Paralelle* hinter die 2te auf der *Capitale* der *Carls-Schanze* verlegt, nach No. 27.

Vom 21sten zum 22sten. 7 Sappeurs, 36 Sappeurs Handlanger und 200 Arbeiter vervollkommneten den rechten Flügel der 2ten *Paralelle* von der *Capitale* der *Welschen Schanze* an, bis zur Batterie No. 26, und versahen selbige, so weit es nöthig war, mit faschinirten *Bankets*. 50 Arbeiter machten eine Communication nach den Batterien No. 24 und 25 und ein *Emplacement* für zwey Kayserliche Feldstücke in der 2ten *Paralelle* auf der *Capitale* der *Carls-Schanze*, die die Arbeiter diese Nacht mit Kartätschen-Feuer decken sollten.

7 Sappeurs, 36 Sappeurs Handlanger und 250 Arbeiter vervollkommneten den linken Flügel der 2ten *Paralelle* und versahen ihn, so viel wie möglich, mit faschinirten *Bankets*. 300 Arbeiter verlängerten die in der Nacht vom 17ten zum 18ten angefangene und in der Nacht vom 20sten zum 21sten fortgesetzte Communication, um 170 Schritt, mit welcher Länge sie in einen der Communications *Boyaux* des linken Flügels einfielen. Die Batterien No. 24 und 25 wurden angefangen und beendiget.

No. 24 besteht aus

    drey 6pfündigen Kanonen und

    zwey Mortiers.

No. 25 aus

    drey 12pfündigen $\Big\}$ Kanonen und
    zwey 6pfündigen

    zwey Mortiers.

Die Batterie No. 28 aus

    vier 12pfündigen Kanonen und

    zwey Mortiers bestehend, sollte ebenfalls
angefangen werden, allein die Garnison capitulirte
am 22sten.

Die *Carls-Schanze* war dergestallt durch Kugeln,
Granaten und Bomben zernichtet, daſs es dem Feinde
nicht möglich war, sich länger darin zu halten; die
Welsche Schanze war meist rasirt, die Forts *Philipp*
und *Elisabeth* völlig demontirt. Der Commandant
hatte bereits seine Parthie genommen, die sämmtlichen Demolirungs-Minen dieser detaschirten, ob-
wohl mit einer *Enveloppe* zusammen verbundenen
Werke zu laden, um solche, im Fall wir uns durch
einen offenbaren Angriff darin etablirt hätten, gänzlich in die Luft zu sprengen.

General *d'Oyré* hatte schon zu verschiedenen
malen vorschläge zur Uebergabe der Vestung gemacht. Sie waren aber von der Art, daſs des Königs Majestät sie nicht annehmlich fanden. Unter
andern verlangte er nächst dem freyen Abzuge der
Besatzung, auch alles in der Vestung befindliche
Französische Geschütz mitzunehmen. Ferner sollte

es den *Maynzer* Clubbisten erlaubt seyn, mit der Besatzung auszuziehen.

Während diesen Unterhandlungen waren die Batterien in der 2ten *Paralelle* zu Stande gekommen. General *d' Oyré* fand es nicht für rathsam, noch länger auf seinen Forderungen zu bestehen, und zufrieden, der Besatzung einen freyen Abzug zuzusichern, kam den 22sten zwischen ihm und dem Generallieutenant *Grafen Kalkreuth*, die beygefügte Capitulation zu Stande, welche der König auch um so viel lieber genehmigte, da die Französische, den Entsatz von *Maynz* bewürken sollende Armee, sowohl gegen *Kussel* vorgerückt, und unsre leichten Corps vom *Carlsberge* verdrängt, als auch gegen *Leimen* und das *Anweiler Thal* vorgedrungen war; der König aber den Vortheil der frühen Capitulation zur schnellen Verstärkung der Observations-Armee benutzen wollte.

Articles de la Capitulation, proposée par le General de Brigade d' Oyré Commandant en Chef à Mayence, Cassel et des postes qui en dependent.

I.

L' Armée française livrera à Sa Majesté le Roi de Prusse la ville de Mayence et Cassel, ainsi, que leurs fortifications, et toutes les postes, qui en dependent dans leur etat naturel, avec les bouches à feu, tant françaises qu'étrangéres, munition de guerre, et de bouche à la reserve des objets mentionnés aux articles suivants.

II.

La garnison sortira avec tous les honneurs de la guerre emportant ses armes, ses bagages et autres effects appartenans en propre aux individus de la garnison.

Reponse.

Accordé, à condition que la garnison ne servira pas, durant un an, contre les armées des puissances coali· sées, et que si elle emméne quelques chariots couverts, Sa Majesté Prussienne, se reserve de les faire visiter, en cas qu'elle le jugeroit à propos.

III.

Il sera accordé a la garnison d'emmener avec elle les pieces de campagne et ses caissons.

Reponse. refusé.

IV.

Les officiers generaux et particuliers, commissaires de guerre, chefs et employés des diferentes administrations de l'armée, et généralement tous les individus sujets français, appartenant a la garnison, emmeneront leurs chevaux, voitures, et effects.

Reponse. accordé.

V.

La garnison restera dans la place 48 heures apres la signature de la présente capitulation, et si ce delai n'etoit pas suffisant pour les dernieres divisions, il lui sera accordé une prolongation de 24 heures.

Reponse. accordé.

VI.

Il sera permis au commandant en chef d'envoyer un ou plusieurs agents, munis de sauf-conduits de Sa Majesté Prussienne pour aller chercher des fonds necessaires a l'acquit des dettes de l'armée, et jusqu'a l'acquit des dites dettes, ou jusqu'a l'époque d'un arrangement pris pour leurs liquidation, la garnison française demande a laisser des otages, qui puissent compter sur la protection de Sa Majesté.

Reponse. accordé.

VII.

La garnison de Mayence, et des dependances, lors de son evacuation, se mettra en route pour la France sur plusieurs colonnes, il sera fourni une escorte Prussienne pour sa sureté jusqu'à la frontière. Le General d'Oyré aura la liberté d'envoyer en avance des officiers de l'etat major et des commissaires de guerre pour pourvoir à sa subsistance et a l'etablissement des troups françaises.

Reponse. accordé.

VIII.

Dans le cas, que les cheveaux et voitures appartenant à l'armée française, ne suffiroient pas au transport de ses effects de campement et d'autres designés par les articles précédents, il leur en sera fournis du pays en passant.

Reponse. accordé.

IX.

Le transport des malades et surtout des blessés, ne pouvant se faire par terre sans compromettre leur existence, il leur sera fourni aux frais de la nation française, les bateaux necessaires, pour l'effectuer par eau, sur Thionville et Metz, en prenant les precautions nécessaires pour la subsistance de ces honorables victimes de la guerre.

Reponse. accordé.

X.

Jusqu'a l'entiére evacuation de l'armée française il ne sera permis à aucun des habitans actuellement hors de Mayence d'y rentrer.

Reponse. accordé.

XI.

Immediatement aprés la signature de la présente capitulation, l'armée assiégante pourra faire occuper par ses troupes les postes suivantes.

savoir:

Le fort Charles
Le fort Welsch
Le fort Elisabeth
Le fort St. Philippe
La double tenaille

Le fort Linsenberg

Le fort Hauptstein

Le fort Mars

L'isle St. Pierre et les deux portes de Cassel allant à Francfort et à Wisbaden.

Elle pourra de plus occuper conjointement avec les troupes françoises la porte Neuthor et l'extremité du pont du Rhin adjacente à la rive droite de ce fleuve.

Reponse. accordé.

XII.

Dans le plus court delai possible le Colonel Douay, Directeur de l'arsenal, le Lieutenant Colonel La Riboissure Sousdirecteur, et le Lieutenant Colonel Varin, Chef du genie, remettrons aux chefs de l'artillerie et du genie de l'armée Prussienne les armes, munitions, plans etc., relatifs au service dont ils seront respectivement chargés.

Reponse. accordé.

XIII.

Il sera egalement nommé un commissaire de guerre pour la remise des magazins, et effets qu'ils contiennent.

XIV.

Article additionel.

Les deserteurs de l'armée combinée seront rendus avec exactitude.

Fait a Mayence le 21 Juilet 1793.

(*Signé*) LE COMTE KALKREUTH.

Lieutenant General Commandant de l'armée combinée
Sous les ordres de Sa Majesté le Roy de Prusse.

(*Signé*) D'OYRÉ

General de Brigade, Commandant en Chef à Mayence.

Uebersetzung:

Vergleichspunkte, vorgeschlagen durch den Brigaden General d'Oyré, Obristen Befehlshaber zu Maynz, Cassel und aller davon abhängenden Posten.

I.

Die Französische Armee übergiebt an des Königs von Preufsen Majestät die Städte *Maynz* und *Cassel*, so wie alle dazu gehörige Vestungswerke, und davon abhängende Posten, in ihrem jetzigen Stande mit allem Geschütz, sowohl Französischem als Fremden, Krieges- und Mundvorräthen, mit Ausnahme der in den nachfolgenden Punkten, angeführten Gegenstände.

II.

Die Besatzung zieht mit allen militairischen Ehrenbezeugungen aus, behält ihr Gewehr, ihre Bagage und alle andere, den einzelnen Personen der Besatzung zugehörige Sachen.

Antwort.

Bewilligt, unter der Bedingung, dafs die Besatzung im Lauf eines Jahres nicht gegen die Heere der vereinigten Mächte dienen wird, und dafs, im Fall sie einige verdeckte Wagen mit heraus führten, Sr. Majestät von Preufsen sich das Recht vorbehalten, sie, im Fall Sie es für gut befinden sollten, durchsuchen zu lassen.

III.

Es wird der Garnison erlaubt seyn, ihre Feld- stücke und Munitionswagen mitzunehmen.

Antwort. Abgeschlagen.

IV.

Alle Officiers sowohl Generale als übrige Kriegs- Commissarien, Vorsteher und übrige Angestellte in den verschiedenen Fächern der Truppen, so wie überhaupt jeder einzelne Französische Unterthan, zur Besatzung gehörig, werden ihre Pferde, Wagen und Sachen mitnehmen.

Antwort. Bewilliget.

V.

· Die Besatzung wird 48 ·Stunden nach Unterzeichnung gegenwärtiger Vergleichspunkte noch in
dem Orte bleiben, und sollte dieser Aufschub für
die letztern Abtheilungen noch nicht hinreichend
seyn, so wird ihr noch eine Verlängerung von 24
Stunden bewilliget werden.

Antwort. Bewilliget.

VI.

Es wird dem Befehlshaber erlaubt seyn, einen
oder mehrere Geschäftsträger mit Pässen von Seiner
Majestät von Preußen versehen, auszuschicken,
um die zur Tilgung der Schulden der Armee nöthige Gelder zu holen. Bis zur Tilgung gedachter
Schulden, oder bis zu dem Zeitpunkt, der zu ihrer
Tilgung gemachten Einrichtung, bietet die Französische Besatzung Geisseln an, welche unter dem
Schutze Ihrer Majestät bleiben.

Antwort. Bewilliget.

VII.

Die Besatzung von *Maynz*, mit allem dazu Gehörigen, wird nach dessen Räumung den Weg nach
Frankreich in verschiedenen Abtheilungen antreten,
und wird zu ihrem Schutze von Preußischer Seite
eine Bedeckung bis an die Gränzen gegeben werden.
General *d' Oyré* wird es frey stehen, Stabs - Officiere
und Kriegs - Commissarien voraus zu schicken, um
für

für den Unterhalt, und das Unterkommen der Französischen Truppen zu sorgen.

Antwort. Bewilliget.

VIII.

Im Fall die, den Französischen Truppen eigene Pferde und Wagen zur Wegschaffung der Feld- und andern, in den vorhergehenden Punkten benannten Gegenstände nicht hinreichen sollten, wird man ihnen dergleichen beym Durchmarsch vom Lande liefern.

Antwort. Bewilliget.

IX.

Da die Fortbringung der Kranken und vorzüglich der Verwundeten nicht, ohne ihr Leben in Gefahr zu setzen, zu Lande geschehen kann, so wird man auf Kosten der Französischen Nation so viel Schiffe anschaffen, als zu dieser Fortschaffung zu Wasser nach *Thionville* und *Metz* nöthig sind, auch die nöthigen Vorkehrungen zum Unterhalt dieser ehrenvollen Opfer des Krieges treffen.

Antwort. Bewilliget.

X.

Keinem, gegenwärtig ausserhalb befindlichen Einwohner von *Maynz*, wird es vor gänzlicher Räumung der Französischen Truppen erlaubt seyn, dahin zurück zu kommen.

Antwort. Bewilliget.

XI.

Unmittelbar nach der Unterzeichnung gegenwärtigen Vergleiches, kann die Belagerungs-Armee
mit ihren Truppen nachfolgende Posten besetzen, als:

1. die *Carls-Schanze.*
2. die *Welsche Schanze.*
3. die *Elisabeth-Schanze.*
4. die *Philipps-Schanze.*
5. die doppelte *Tenaille.*
6. den *Linsenberg.*
7. den *Hauptstein.*
8. die *Mars-Schanze.*
9. die Pulver-Aue und die beyden Thore von

Cassel nach *Frankfurt* und *Wifsbaden*, ferner mit den
Französischen Truppen gemeinschaftlich, das Neu-
thor und das äufserste Ende der Rheinbrücke an der
Seite des rechten Ufers dieses Flusses.

A n t w o r t. Bewilliget.

XII.

In der möglichst kürzesten Zeit wird der Obrist
Douay, Director des Arsenals, der Obristlieutenant
La Riboissure, Unterdirector, und der Obristlieutenant *Varin*, Chef des Corps *de genie*, den Chefs
der Artillerie und des Genie-Corps der Preufsischen
Truppen, alle Waffen, Kriegsvorräthe, Zeichnungen u. s. w., in so fern sie in das Fach eines
jeden einschlagen, übergeben.

A n t w o r t. Bewilliget.

XIII.

Es wird ebenfalls ein Kriegs - Commissair zur Uebergabe der Magazine und darinn befindlichen Vorräthe ernannt werden.

XIV.

Beygefügter Punkt.

Die Ueberläufer der vereinigten Heere werden gewissenhaft ausgeliefert werden.

Gegeben zu *Maynz*, den 21sten July, 1793.

(Unterzeichnet)　　GRAF KALKREUTH.

> Generallieutenant und Befehlshaber der vereinigten Heere unter dem Oberbefehle Sr. Majestät des Königs von Preußen.

(Unterzeichnet)　　　　　D'OYRÉ,

> Brigaden - General und Oberbefehlshaber zu Maynz.

*) Vorstehender Capitulation zufolge hörten den 23sten früh alle Feindseligkeiten von beyden Thei-

H 2

---

*) Hier hörten zwar die damahls eingelaufene Nachrichten auf und die jetzt folgenden erhielten wir später. Um den Leser aber nicht zu oft von einem Standpunkte zum andern zu versetzen, habe ich hier noch alle die Veränderungen beygefügt, die hier auf einander bis zu dem Augenblick folgten, da die Belagerungsarmee sich mit der Observationsarmee vereinigte.

A. d. H.

len auf, und den Abend besetzte der Generallieutenant Graf *Kalkreuth* alle in der Capitulation bestimmte Aussenwerke nebst dem Neuthor mit seinem
Corps. Der Generallieutenant *von Schönfeld* aber
besetzte mit dem 1sten Bataillon *von Borch* das Frankfurter und Wifsbadener Thor von *Cassel*, so wie das
Tête de pont. Ein Commando von den Hessen besetzte die *Peters-Aue*, und ein Commando von den
Sachsen die *Rhein-Schanze.* Der Feind räumte die
beyden Posten ganz, blieb aber noch bis zum folgenden Tage in *Cassel.* Den 24sten marschirte die
1ste Colonne der Franzosen, unter dem General
Dubayet aus *Maynz*, und den folgenden Tag die 2te
und letzte Colonne.

Nur die Kranken und Verwundeten, welche
2000 Mann betrugen, blieben in *Maynz*, um sobald
wie möglich zu Wasser transportirt zu werden.

Um die ersten Vortheile der Uebergabe von
Maynz zu nutzen, brach sogleich der Generalmajor
von Kleist mit dem Kürrassier-Regiment *von Borstel*
und seiner, aus dem 2ten Bataillon *von Wolframsdorf*
und dem Regiment *Prinz Ferdinand* bestehenden
Brigade, ferner der Generalmajor *von Röder* mit dem
2ten und 3ten Bataillon Garde vom Belagerungs-
Corps auf, und marschirte zum Corps des Herzogs
von *Braunschweig* bey *Kayserslautern*, wo die Brigade
des Generalmajor *von Kleist* bey *Schalotenbach*, der
General *v. Röder* aber mit den Garden bey *Mohrlautern*
postirt wurden.

Auch der Obrist *Crousatz* brach mit dem 1sten und 2ten Bataillon *von Borch* auf, und stiefs bey *Kayserslautern* zum Corps des Herzogs. Der König gieng mit seinem Gefolge nach *Bodenheim*, und gab den 26sten folgenden Befehl.

„Heut, Abends um 8 Uhr, bricht das 1ste Bataillon Garde auf, und marschirt den geraden Weg von *Bodenheim* über *Alzey* nach *Kirchheim*. Die Bagage folgt dem Bataillon. Die 3 Compapnien Jäger brechen so auf, dafs sie unmittelbar der Bagage des 1sten Bataillons Garde folgen können, ihr Marsch geht auf der nehmlichen Strafse über *Alzey* nach *Bermersheim*.

Die Brigade des Generalmajor *von Rüchel*, nebst der Brummer Batterie *v. Heidenreich*, bricht um 10 Uhr Abends aus dem Lager auf, und marschirt auf der geraden Route nach *Alzey*, wo selbige Cantonnirungs-Quartiere von *Alzey*, *Weinheim* und *Kettenheim* bezieht. Die Bagage folgt. Um 12 Uhr Nachts bricht die Brigade des Generalmajor *von Borch*, nebst der Batterie *Thiemann* auf, und marschirt die nehmliche Strafse in die Cantonnirungen von *Albig*, *Heimersheim*, *Loosheim* und *Bermersheim*. Die Bagage folgt ebenfalls nach.

Morgen früh um 3 Uhr bricht das Regiment *von Wegener* auf, um auf derselben Strafse die Cantonnirungen von *Spiesheim* und *Ensheim* zu beziehen. Die Bagage folgt.

Alle Kayserlich Königliche Truppen vom Belagerungscorps hatten ihren Marsch auf *Meisenheim* genommen, weil man vermuthete, dafs der Feind von dieser Seite *Maynz* zu Hülfe kommen würde. Indessen hatte der Feind, sobald er die Uebergabe von *Maynz* vernommen, sich von *Kussel* zurück gezogen.

Das Hessische Corps bleibt noch in seinem Lager bey *Erbenheim*, bis seine weitere Bestimmung entschieden seyn wird. Man vermuthet, dafs es mit den Pfälzern zum Corps des General *Wurmser* stofsen wird.

Die Darmstädter werden zum Theil vor der Hand Maynz besetzen, zum Theil in ihr Land zurückkehren.

Die Sächsischen Truppen und die Preufsischen Brigaden *von Vittinghof* und *von Wegener* verbleiben unter den Befehlen des Generallieutenant Gr. *v. Kalkreuth* und rücken am 27ten von den Sachsen nach.

Weinheim, *Gabelsheim*, *Ockenheim* und *Dramersheim*, die Karabiniers

Nach *Alpesheim* und *Hornweiler*, die Husaren

Nach *Gauböckelheim*, *Wallerthum*, *Sulzheim*, *St. Johann* und *Wolfsheim*, Curland Dragoner

Nach *Bubenheim*, *Ingenheim*, *Partenheim*, *Wermersheim*, *Ober-* und *Niedersaulheim* und *Würstadt*, die Infanterie.

Brigade *von Vittinghoff*.

Nach *Algesheim*, *Ober-* und *Niederappelheim* und *Engelstadt*, drey Bataillons *von Vittinghoff*.

Brigade *von Wegener*.

Nach *Ober-* und *Nieder-Ingelheim*, *Grofs-Wintersheim* und *Schwabenheim*, drey Bataillons *Crousatz*.

Drey Bataillons Pfälzer einstweilen nach *Elsheim, Eisenheim, Stadeck, Nieder-Saulheim.*

Den 27sten nahm der König sein Haupt-Quartier in *Kirchheim-Poland;* und befahl, dafs die Brigade *von Rüchel* nach *Gelheim, Radenbach* und *Luttersheim,* die Brigade *v. Borch* nach *Drezen, Rusing, Marnheim* und dem *Heuberg;* die Jäger Compagnien nach *Erbersheim, Weymar* nach *Ruben, Gauersheim* und *Rudersheim* marschiren sollte.

Den 28sten nahm der König sein Hauptquartier in *Türckheim,* und befahl, dafs die Jäger und das 1ste Bataillon nach *Tiedesheim,* zwey Bataillons von der Brigade *von Manstein* nach *Forst.* Die Brigade *von Rüchel* nach *Wackenheim* und *Friedelsheim;* die Brigade *von Borch* nach *Hunstein* und *Erbelsheim;* das Regiment *v. Weymar* nach *Herxheim* und *Freinsheim;* das 1ste Bataillon Garde nach *Türckheim* marschiren sollte.

———

Ich kehre jetzt zu den Armeen in den Niederlanden zurück. Hier erhielt der Preufsische Befehlshaber nachfolgendes Schreiben von dem Feldmarschall Prinzen *von Coburg.*

An des Königl. Preufsischen Herrn General-lieutenants Freyherrn von Knobelsdorff Excellenz.

Hauptquartier Herin, den 26sten Jul. 1793.

Nachdem die erfreuliche Nachricht eingegangen, dafs die belagerte Festung *Maynz* an die alliirte

H 4

Armee den 23sten dieses mit Capitulation übergegangen, so wird bey der Hauptarmee am
28sten dieses um 7 Uhr früh das *Te Deum*, so wie
es am 14ten dieses wegen *Condé* geschehen, gehalten, und werden dabey die gewöhnlichen
Salven, so wie dazumahl, gegeben.

Ich gebe Ew. Excellenz Nachricht davon,
damit Sie nicht allarmirt werden und wenn es
thunlich, am nehmlichen Tage und Stunde diese
Feyerlichkeit begehen.

PR. COBURG,
Feldmarschall.

Den 26sten gegen Abend kam ein Officier vom
Kayserlich Königl. General-Stabe mit dem mündlichen Auftrage des Feldmarschall Prinzen *von Coburg*
an den Preußischen kommandirenden General, daß
das auf den 28sten festgesetzte Freudenfeuer vor der
Hand noch ausgesetzt bleiben möchte, indem man
Hoffnung habe, daß *Valenciennes* — nachdem die
unter dem Glacis des großen Hornwerks angelegten
Globes de compreſſion gesprungen und man sich auf
demselben etablirt hätte — auch capituliren würde.

Der Preußische General hatte übrigens schon
vor Eingang des Schreibens des Feldmarschals Prinzen *von Coburg* vom 26sten, auf Anforderung des
Obristen, Grafen *von Hohenzollern* die sechs Kayserlichen Ueberläufer, die sich unter den Gefangenen
befanden, demselben ausliefern lassen, und solches,
so wie den Ausgang des Verstecks, selbst dem Feld-

marschall gemeldet, worüber er folgendes Schreiben
erhielt.

An des Königl. Preuſs. Herrn Generallieutenants Freyherrn von Knobelsdorff Excellenz.

Ich erstatte Ew. Excellenz meinen aufrichtigsten Glückwunsch über die so glücklich ausgeführte Attaque bey *Bouvines*, und freue mich,
dafs die beyderseitigen braven Truppen abermals
einen Beweis abgelegt haben, wie sehr es ihnen am Herzen liegt, sich der Ehre von Ew.
Excellenz kommandirt zu werden, immer wür-
diger zu machen.

Dabey danke ich Ew. Excellenz recht ver-
bindlich für die Gefälligkeit, die diesseitigen
Deserteurs dem Grafen *von Hohenzollern* übergeben zu haben, und versichere, in ähnlichen
Fällen dds nehmliche genau zu beobachten.

Da in der Nacht vom 25sten zum 26sten
dieses, die von unserer Seite unter dem *Glacis*
des grofsen Hornwerks angelegte *Globes de
Compreſſion* gesprungen und darauf der bedeckte
Weg nebst dem grofsen Hornwerke selbsten,
und die vor dem kleinen Hornwerke liegende
Flesche mit Sturm erobert und behauptet worden, so haben Seiner Königlichen Hoheit die
Vestung noch einmahl aufgefordert, worauf
der Kommandant derselben eine 24 stündige

Bedenkzeit verlangt hat, worauf nach Verflie-
fsung des ihr, für 22 Stunden bewilligten Waf-
fenstillstandes die Capitulation dergestallt geschlossen worden, dafs die Garnison als Kriegsgefangen betrachtet, am 1sten August mit allen militairischen Ehrenzeichen ausmarschiren,
auf dem *Glacis* das Gewehr strecken und sich
reversiren wird, in diesem Kriege nicht mehr
gegen die vereinigten Mächte zu dienen, wornach selbe nach Haufe entlassen werden wird.

PR. COBURG,
Feldmarschall.

Am 29sten erhielt der Preufsische General die
unterzeichnete Capitulation von *Valenciennes* begleitet von einem Schreiben des Feldmarschalls.

An des Königl. Preufs. Herrn Generallieutenants Freyherrn von Knobelsdorff Excellenz.

Hauptquartier Herin, den 29. Jul. 1793.

Ich habe die Ehre Ew. Excellenz in der Anlage die Capitulation von *Valenciennes* zu kom-
municiren.

Dieselben werden daraus ersehen, dafs die
Garnison am 1sten August von da abziehet.

Am 2ten des nehmlichen Monats werde ich
diese importante Eroberung durch ein *Te Deum*
feyern lassen, und ich bitte Ew. Excellenz bey

Dero unterhabenden Corps d'Armee das nehmliche thun zu lassen.

Da es in der dermaligen Lage der Sachen
sehr nothwendig ist, die Maſsregeln zu den
künftigen Operationen zu nehmen, so bitte ich
Ew. Excellenz, die Gefälligkeit zu haben, zu
einer am 8ten künftigen Monats allhier abzu-
haltenden Conferenz sich hieher zu begeben.

Ich befehle unter einem, daſs für Ew. Excellenz in dem Dorfe *Raismes*, welches nur
drey Viertelstunden von hier liegt, das Quartier bestellt werde, weilen in dem hiesigen kleinen Dorf kein Raum ist, und ich folglich die
Ehre nicht haben kann, Ew. Excellenz hier zu
empfangen.

PRINZ COBURG
Feldmarschall.

*Articles de la Capitulation, proposée par le general
de diviſion Ferrand, Commandant les troupes
de la republique française à Valenciennes, à
Frederick Duc de Yorck, Commandant l'armée
combinée du Siege de Valenciennes.*

Le general Ferrand remettra au Duc d'Yorck, la
ville et cidatelle de Valenciennes aux conditions suivantes.

reponse.

Le General Ferrand remettra à son Altesse royale
le Duc d'Yorck, commandant en chef l'armée combinée
employée au siege de Valenciennes, pour Sa Majesté

*l'Empereur et Roi la ville et citadelle de Valen-
ciennes aux conditions ci-après stipulées.*

*Article 1. La garnison sortira avec les honneurs de la
guerre, ainsi que tout ce que tient au militaire.*

*Reponse à l'article premier. La garnison sor-
tira par la porte de Cambray avec les honneurs de la
guerre, et mettra bas les armes à la maison dite la
Briquette ou elle deposera ses Drapeaux et Canons
de Compagne sans les avoir endommagés d'une
maniere quelconque, il en sera demême des chevaux
de Cavallerie, Artillerie, des vivres et autres services
militaires, ceux des Officiers leurs seront laisés
avec leurs epées.*

*Article 2. Toutes les munitions quelconques, pièces
d'artillerie et tout ce qui compose et fait partie de
l'armée lui sera conservé.*

Rep. à l'art. 2. Refusé.

*Article 3. La garnison sortira de la place le sixième
jour après la signature de la capitulation, par la
porte de Tournay, pour se rendre dans tel lieu de la
republique, que le General Ferrand jugera convenable,
avec les armes et bagages, chevaux, tambours battans,
mêches allumées, par les deux bouts, drapeaux de-
ployés, et tous les canons qu'elle pourra emmener.*

*Rep. à l'art. 3. La garnison sortira le premier d'Aout
ainsi, qu'il est dit à l'art. 1er, et comme elle sera
prisonnière de guerre, il lui sera indiqué 24 heures
avant la sortie l'endroit ou elle se rendra en France
pour y prendre la parole d'honneur et le revers des officiers ainsi que les autres arrangemens relatifs aux*

soldats, qui s'engageront à ne pouvoir servir pendant toute la durée de la présente guerre contre les armées de Sa Majesté et celles de ses alliés, sans avoir été echangés, conformément aux cartels et sous les peines militaires.

Art. 4. Les autres pièces d'artillerie seront évacuées dans la huitaine après le départ de la garnison, ainsi que les munitions et le mobiliaire militaire,

Rep. à l'art. 4. Refusé, pour ce qui concerne l'Artillerie, et généralement toutes les munitions de guerre et de bouche, et autres objets militaires, mais accordé pour tout ce qui est du mobiliaire personnel des Officiers et Soldats de la garnison.

Art. 5. Les voitures et chevaux nécessaires pour le transport des bagages et pour monter les officiers, seront payés de gré à gré.

Rep. à l'art. 5. Il sera fournis parmi payant, à la garnison ce qui lui sera necessaire en voiture et chevaux pour le transport de ses bagages; et les commissaires de guerre qui resteront de sa part dans le place seront personnellement responsables du retour desdites voitures et chevaux.

Art. 6. Il sera fourni le nombre de douze chariots couverts, c'est à dire, qui ne seront point visités.

Rep. à l'art. 6. Refusé.

Art. 7. Les soldats convalescens en état d'être transportés seront emmenés, et les voitures nécessaires pour ce transport seront fournies également par les assiégeants.

Rep. à l'art. 7. Accordé sous les conditions de l'article 5.

Art. 8. Quant aux malades, qui ne pourront souffrir
le transport, ils resteront dans les hospitaux qu'ils
occupent, soignés aux frais de la republique par les
Officiers de santé qui y sont attachés, sous la sur-
veillance d'un commissaire de guerre et lorsque ces
malades seront en état d'être transportés, il leur
sera de même fourni des voitures.

Rep. à l'art. 8. Accordé, bien attendu que les commissaires restés pour l'Administration oeconomique
des hopitaux seront soumis à la police militaire, ainsi
que ceux, dont il est question dans l'article 5, et que
les soldats convalescens, seront prisonniers; comme
il est stipulé à l'article 3.

Art. 9. Les representans du peuple, et toute personne
attachée à la republique, sous quelques denomination que ce puisse être, participeront à la Capitulation du militaire et jouiront des mêmes conditions.

Rep. à l'art. 9. Tout ce qui n'est pas militaire étant
reputé bourgeois, jouira du traitement accordé a
cette classe.

Art. 10. Les deserteurs resteront reciproquement dans
les corps, ou ils sont, sans être inquietés; a l'égard
des prisonniers ils pourront être echangés.

Rep. à l'art. 10. Refusé, les deserteurs seront livrés
scrupuleusement avant la sortie de la garnison, et
l'on fera les perquisitions necessaires, pour trouver
ceux, qui pourroient être cachés. Les prissonniers

autrichiens et ceux des puissances alliées, séront rendus de bonne foi.

Art. 11. *Il sera nommé de part et d'autre des commis-*
saires pour constater les objets, qui seront adjugés
à la republique, ainsi que tous les papiers concernant
l'artillerie, les fortifications et greffe militaires tant
ceux de cette place que de tout autre Place apparte-
nante à la republique. Il en sera de même pour les
papiers de toutes les administrations civiles et mi-
litaires.

Rep. à l'art. 11. *Il sera nommé des commissaires de*
tous les departemens militaires et civiles pour recevoir
les papiers, effets et bâtimens militaires, artillerie,
fer coulé, arsenaux, munitions de guerre et de bouche,
caisses militaires et civiles, en un mot tous les autres
objets appartenans au gouvernement, sous quelle
denomination que ce puisse être, les commissaires
seront introduis dans la place immediatement après
l'échange des otages; les chefs des différens corps
seront personnellement responsables des infidelités qui
se seront commises dans la remise des papiers, cais-
ses, artillerie et autres objets ci - dessus nommés.

Art. 12. *Les habitans des deux sexes actuellement en*
cette ville ou y refugiés, les fonctionnaires publics et
tous autres agens de la republique française auront
leur honneur, leur vie, et leurs propriétés sauvés,
avec la liberté de se retirer ou ils voudront.

Rep. à l'art. 12. *L'ordre et la discipline des Armées*
alliées, garantissent les Bourgeois de toute espèce
d'insulte dans leurs personne et leurs effets.

Art. 13. *Pour le maintien de l'ordre, de la police, la sûreté des personnes et la conservation des propriétés, les autorités constituées et les tribunaux resteront en fonction, jusqu'a ce qu'il y soit autrement pourvu. Les jugemens des tribunaux seront maintenus et aucune autorité constituée ne pourra être recherchée pour les faits légaux de son administration ou de sa jurisdiction.*

Rep. à l'art. 13. *Refusé, mais les corps administratifs, et judiciaires seront maintenus, jusqu'a ce qu'il y ait été autrement pourvu par Sa Majesté impériale.*

Art. 14. *Personne ne pourra être inquiété pour les opinions telles qu'elles ayent été, ni pour ce qu'il aura dit ou fait legalement avant ou pendant le siége.*

Rep. à l'art. 14. *L'intention de Sa Majesté l'Empereur et Roi est, que les habitans ne soyent aucunement inquiété.*

Art. 15. *les habitans ne seront pas assujettis au logement des gens de guerre.*

Rep. à l'art. 15. *Accordé, autant que l'existence et la capacité des bâtimens militaires le permettront.*

Art. 16. *Les habitans ne pourront être obligés a aucun service militaire, et ceux qui l'ont fait jusqu'a present ne pourront être considérés comme tels.*

Rep. à l'art. 16. *Les habitans ne seront obligés de faire des services militaires que dans les cas usités dans les provinces de Sa Majesté l'Empereur aux pays-bas, quant à ceux qui seront armés ou en uniforme, ils seront traités comme les autres militaires, selon l'article 3.*

Art. 17.

Art. 17. — *Les habitans ne pourront non plus être tenus aux corvées militaires.*

Rep. à l'art. 17. *Renvoyé à l'article* 16.

Art. 18. *Ceux qui voudront aller habiter ailleurs, seront libres de sortir de la ville avec leurs ménages, bagages, meubles et effets, de disposer de leurs immeubles ou réputés tels, au profit de qui bon leur semblera, dans le terme de six mois.*

Rep. à l'art. 18. *Il sera permis aux habitans de se retirer avec leurs effets dans l'espace de six mois où bon leur semblera et il leur sera délivré des passeports en conséquence.*

Art. 19. *Tous ceux qui voudront rester ou venir habiter en cette ville y seront reçus, et jouiront des mêmes avantages que les autres habitans.*

Rep. à l'art. 19. *Accordé.*

Art. 20. *Les monnoies actuelles, notamment les assignats, continueront d'avoir cours.*

Rep. à l'art. 20. *Refusé de reconnoitre les assignats comme monoye jusqu'à disposition ultérieure.*

Art. 21. *Les domaines nationaux vendus en conformité aux lois existantes seront conservés aux acquéreurs.*

Rep. à l'art. 21. *Cet article n'étant point du rapport militaire, sera réservé comme le précédent à des dispositions ultérieures.*

Art. 22. *La commune continuera de jouir des propriétés qu'elle possède actuellement, tant mobiliaires qu'immobiliaires, notamment les bleds qu'elle a en magazin pour la subsistance des habitans.*

Rep. à l'art. 22.   *Quant aux bleds, aux magazins, on en disposera au profit de celui à qui il appartient de droit.*

Art. 23.   *Les colléges, hôpitaux et autres établissemens de charité demeureront en la libre et paisible possession, et jouissance de tous leurs biens, tant meubles qu' immeubles.*

Rep. à l'art. 23.   *Accordé, pour toutes les propriétés légitimes.*

Art. 24.   *Toutes dettes contractées avant et durant le siège par la municipalité et le conseil général de la Commune et autres autorités constituées, tant liquidées qu'a liquider, seront tenues pour légales et bien contractées.*

Rep. à l'art. 24.   *Les dettes contractées par la garnison, les militaires, bourgeois et habitans quelconques seront liquidées à la satisfaction des parties.*

Art. 25.   *S'il survient quelque difficulté dans les termes et conditions de la Capitulation, on les entendra toujours dans le sens le plus favorable à la garnison de la place et aux habitans.*

Rep. à l'art. 25.   *Toutes les réponses ci dessus, étant clairement énoncées, cet article est sans objet.*

Articles additionels.

Art. 1.   *Aujourd' hui 28 Juillet à 7 heures du soir, la garnison livrera aux troupes de l'armée du siège, les dehors, la demi-lune, la couronne, la contre-garde et le pâté de la porte de secours de la Citadelle, ainsi que la demi-lune et l'ouvrage à corne de la porte*

de Cambray et afin que l'ordre soit observé, jusqu'a
la sortie de la Garnison, elle gardera l'intérieur
des portes du corps de la place, de la citadelle et
de la ville, jusqu'à la sortie.

Art. 2. Si la réponse n'est pas rendue par le Général
Ferrand avant 7 heures du matin, on lui déclare que
le feu de la tranchée recommencera à 9 où la treve sera
rompue par son silence.

Art. 3. Les chefs des différens corps, qui ont des papiers ou effets à remettre resteront dans la place,
jusqu'à ce que les remises et inventaires ayent été
clos par les Commissaires imperiaux.

Art. 4. Aussitôt que la Capitulation sera signée, on
enverra dans la place des Otages, savoir un Colonel, un Major et un Capitaine, qui seront échangés
contre des Officiers de grade pareil de la garnison,
lesquels Otages seront rendus aussitôt après l'exécu-
tion des articles de la capitulation.

Donné à mon Quartier. général, devant Valenciennes le 28 Juillet 1793.

Signé **Frederic duc d' Yorck,**

Commandant l'armée au siège de Valenciennes.

Nous commissaires soussignés nommés et envoyés
vers son Altesse Royale le Duc d' Yorck, en vertu des
pouvoirs à nous délégués par le Général Ferrand commandant de la ville et citadelle de Valenciennes, et con-
tenus en sa lettre du 28 Juillet 1793 adressée au Duc
d' Yorck, la quelle demeurera annexée en l'original à la

présente capitulation, avons signé et consenti les articles ci-dessus.

Fait au Quartier Général de son Altesse Royale le le Duc d' Yorck, le 28 Juillet 1793.

    Sont signés

    Le Général de Brigade BOILLAUD.

THOLOSÉ, Directeur des fortifications, faisant les fonctions de General de Brigade.

BRUNIÈRE, Capitaine au bataillou de la Nievre.

I. C. PERDRY le Cadet.

LANEN-PLICHON.

HAMOIR.

Copie de la lettre du Général Ferrand, commandant de la place de Valenciennes, à Frédéric duc d' Yorck commandant de l' armée combinée du siege devant Valenciennes. Du 28 Juillet 1793 l' an 2 de la republique française.

A la réception de Votre Lettre j'ai assemblé le conseil de guerre, d' après que nous avons pris connoissance des articles qu' elle contient. Il nous a paru très-évident que la promesse que vous nous avés faite hier, n' avoit pas lieu, en ce qu'il n'est pas mention de Capitulation honorable dans les articles que Vous nous proposés.

En consequence, je persiste ainsi que les membres du conseil de guerre dans l' article premier en son entier, nous demandons en outre que les Citoyens, Cochon et Briez, représentans du peuple et leur deux secrétaires accompagneront la garnison. Nous persistons sur l' article 2 pas la demande d'une pièce de campagne de 4 ou de 8, *et leur caisson par Bataillon, nous persistons. également dans l'article 3, en restreignant la sortie de la garnison à trois jours, et enfin dans l'article 6 réduisant notre demande à six chariots au lieu de douze, à l'égard des articles huit, dix et onze dans tout leur contenu.*

J'ai l'honneur de vous envoyer six commissaires tant civils que militaires, qui vous remettront cette lettre, ils sont chargés d'entrer en arrangement et ont tout pouvoir à cet effet.

La garnison que j'ai l'honneur de commander, a combattu si glorieusement pendant le siège qu' elle s'immortalisera en défendant la place et terminant sa carrière militaire sur la breche l'orsqu' elle existera.

Signé   le Général de division

FERRAND.

Uebersetzung:

Vergleichspunkte, vorgeschlagen durch den Divisions-General Ferrand, Befehlshaber der Kriegsvölker der französischen Republik zu Valenciennes, an Friedrich Herzog von Yorck, Anführer des zur Belagerung von Valenciennes vereinigten Heeres.

Der General Ferrand wird dem Herzoge von Yorck die Stadt und Citadelle von Valenciennes unter den nachfolgenden Bedingungen übergeben.

Beantwortung.

Der General Ferrand wird Sr. Königlichen Hoheit dem Herzoge von Yorck, Oberbefehlshaber

des zur Belagerung von Valenciennes verwendeten
vereinigten Heeres, die Stadt und Citadelle von Valenciennes, unter den nachfolgenden festgesetzten
Bedingungen für Seine Kaiserlich Königliche Majestät übergeben.

Art. 1. Die Besatzung, so wie alles zum Militair
gehörige, wird mit den, im Kriege gewöhnlichen
Ehrenzeichen, ausrücken.

Beantw. des 1. Artikels. Die Besatzung wird zu dem
Thore von *Cambray* mit den kriegerischen Ehrenzeichen ausrücken, und das Gewehr bey dem
Hause, genannt *la Briquette*, strecken, wo sie
ihre Fahnen und Artillerie ablegen wird, ohne
sie im geringsten beschädiget zu haben; eben
so wird es mit den Pferden der Reuterey, des
Geschützes, des Proviant-Fuhrwesens, so wie
mit allen übrigen, zum kriegerischen Behuf verwendeten, gehalten. Diejenigen, welche den
Officiers gehören, werden ihnen, so wie ihre
Degens, gelassen.

Art. 2. Alle Krieges-Vorräthe, Geschütz, und
alles übrige, woraus die Armee besteht und
was zu derselben gehört, wird ihr, als ihr gehörig, bleiben.

B. d. 2. Art. Abgeschlagen.

Art. 3. Die Besatzung wird den 6ten Tag nach
Unterzeichnung der Vergleichspunkte zum
Tournayer Thore ausrücken, um sich mit Gewehr und Waffen, Gepäcke, Pferde, klingen-
dem Spiel, an beyden Enden brennender Lunte,

fliegenden Fahnen und allen dem Geschütz, welches sie mit sich führen kann, nach dem Ort in der Republik zu begeben, welchen der General Ferrand als den schicklichsten bestimmen wird.

B. des 3. Art. Die Besatzung wird am 1sten August auf die Art, wie es im ersten Artikel festgesetzt worden, ausrücken, und da sie kriegsgefangen ist, so wird ihr 24 Stunden vor ihrem Ausmarsche der Ort bestimmt werden, wohin sie sich in Frankreich begeben soll, um daselbst den Officiers das Ehrenwort und Revers abzunehmen und die übrigen Einrichtungen mit den Soldaten zu treffen, welche sich verpflichten in der ganzen Dauer dieses Krieges, weder gegen die Kriegesvölker Sr. Majestät, noch gegen die Ihrer Verbündeten, bey Vermeidung der in den Kriegesgesetzen bestimmten Strafe zu dienen, ohne vorher auf die gewöhnliche Weise ausgewechselt zu seyn. —

Art. 4. Das übrige Geschütz, so wie die Vorräthe und alles Kriegesgeräthe wird acht Tage nach dem Ausmarsche der Besatzung nachgeholt werden.

B. d. 4. Art. Abgeschlagen, in Hinsicht dessen, was das Geschütz und überhaupt alle Krieges- und Mundvorräthe, so wie alle kriegerische Gegenstände überhaupt betrifft; aber bewilligt in so fern es zu dem persönlichen Vermögen

I t

der Officiers und der gemeinen Mannschaft gehört.

Art. 5. Die zur Fortbringung des Gepäckes und
zum Reiten für die Officiers nöthige Wagen
und Pferde werden bezahlt werden.

B. d. 5. Art. Es werden der Besatzung, gegen Be-
zahlung, die, zur Fortbringung des Gepäckes nöthige Wagens und Pferde verabfolgt werden.
Die Kriegscommissarien, welche von ihrer Seite
in der Vestung bleiben, werden persönlich für
die richtige Rückkunft besagter Wagen und
Pferde haften.

Art. 6. Man wird 12 verdeckte Wagen ausführen,
welche nehmlich undurchsucht bleiben.

B. d. 6. Art. Abgeschlagen.

Art. 7. Die in der Besserung begriffene Soldaten,
welche es aushalten können, weiter gebracht zu
werden, werden mitgenommen, und die zu dieser Fortschaffung nöthige Fuhren werden
gleichfalls durch die Belagerer geliefert werden.

B. d. 7. Art. Bewilliget, unter der Bedingung des
5ten Artikels.

Art. 8. Die Kranken, welche die Fortbringung
nicht auszuhalten vermögen, bleiben in den
Krankenhäusern, wo sie sind, werden auf Kosten der Republick, durch die dabey angestellten
Aerzte, unter der Aufsicht eines Kriegs-Com-
missairs verpflegt, und wenn diese Kranken im
Stande sind, weiter gebracht werden zu können,
so wird man ihnen ebenfalls Wagens liefern.

B. d. 5. Art. Bewilliget; wohl zu verstehen, daſs
die Commissarien, welche zur Anordnung der
Verpflegung in den Krankenhäusern zurück-
bleiben, gleich wie die, von welchen im 5 Artikel die Rede ist, den Kriegesgesetzen unter-
geordnet bleiben, und daſs die wiedergenesene
Soldaten Kriegesgefangene sind, wie es im 3ten
Artikel festgesetzt worden ist.

Art. 9. Die Stellvertreter der Nation, so wie jeder
andere, zur Republik gehörige, wer es auch immer seyn möge, haben Theil an den Vergleichspunkten mit dem Kriegsvolke und genieſsen
gleiche Rechte.

B. des 9. Art. Alles, was nicht Krieger und als
Bürger bekannt ist, wird die Behandlung genieſsen, die diesem Stande bewilliget ist.

Art. 10. Die Ueberläufer werden gegenseitig in
den Truppen-Abtheilungen bleiben, ohne be-
beunruhiget zu werden; was die Gefangene
betrifft, so können sie ausgewechselt werden.

B. d. 10. Art. Abgeschlagen; die Ueberläufer werden vor dem Ausmarsch der Besatzung auf das
gewissenhafteste ausgeliefert werden, und die
nöthige Nachsuchungen geschehen, um die,
so etwa verborgen seyn könnten, ausfindig zu
machen. Die gefangene Oesterreicher und
die der verbündeten Mächte, werden auf Treu
und Pflicht zurückgegeben.

Art. 11. Man wird gegenseitig Bevollmächtigte
ernennen, um die Gegenstände zu bestimmen,

I 5

welche, als der Republik zugehörig erkannt werden; als: alle Zeichnungen und Schriften, welche das Artillerie-Wesen, die Vestungswerke und Kriegskanzley, sowohl in diesem Ort, als in irgend einem andern in der Republik betreffen.

Auf gleiche Weise wird es mit allen Schriften, sowohl der Bürgerlichen als Krieges Verwaltungen gehalten.

B. d. 11. Art. Man wird von allen krieges und bürgerlichen Fächern Bevollmächtigte ernennen, um die Zeichnungen und Schriften, Militairische Gebäude und übrige Sachen, Geschütz, gegossenes Eisen, Zeughäuser, alle Krieges und Mundvorräthe, krieges und bürgerliche Cassen, mit einem Worte: alle andre, der Landesregierung zugehörige Sachen, unter welche Benennung man sie immer setzen möge, in Empfang zu nehmen. Diese Bevollmächtigte, werden gleich nach der Auswechselung der Geiseln in die Stadt eingelassen, und die Vorsteher, der verschiedenen Fächer haften persönlich für die Unterschleife, die bey Ablieferung der Zeichnungen und Schriften, der Cassen, des Geschützes und aller andern vorher benannten Gegenstände unternommen werden könnten.

Art. 12. Die Einwohner beyderley Geschlechts, die gegenwärtig in dieser Stadt sind, so wie diejenigen, welche sich in dieselbe geflüchtet haben, ferner, die in den öffentlichen Aemtern angestellte Personen und alle andere Ge-

schäftsträger der Französischen Republik, wer'
den weder an ihrer Ehre, noch ihrem Leben
und Vermögen gekränkt werden, und die Erlaubnifs haben, sich überall hin begeben zu
können, wohin sie wollen.

B. d. 12. Art. Die Ordnung und Mannszucht des
verbündeten Heeres sichern jeden Bürger vor
jeder Art von Kränkung sowohl des Vermögens
als der Person.

Art. 13. Zur Erhaltung der Ordnung, der Poli-
zey, der persönlichen und Eigenthums-Sicher-
heit werden die eingeführten Regierungen und
Richterstühle ihre Geschäfte fortsetzen, bis es
anders bestimmt wird. Die Urtheilsprüche der
Richterstühle werden geltend gemacht werden
und wird kein eingesetzter Richterstuhl zur Verantwortung über die, während der Zeit seiner
Verwaltung und Regierung gefällten Urtheils-
sprüche gezogen werden.

B. d. 13. Art. Abgeschlagen; doch werden die
Regierungen und Richterstühle so lange beybehalten werden, bis durch Se.' Kayserliche
Majestät auf eine andere Art darüber entschieden worden.

Art. 14. Niemand wird wegen seiner Gesinnungen, wie sie auch immer gewesen seyn mögen,
noch für das, was er vor oder während der Belagerung gesagt, oder gesetzmäfsig gethan hat,
zur Verantwortung gezogen werden.

B. d. 14. Art. Der Wille Seiner Kaiserlich Königlichen Majestät ist, dafs kein Einwohner auf
dafs mindeste beunruhiget werde.

Art. 15. Man wird die Einwohner nicht zwingen,
Truppen in ihre Häuser aufzunehmen.

B. d. 15. Art. Bewilliget in so fern das Vorhanden-
seyn und die Einrichtung der Krieges Gebäude
es erlauben.

Art. 16. Die Einwohner wird man zu keinen
Kriegesdiensten zwingen, und diejenigen, so
bishero dergleichen verrichtet haben, können
nicht als wirkliche Krieger angesehen werden.

B. d. 16. Art. Man wird die Einwohner zu keinen
Kriegesdiensten gebrauchen, ausser beym Ein-
tritt der in den Kaiserlichen Niederlanden übli-
gen Fälle, was aber diejenigen betrifft, die be-
waffnet oder in Montur sich befinden, so wird
man solche, wie das übrige Kriegsvolk nach
dem 3ten Artikel behandeln.

Art. 17. Die Einwohner werden gleichfalls zu keinen Kriegsfrohndiensten gezwungen werden
können.

B. d. 17. Art. Man verweiset auf den 16. Artikel.

Art. 18. Diejenigen, welche gesonnen seyn sollten, sich an einem andern Orte niederzulassen,
erhalten die Freyheit, die Stadt mit den ihrigen,
ihrem Gepäcke, beweglichen Gütern und übrigen Geräthschaften zu verlassen, auch über ihre
unbewegliche Güter, so wie über alles dazu
gehörige ganz nach ihrem Gutdünken, und zu

wessen Nutzen sie wollen in der Frist von 6 Monaten zu bestimmen.

B. d. 18. Art. Man wird den Einwohnern erlauben in 6 Monaten Frist mit den ihrigen hinzuziehen, wohin es ihnen beliebt und werden ihnen hiezu die nöthigen Pässe ausgestellt werden.

Art. 19. Allen denen, die in der Stadt bleiben wollen, oder sich darin für die Zukunft niederzulassen gedenken, wird solches erlaubt seyn, und werden sie gleiche Rechte mit den übrigen Einwohnern geniefsen.

B. d. 19. Art. Bewilliget.

Art. 20. Die gegenwärtige Münzen, namentlich die Affignate, fahren fort als gangbar anerkannt zu werden.

B. d. 20. Art. Abgeschlagen, die Affignate bis zu anderweitiger Bestimmung als gangbare Münze zu erkennen.

Art. 21. Die, in Gemäfsheit der darüber bestehenden Gesetze, verkaufte National Güter, werden den Käufern zugesichert.

B. d. 21. Art. Da dieser Artikel nicht in das Kriegesfach gehört, so bleibt er, wie der vorherige künftiger Bestimmung überlassen.

Art. 22. Die Gemeine bleibt im Genufs ihres bis jetzt besessenen, sowohl beweglichen als unbeweglichen Eigenthumes, namentlich im Besitz des zur Unterhaltung der Einwohner in den Vorrathshäusern befindlichen Getraides.

B. d. 22. Art. Man verweiset auf den vorhergehenden Artikel. Was das in den Vorrathshäusern befindliche Getraide betrifft, so wird darüber zum Vortheile dessen, dem es von rechtswegen zukommt, erkannt werden.

Art. 23. Alle Schulen, Hospitäler und andre Hülfs-Anstalten werden in dem ungehinderten und ruhigen Besitz ihrer beweglichen und unbeweglichen Güter bleiben.

B. d. 23. Art. Bewilliget, in so fern es rechtmäfsige Besitzungen sind.

Art. 24. Alle, vor und während der Belagerung durch die Municipalität, die Volksvorsteher und andere gesetzmäfsige Gerichte, sowohl bezahlte als noch zu bezahlende Schulden, werden für gesetzmäfsig und gültig anerkannt werden.

B. d. 3. Art. Ueber die, durch die Besatzung, Kriegesvolk, Bürger und übrigen Einwohner gemachten Schulden, wird zur Zufriedenheit der Partheyen bestimmt werden.

Art. 25. Wenn sich einige Zweydeutigkeiten, in den Ausdrücken und Bestimmungen des Vergleichs vorfinden sollten, so werden sie jedesmahl in dem Sinne genommen werden, der für die Besatzung und die Einwohner des Ortes der vortheilhafteste ist.

B. d. 25. Art. Da alle obenstehende Antworten ganz deutlich bestimmt sind, so fällt dieser Artikel von selbst weg.

Beygefügte Artikel.

Art. 1. Heute den 28. July Abends um 7 Uhr wird die Besatzung dem Belagerungs-Heere die Aussenwerke, den halben Mond, das Kronenwerk, die Contragarde, die Bollwerke, das Hülfsthor der Citatelle, so wie den halben Mond und das Hornwerk vor dem Cambrayer Thore übergeben; und damit die Ordnung bis zum letzten Augenblick beybehalten werde, wird die Besatzung die inwendige Seite der Thore der Hauptfestung, der Citadelle und der Stadt bis zum Ausmarsche besetzt behalten.

Art. 2. Wenn der General Ferrand nicht vor 7 Uhr des Morgens geantwortet, so wird ihm hierdurch bekannt gemacht, daſs um 9 Uhr, zu welcher Zeit der Waffenstillstand als von ihm aufgehoben, anzusehen ist, das Feuer in den Laufgraben wieder seinen Anfang nehmen wird.

Art. 3. Die Vorsteher der verschiedenen Posten, welche Zeichnungen und Schriften oder andere Gegenstände abzuliefern haben, werden in dem Orte bleiben, bis die Uebernahme und Aufzeichnung durch die Kaiserliche Commissarien abgeschlossen ist.

Art. 4. Sobald die Vergleichungsartikel unterzeichnet sind, wird man Geisseln in den Ort schicken, nehmlich einen Obristen, einen Obristwachtmeister und einen Hauptmann, so man gegen Officiers von gleichem Range von der

Besatzung auswechseln wird, und werden diese
Geisseln, gleich nach erfüllten Vergleichsartikeln
wieder zurück gegeben.

Gegeben in meinem Hauptquartier vor Valenciennes, den 28. July 1793.

war unterzeichnet FRIEDRICH HERZOG V. YORCK,
Befehlshaber der Armeen der verbündeten Mächte
bey der Belagerung von Valenciennes.

Wir unterschriebene Geschäftsträger, benannt
und zu Seiner Königlichen Hoheit dem Herzoge *von*
Yorck durch den General *Ferrand*, Befehlshaber der
Stadt und Veste von *Valenciennes* geschickt, sind in
Gemäfsheit der uns übertragenen Vollmacht, welche
in dem, unter dem 28sten July an den Herzog *von*
Yorck gerichteten Schreiben — welches dem gegenwärtigen Original der Vergleichspunkte beygefügt
bleiben soll — enthalten ist, obenstehende Artikel
eingegangen und haben sie unterzeichnet. Geschehen
im Hauptquartier Ihro Königlichen Hoheit des Herzogs von Yorck, den 28. July 1793.

Sind unterzeichnet

BOILLAUD, Brigade - General.

THOLOSÉ, Direkteur der Vestungswerke
die Dienste eines Brigade Generals
verrichtend.

BRUNIÉRE, Hauptmann im Bataillon *de*
la Nievre.

I. C. PERDRY, der Jüngere.

LANEN, PLICHON.

HANOIR.

Abschrift

Abschrift des Briefes des General *Ferrand*, Befehlshaber in *Valenciennes* an *Friedrich*, *Herzog
von Yorck*, Anführer der bey der Belagerung
von *Valenciennes* gebrauchten Truppen der vereinigten Mächte. Den 28sten July 1793 im
zweyten Jahr der französischen Republik.

Nach dem Empfang Ihres Briefes habe ich
den Kriegesrath versammelt; und, nachdem wir
die in Ihrem Schreiben enthaltenen Punkte in
Erwägung gezogen, hat es uns sehr deutlich
geschienen, daß das Versprechen, welches Sie
uns gestern gemacht, aufgehoben sey, indem
in den von Ihnen vorgeschlagenen Punkten
von keinem ehrenvollen Vergleiche die Rede ist.
Diesem zufolge bestehe ich, so wie die übrigen Mitglieder des Kriegsraths, darauf, daß der
1ste Artikel, ganz ohne Einschränkung in seiner Kraft bleibe; wir verlangen ferner, daß die
zwey Bürger *Cochon* und *Briez* Stellvertreter
der Stadt, mit ihren beyden Schreibern die Besatzung begleiten. Wir bestehen ferner auf
den 2ten Artikel, indem wir für jedes Bataillon
ein Feld-Stück von 4 oder 8pfündigem Kaliber,
nebst dem dazu gehörigen Vorrathswagen, verlangen; wir bestehen ferner auf den 3ten Artikel, in dem wir jedoch den Ausmarsch der Besatzung auf 3 Tage einschränken; endlich auf
den 6ten Artikel, wo wir indessen die Zahl der
12 verdeckten Wagens auf 6 vermindern. Was

den 8ten, 10ten und 11ten Artikel betrifft, so
bleiben sie in ihrem ganzen Umfange.

Ich habe die Ehre, Ihnen sechs Geschäftsträger, sowohl vom Bürgerlichen als Kriegs-
fache zu schicken; sie werden Ihnen diesen
Brief übergeben und haben den Auftrag, mit
Ihnen in Unterhandlung zu treten, wozu sie
mit uneingeschränkten Vollmachten versehen
sind.

Die Besatzung, welche ich die Ehre habe
zu befehligen, hat während der Belagerung mit
so vielem Ruhme gefochten, dafs sie sich in
der Vertheidigung des Platzes unsterblich machen, und ihre kriegerische Laufbahn auf der
Breche beendigen wird, wenn diese gemacht
seyn wird.

war unterzeichnet FERRAND, Divisions-General.

———

Der Preufsische General beantwortete in nach-
stehendem Schreiben die Zuschrift des Feldmarschalls
Prinzen von *Coburg*, welches die vorgehende Capitulation begleitete.

An des Kayserlich Königlichen auch Reichs-feldmarschall Prinzen von Coburg Durch-laucht.

Cysoing, den 30. July 1793.

Ew. Hochfürstlichen Durchlaucht den aufrichtigsten Glückwunsch zu der Eroberung ei-

ner Vestung, wie *Valenciennes*, abzustatten,
deren Einnahme von so wichtigem Einflufs auf
das Wohl des Allgemeinen ist, ist eine Pflicht,
deren ich mich um so lieber unterziehe, als
grofs meine Ergebenheit gegen Ew. Hochfürstlichen Durchlaucht Person jederzeit war.

Ew. Durchlaucht Befehl, den 3ten bey Hochdenenselben zu seyn, werde ich zu erfüllen
nicht unterlassen, so wie ich meinen unterthä-
nigen Dank für die Vorsorge hierdurch ergebenst abstatte, welche Ew. Hochfürstlichen
Durchlaucht für meine Unterbringung in *Raismes* zu haben geruhen. Ohne diesen erhaltenen Befehl für den 3ten August war mein Vorsatz, den 1sten Ew. Durchlaucht meinen Glückwunsch persönlich abzustatten.

Den 2ten werde ich durch Absingung des
Te Deum diese Eroberung öffentlich nach der
hierüber von Ew. Hochfürstlichen Durchlaucht
erhaltenen Anweisung feyern. Hochdieselben
verzeihen, wenn ich gehorsamst die Frage hin-
zufüge, ob, da neulich wegen der glorreichen
Eroberung der Vestung *Maynz* durch Seine Majestät den König, meinen Herren, das *Te Deum*
ausgesetzt worden, es jetzt in eins genommen
werden soll, indem ich den Truppen die Ursache dieser Feyerlichkeit bekannt machen mufs.

KNOBELSDORFF.

K 2

An des Königl. Preußischen Herrn General-
lieutenants Freyherrn von Knobelsdorff
Excellenz.

Hauptquartier Herin, den 31sten Jul. 1793.

Für den mit wahrer Theilnahme geäußer-
ten aufrichtigsten Glückwunsch erstatte ich Ew.
Excellenz meinen verbindlichsten Dank und
gebe mir die Ehre Ew. Excellenz zu ersuchen,
den 2ten August die Feyerlichkeit wegen der
glorreichen Eroberung der Vestung *Maynz* begehen zu wollen, und mit selber auch jene über
die Einnahme der Vestung *Valenciennes* zu vereinigen.

PRINZ COBURG,
Feldmarschall.

Der Preußische General hatte sogleich dem Erbprinzen von *Oranien* die Nachricht der Einnahme
von *Valenciennes* mitgetheilt und ihr die Erzählung
des Vortheils beygefügt, welchen wir am 25sten
über den Feind bey *Bouvines* erhalten hatten, worauf
er folgendes Antwortschreiben erhielt:

Mon Général!

*J'ai l'honneur de remercier infinement Votre
Excellence de la lettre, qu' Elle m'a écrite en date
du 29 de ce mois et de lui présenter en même tems mes
felicitations sur l'heureuse reddition de Valenciennes,
qui ne laisse par d'être une très importante conquête
pour les armes des puissances combinées.*

*Je ne saurois exprimer à Votre Excellence toute
la satisfaction, que m'a causée la lecture de la relation, qu' Elle a eu la bonté de joindre à Sa lettre et
lui fait mon sincère compliment sur l' heureux succès,
qui a couronné la bravoure de ses troupes.*

*En remerciant Votre Excellence de la commu-
nication, qu' Elle a daigné m' en faire, je la prie
d' être persuadée des sentimens de la plus haute estime,
avec la quelle j'ai l' honneur d' être.*

mon Général

de Votre Excellence

Au Quartier Général   *le très humble Serviteur*
Menin ce 31. Juillet 1793. *G. F. Pr. Hed. d'Orange.*
     Com.   *Gen.*

Uebersetzung:

Mein Herr General!

Ich habe die Ehre Ew. Excellenz für das
Schreiben, welches Sie unterm 29sten dieses
Monats an mich erlassen haben, unendlichen
Dank zu sagen und zugleich meinen Glückwunsch über die glückliche Uebergabe der Vestung *Valenciennes* beyzufügen, welche gewiß
für die Waffen der vereinigten Mächte eine
äußerst wichtige Eroberung ist.

Ich kann Ew. Excellenz nicht genug das
Vergnügen ausdrücken, welches ich bey der
Erzählung, die Sie Ihrem Briefe beygefügt, em-
pfunden habe, und versichere Sie meiner auf-
richtigen Theilnahme an dem glücklichen Er-

K 3

folge, welcher die Tapferkeit Ihrer Truppen ge-
krönt hat. Ich wiederhole den Dank für die
Nachricht davon, die Sie so gütig gewesen sind,
mir mitzutheilen und bitte Sie, von den Gesinnungen der vollkommensten Hochachtung überzeugt zu seyn etc.

Da *Valenciennes* nun über war, und der Feind
also nichts mehr zur Rettung dieser Vestung thun
konnte, so muste es nun sein Hauptaugenmerk seyn,
unsern künftigen Unternehmungen zuvor zu kommen. Nach dem Operationsplane für dieses Jahr
war es festgesetzt worden, dafs nach der Einnahme
von *Valenciennes* die Belagerung von *Dünkirchen* unternommen werden sollte, der Preufsische Feldherr
hatte daher, um die Aufmerksamkeit des Feindes
von diesem Orte abzuziehen, und Besorgnifs für
Lille zu erwecken, nicht allein alle über die *Marque*
von uns zur Sicherstellung unsers Lagers abgetra-
gene Brücken wieder herstellen, sondern auch
noch in der Mitte der Fronte des Lagers, zwischen
der Brücke von *Bouvines* und der von *Tressin*, eine
Brücke schlagen lassen. Er nam diese sämmtlich
in Augenschein, da er am 3ten Jul. die Vorposten
längs der *Marque* beritt.

Der Feind schickte eine starke Patrouille, um
die Brücke, welche bey *Tressin* wieder hergestellt
war, zu untersuchen, er wurde aber mit Verlust
eines Officiers und eines Gemeinen zurück getrieben. Man erfuhr auch, dafs der Feind unsern Uebergang über die *Marque* vermuthe und zu dem Ende

eine Stellung in der Nähe dieses Gewässers wählen
würde, um uns den Uebergang so schwer als möglich zu machen. Er hatte dabey den Vortheil, daſs
alle, dieses Wasser dominirende Höhen, das jenseitige
Ufer bildeten. Aus dem Innern des Landes erhielten wir folgende Nachrichten:

Damit die Verhaftnehmung des General *la Marliere* keine Schwierigkeiten findet, so hat man ausge-
sprengt; *Cüstine* kehre mit uneingeschränkten Vollmachten wieder zur Armee zurück. Es ist dies jedoch eine blofse Täuschung, denn *Cüstine* befindet
sich mit *la Marliere* in den Gefängnissen der Abtey
zu Paris.

Am 2ten July erlitt die Armee der Republikaner durch die Royalisten eine gänzliche Niederlage
bey *Vihers* in der *Vendée*. General *Menou* ist verwundet.

Robespierre behauptet bey Verlust seines Ko-
pfes beweisen zu wollen, daſs *Cüstine* und *la Marliere* einig gewesen, die Vestung *Lille* dem Feinde
zu übergeben.

Der Clubb der Jacobiner zu Paris trägt darauf
an, alle Adeliche aus Frankreich zu verweisen, er
erläfst zugleich ein Schreiben an alle, aus ihm ent-
sprungene Clubbs, sogleich denselben Antrag zu
thun und hierin dem Clubb der *Cordeliers* nachzuah-
men. Den 25sten ward dieser Antrag wiederholt.
Das Volk ward aufgewiegelt, noch einmal in Masse
aufzustehn, den Versammlungs - Saal der Volks-

versammlung zu umringen und die gänzliche Ver-
nichtung alles Adels zu verlangen.

Am 25sten July erschien ein Decret, nach welchem sogleich Bevollmächtigte nach den Departements du Nord, *Pas de Calais*, der *Somme*, der
Ardennen, der *Maaſs*, der *Meurthe*, des Ober- und
Nieder - Rheins gehen, um eine ansehnliche Armee
in Bewegung zu setzen, welche die Armee verstärken soll, die die nördliche Grenze zu vertheidigen
hat.

Von der Niederlage in der *Vendée* wurden folgende Umstände bekannt. Die Armee der König-
lichgesinnten hat sich aufs neue *Saumurs* bemeistert. Die Republikaner verlohren über 15000 Mann;
83 Kanonen nebst sämmtlichen Gepäcke sind in die
Hände der Sieger gefallen.

Am 25sten ward der Kriegsminister *Buchot*
durch ein Decret abgesetzt; der Clubb der *Jacobiner*
und *Cordeliers* widersetzte sich aber dieser Absetz-
zung, und so befahl also ein Decret vom 26sten
seine Wiedereinsetzung.

Zufolge eines Decrets vom 25sten July sind
durch zwey zu diesem Behuf nach *Lille* gekommene
Commissairs daselbst die beyden ersten Classen zur
Aushebung einer grofsen Armee ausgeschrieben
worden, nämlich die junge Mannschaft von 16 bis
25 und die von 25 bis 40 Jahren mit Inbegriff der
Verheyratheten, welche kinderlos sind. Diese
Ausschreibung geht durch den ganzen Distrikt. Man
wird zu gleicher Zeit die Glocken im ganzen Lande

läuten, in diesem Augenblick werden die Regierungen und Gerichte sich aller aufgeschriebenen Personen bemächtigen, sie einquartieren, bewaffnen und unter andre schon stehende Bataillons vertheilt, ab, marschiren lassen.

Alle getroffene Maßregeln für Getraide, Pferde und Menschen werden hier und in allen benachbarten Provinzen zugleich ausgeführt und bis nach dem 10ten August äußerst verschwiegen gehalten werden, indessen sind doch schon in *Lille* 12000 Piken gemacht worden, und eine Verordnung vom 27sten bestimmt, daß ein jeder Krieger, der während dem Kriege seinen Posten verläst, 5 Jahre in die Eisen geschmiedet, und wer gänzlich entweichet, mit dem Tode bestraft werden soll.

Es werden in *Lille* große Anstalten zur Feyer des 10ten Augusts gemacht, indessen befürchtet die Regierung selbst, daß sie durch den Feind dabei unterbrochen werden dürften. In den Lägern bey *Lille* fand keine Veränderung statt; am Sonnabend marschirten ein Bataillon mit einer Kanone und am Montag 300 Kinder zur Verstärkung von *Pont à Marque*.

Das Kriegsvolk kann sich noch nicht von dem Erstaunen erholen, in welches es durch die Verhaftnehmung seiner Generäle gesetzt worden ist.

Der Bevollmächtigte der Volksversammlung *le Sage* ist zurück, *Duhem* aber noch in Paris,

Den 1sten August streckte die Besatzung von *Valenciennes* das Gewehr und kehrte nach den, in dem Vergleich vestgesetzten Punkten nach Frankreich zurück.

Eine starke feindliche Patrouille gieng am 2ten bey *Forest* über die *Marque*, sie wurde aber durch unsere Schützen, welche sich mit der Husaren-Feldwacht vereiniget hatten, wieder zurückgeworfen.

Die Eroberung von *Maynz* durch unsern König, so wie die Einnahme von *Valenciennes* durch den *Herzog von Yorck* wurde heute durch Abfeurung des sämmtlichen Geschützes und kleinen Gewehrs und unter Absingung des *Te Deum* von dem ganzen Corps gefeyert. Gleich nach dieser Feyerlichkeit gieng der Preußische General nach *Herin*, um nach der Aufforderung des Feldmarschall Prinzen *von Coburg*, den Unterhandlungen über die fernerweitigen Unternehmungen beyzuwohnen. Er übergab den Oberbefehl über das Corps während seiner Abwesenheit dem General-Lieutenant *v. Kospoth*.

Valenciennes both dem Auge die schrecklichste Ansicht der grausamsten Verwüstung dar. Das Feuer der Belagerer hatte fürchterlich in der Stadt gewüthet. Auf dem großen Markte war nicht ein einziges Fenster mehr, die meisten Häuser auf demselben drohten den Einsturz. Von hier, bis an das Thor von *Mons*, war alles so ganz eingeäschert, daß man nicht mehr die Strafsen von den Plätzen, wo die Gebäude gestanden, zu unterscheiden vermochte.

Ich theile hier nun das Protokoll der Unterhandlungen mit, welche zu *Herin* gepflogen worden.

P r o t o c o l l e

de la Conference tenue à Herin ce 3 Aout 1793.

1mo. *S. A. R. le Duc de Yorck est priée de vouloir
bien declarer ses intentions sur les Operations ulte-
rieures.*

*R e p o n s e. S. A. R. Declare, que selon les Ordres
qu' Elle a reçus, Elle doit attaquer Dunkerque, qu'
Elle souhaite que l' armée' ennemie soit attaquée
incessament par les forces combinées. Qu' alors
S. A. R. compte se porter avec les troupes Anglo
Hannovériennes et Hessoises sur Dunkerque.*

*Elle demande avoir 15000 hommes impériaux
pour l' entreprise sur Dunkerque.*

2do. *Quelles forces seront employés pour donner la bataille?*

*Comment le reste des troupes sera disposé?
si l'on renforcera en attendant les postes de la droite,
comme Marchiennes, Orchies etc.*

*R e p o n s e. S. A. R. destine pour Marchiennes et Orchies
le corps des troupes Hannovériennes pour autant qu'il
faut pour completter 5 mille hommes d' infanterie et
1000 chevaux.*

*Les troupes imperiales postés actuellement à
Marchiennes y resteront.*

*S. E. Monsieur le Lieutenant Général de Knö-
belsdorf se renforcera tirant à Elle les troupes qu'
Elle a dans Orchies.*

Le Corps des Troupes Hollandois restera dans sa position actuelle.

Les details ulterieurs pour la marche et la bataille seront faits.

3tio. *Quel jour l'armée commencera ses mouvemens pour l'attaque de l'ennemi?*

Reponse. *Du cinq au six du courant.*

4to. *Arrangemens après la bataille?*

Reponse. *Les Corps de troupes combinées destinées pour Dunkerque, prendront la route de cette ville. L'armée imperiale continuera ses operations sur Quesnoy et Maubeuge.*

Le corps d'armée Hollandoise passera la Lys et remplacera le Corps de troupes Prussiennes.

S. E. le Lieutenant Général de Knobelsdorf se raprochera de l'aile droit de l'armée imperiale.

Uebersetzung:

Protocolle

der zu *Herin* am 3ten August 1793 gehaltenen Conferenz.

1stens. Sr. Königliche Hoheit der Herzog von *Yorck* werden gebeten, Ihre Meinung im Betreff der künftigen Unternehmungen gefälligst an den Tag legen zu wollen.

Beantwortung. Sr. Königliche Hoheit erklären, daß Hochdieselben nach den hierüber erhaltenen Befehlen *Dünkirchen* angreifen sollen, und daher wünschen, daß das feindliche Heer

unverzüglich durch die vereinigten Mächte angegriffen werde.

Nachdem dies geschehen, gedenken Sr.
Königliche Hoheit, mit den Englischen,
Hannöverischen und Hessischen Truppen sich
vor Dünkirchen zu werfen, und verlangen
Hochdieselben zu der Unternehmung auf *Dün-
kirchen* 15000 Mann Kaiserl. Truppen.

2tens. Welche Truppenzahl wird zu der zu leisten-
den Schlacht angewendet werden müssen?

Wie werden die übrigen Truppen vertheilt?

Wird man unterdessen die Posten des rechten Flügels, als *Marchiennes, Orchies etc.* verstärken?

Beantwortung. Sr. Königliche Hoheit bestimmen für *Marchiennes* und *Orchies* das Hannöverische Truppen-Corps, nehmlich so viel
davon, als zur Vollzähligmachung von 5000
Mann Fufsvolk und 1000 Mann Reuterey ge-
höret.

Die gegenwärtig zu *Marchiennes* stehenden
Kaiserlichen Truppen werden daselbst verbleiben; Sr. Excellenz der General-Lieutenant
v. Knobelsdorf werden sich dadurch, dafs sie die
zu *Orchies* stehende Truppen an sich ziehen,
verstärken.

Das Corps Holländischer Truppen wird in
seiner gegenwärtigen Stellung verbleiben.

Die näheren Umstände im Betreff des Marsches
und der Schlacht selbst sollen bestimmt werden.

3tens. Welchen Tag wird die Armee sich zum Angriff des Feindes in Bewegung setzen?
Beantwortung. Vom 5 zum 6 dieses.

4tens. Einrichtungen nach der Schlacht?
Beantwortung. Die für Dünkirchen bestimmte
Corps der vereinigten Truppen werden den
Weg nach dieser Stadt einschlagen.

Die Kaiserliche Armee wird ihre Unternehm-
mungen auf *Quesnoy* und *Maubeuge* fortsetzen.

Das Corps Holländischer Truppen wird über
die *Lys* gehen, und das der Preußischen ersetzen.

Sr. Excellenz der Generallieutenant *von
Knobelsdorf* werden sich näher an den rechten
Flügel der Kaiserlichen Armee heranziehen.

— — — —

Diese Conferenz giebt zu mancherley Betrach-
tungen Anlaß, und scheint verschiedenes zu er-
läutern, was sonst dunkel war. Wenn man sich der
zu *Antwerpen* gehaltenen Conferenz erinnert, so
wird man finden, daß damals das Haus Oestereich
allein sprach, Preußen, England und Holland aber
in gar keine Betrachtung gezogen zu werden schienen, als nur in so fern sie Hülfstruppen lieferten;
ohngefehr so, wie die Engländer die bey sich habenden Hessen nicht als eine für sich interessirte Macht,
sondern blos als Subsidien-Truppen betrachten.
Wenn man nun ferner auf den Gang der Sachen
sieht; sich zum Beyspiel des Aufrufs an die Einwoh-

ner von *Lille* erinnert, den der Preufsische General
in die Stadt senden wollte, worin er sagt:

„die Vestungen, welche sich ergeben werden,
„sollen in unsern Händen als geheiligte Unter-
„pfänder angesehen seyn, die wir der recht-
„mafsigen Regierung sogleich wieder geben
„wollen, als sie dieselben von uns zurück ver-
„langen wird" —

durch den feierlichsten Eid bekräftigen wir dieses
im Angesicht des ganzen Europa," und der Stelle
in dem Schreiben des Feldmarschall Prinzen *von
Coburg*, welche diesen Aufruf betrifft:

„Eben so mufs ich Ew. Excellenz für den neuen
„Beweis Ihres ununterbrochenen Eifers, wel-
„chen Dieselben in dem belobungswürdigsten
„Gedanken einer Proclamation mir mittheilten,
„verbindlichst danken, und ich beklage die
„Umstände, welche mich abhalten, hiervon
„den erwünschten Gebrauch zu machen, indem
„laut der ministeriellen Eröffnungen, die von
„mir herausgegebene ähnliche Proclamation
„unangenehme Sensation erwürkt hat, mithin
„diese, so wie alle derley Verheifsungen der
„Absicht der alliirten Mächte, und den aus-
„drücklichen Befehlen entgegen seyn würden,
„die vorschreiben, dafs man sich allein auf
„die Gewalt der Waffen zu beschrän-
„ken habe."

Wenn man ferner die Proclamation, welche
der Feldmarschall Prinz *von Coburg* bey Uebergabe

der Vestung *Condé* auf Befehl des Kaisers bekannt machen liefs, wonach diese Vestung mit dem dazu gehörigen District und den Städten *St. Amand, Marchiennes* u. s. w. als *von Kaiserlicher Seite rechtmäfsig erworbenes Eigenthum betrachtet wird*, in Erwägung zieht, und Rücksicht auf dasjenige nimmt, was in den Vergleichspunkten der dem Herzoge *von Yorck* übergebenen Vestung *Valenciennes*, gedachter Herzog ausdrücklich sagt:

> „General *Ferrand* wird die Vestung *Valenciennes*
> „dem verbündeten Heere für Sr. Majestät den
> „Kaiser übergeben".

und nun die in dieser Conferenz ganz umgestimmte Sprache betrachtet, worin der Kaiser sich ganz leidend zu verhalten scheint, indem sein General dem doch, nach dem 3ten Punkt der zu *Antwerpen* gehaltenen Conferenz, der Oberbefehl über sämmtliche dort versammlete Englische, Holländische und Preusische Truppen zuerkannt war, den Befehlshaber der Englischen Truppen um fernere Verhaltungsbefehle bittet, Preufsen und Holland aber wieder blos leidend sich verhalten: — so scheint es ziemlich deutlich, dafs, nachdem Oesterreich *Valenciennes* und *Condé* im Besitz hatte, auch sicher hoffen konnte, *Quesnoy* und *Maubeuge* zu erhalten, von Seiten Englands aber nur aus Eroberungssucht der Krieg unterhalten wurde, das Ministerium dieses Hofes darauf bestanden habe, jetzt den für England so wichtigen Hafen von *Dünkirchen* zu erobern. Die aufserordentliche Nachgiebigkeit des Kaiserlichen

Hofes

Hofes läfst vermuthen, dafs Oesterreich vielleicht
schon damals Subsidien aus England zog, und dafs
eine Drohung, diese aufhören zu lassen, das Nach-
geben wenigstens Verzicht für den Augenblick auf
weitere Eroberung, hervorgebracht habe. Denn
dafs der Wunsch des Wiener Hofes zur Gränzen-
Erweiterung auf der Seite von *Flandern* noch nicht
mit *Condé*, *Valenciennes*, *Maubeuge*, und *Quesnoy*
befriediget war, beweiset ganz deutlich das Ver-
both des Kaiserlichen Feldmarschalls, im Betreff des
Aufrufs an die Bürger von *Lille*; denn wäre es nicht
die Absicht des Kaysers gewesen, auch *Lille* noch
unter die, als rechtmäfsig erworbenes Eigenthum an-
gesehene Eroberungen, zu zählen, sondern es vielmehr nach geendigtem Kriege der rechtmäfsigen, oder
als rechtmäfsig erkannten Regierung, wieder zu geben,
so wäre der Besitz einer Vestung wie *Lille* immer
von so unendlich wesentlichen Vortheil für die
Fortschritte der Waffen der Alliirten gewesen, dafs
man ein so leichtes Mittel, sie zu erhalten, als ein
blofser Aufruf, unterstützt durch ein Bombardement
nur vielleicht auf wenige Tage, ist, nicht unversucht
gelassen haben würde. Indessen in diesem Falle
hätte man es jederzeit dem einst als rechtmäfsig erkannten Gouvernement, seys nun einem königlichen
Cabinet, oder einer Volksversammlung auf ihr Verlangen wieder abtreten müssen, und dies schien
ganz gegen die Absicht des *Wiener Ministeriums* zu
laufen, welches in dem damaligen Augenblick, nur
von den Unruhen und dem Zwiespalt in Frankreich

Vortheil ziehen, und die Gränzen seiner Länder
vergröfsern zu wollen, das Ansehn hatte. Es sey
mir inzwischen erlaubt, zu erklären, dafs Oesterreich,
durch die Absicht auf Vergröfserung seiner Staaten,
einen Fehler begieng, der vielleicht auf das Glück
und Unglück der künftigen Campagnen einen ent-
scheidenden Einflufs hatte. Frankreich seufzte
nehmlich, ohnerachtet seine Söhne Freyheit zu er-
ringen kämpften, in den Ketten einer drückenderen
Sclaverey, als es je unter dem depotisch herrschen-
sten Monarchen ertragen hatte. Der gröfsere Theil
fühlte daher damals wirklich den Wunsch, sich dieser knechtischen Freyheit wieder zu entledigen, um
zwar dem äufseren Schein nach mehr gebunden, —
aber doch in der That mehr wahre Freyheit zu geniefsen; dafs heifst, sie wünschten sich einen König,
der selbst mit unter den Gesetzen stände, die zum
Wohl des Landes abgefafst wären. Dies zu erlangen fühlten sie sich ohne fremde Hülfe zu schwach,
sie wünschten Unterstützung, und hoften diese bey
den Armeen der verbündeten Mächte zu finden,
die sich im Anfange den Anschein gaben, blofs gekommen zu seyn, der Unordnung zu steuern, das
Volk vor aller Gewaltthätigkeit zu schützen, und es
dadurch in den Stand zu setzen, sich Gesetze zu
bilden, bei welchen es das Glück wirklich fände,
und geniefsen könnte, welches zu erreichen, es das
so mifsliche Werk der Revolution unternommen
hatte. Ein Beweis davon sey die eben erwähnte
Proclamation an die Bürger von *Lille*, die ganz mit

vorher eingezogener Zustimmung verschiedener
Männer von Gewicht aus *Lille* abgefafst worden, und
die also sich gewifs einen glücklichen Erfolg versprechen konnte. Das Beyspiel einer so wichtigen
Stadt würde auch gewifs die unter einer täglich von
Blutopfern rauchenden *Guillotine* seufzenden Bürger
von *Douay* in ihrer guten Stimmung befestiget und
uns zugeführt haben. Allein, anstatt diesen Weg
einzuschlagen, der uns höchstwarscheinlich zum
Ziel geführt hätte, ergehen in *Condé* grofse Procla-
mations von rechtmäfsig erworbenen Eigenthum,
und werden in *Valenciennes* wiederholt! Es schien
als ob das Glück der Kaiserlichen Waffen unmittelbar und keinem Wechsel mehr unterworfen sey, der
Character und National-Stolz der Einwohner Frankreichs also gar keiner Schonung mehr bedürfe. —
Aber wie merklich anders waren die Gesinnungen,
welche diese Erklärungen in Frankreichs Bürgern
hervorbrachten? Sie betrachteten uns jetzt nicht
mehr als ihre Beschützer, als die Befreyer von den
Greueln der Anarchie, sie sahen jetzt nur in uns
grausame Feinde, die unter dem Schein eines wohl-
wollenden *Schutzes* sie nur in fremde Knechtschaft
zu bringen, und sich auf ihre Kosten zu bereichern,
beabsichtigten. — Der National-Stolz erwachte in
ihnen wieder, sie wollten sich lieber dem Beile der
Guillotine unterwerfen, und als Franzosen sterben,
als — sich in fremde Ketten geschmiedet sehen!
Die erste Folge war der augenblicklich unterbro-
chene Briefwechsel, in welchem wir mit den feind-

lichen Vestungen standen, und in welchem wir
über deren Uebergabe unterhandelten. Nur wenige,
und dies zwar nur solche, die Particulair-Intresse,
fühllos gegen das Interesse des Ganzen machte, blieben ihres Vortheils wegen uns ergeben, indessen
war ihre Anzahl zu klein, ihr Einfluß zu gering, um
durch sie große Zwecke erreichen zu können; sie
konnten uns höchstens nur als Kundschafter dienen,
und selbst als solche waren sie unzuverläßig und
zweydeutig, weil ein Mensch, der blos aus Eigennutz handelt, wenn ihm auf der andern Seite grö-
ßere Vortheile dargebothen werden, doch immer
lieber seinem Vaterlande dient und den Ausländer
verräth, an den ihn blos Gewinnsucht fesselte.

Ohne irgend einer der vier interessirten Natio-
nen ihre Größe und eigenthümlichen Verdienste
streitig machen zu wollen, erscheint doch hier der
Preußische Staat in einem weit vorzüglicheren
Lichte.

Oesterreich wollte sich durch die nördlichen
Grenzen Frankreichs, so wie durch die am Rhein
liegenden Besitzungen dieses Landes, bereichern. —
England wollte, indem es *Dünkirchen* den Franzosen nahm, den Canal gesperrt, und dadurch den
ganzen Handel dieser Küste ruinirt wissen, sich also
auch auf Unkosten dieses Staats vergrößern. Es
ließ in seiner unersättlichen Eroberungssucht, indem es auch seine Flotte noch nach den Inseln von
Martinique schickte, um zu gleicher Zeit auch dort
den Handel Frankreichs zu zerstören, die Unter-

nehmung des Herzogs von *Yorck* auf *Dünkirchen*
scheitern, und ihn nun allein die Verantwortung
dieser misslungenen Unternehmung auf sich nehmen, da doch die einzige Ursache dieses Unfalls
blos in dem Ausbleiben der Flotte lag. Denn hätte
die Flotte damals *Dünkirchen* eingeschlossen, wie
sie es sollte, und wie es auch in den geheimen Be-
trachtungen als statthabend angeführt wurde, so
hätten die Franzosen nicht das auf die Armee des
Herzogs von *Yorck* unternehmen können, was sie
unternahmen wodurch allein, und nicht durch die Anordnungen des Herzogs die ganze Unternehmung
fehlschlug. —

Holland, blofs grofs durch seinen Kaufmanns-
Geist, mufste, seitdem es aufgehört hatte, wie ehe-
dem die Schule der gröfsten Feldherren zu seyn,
bey dem Gefühl seiner jetzigen Ohnmacht, stets befürchten, dafs der Kaiser den Nutzen und Wunsch
seiner Belgischen Unterthanen — die freye Schif-
farth der Schelde — einstens mit seinem Heere unterstützen, und es dann zwingen würde, sich diesem Willen zu unterwerfen, wo denn freylich *Antwerpen* bald wieder die Gröfse erhalten mufste, von
welcher es ehemals auf die ersten Städte Hollands
herabsahe.

Das Versprechen von Kaiserlicher Seite, nie
wieder die Schelde öffnen zu wollen, mit einem
Worte, der geschmeichelte Eigennutz der Holländer machte mit einemmale den Kaufmann zum
Krieger.

Nur Preufsen allein steht hier ganz von allem
Eigennutze frey, blofs mit den Waffen in der Hand,
um, seinem Allianz-Tractate gemäfs, seinem neuen
Freunde die versprochene Hülfe zu reichen, blos
um den Gewaltthätigkeiten und den Unordnungen
zu steuern, die die Revolution in Frankreich eingeführt hatte, blos um dem Volke Gelegenheit zu schaffen, die Ruhe zu erhalten, die es brauchte, um
sich eine gute Verfassung geben zu können.

Ohnerachtet Oesterreich blos Vergröfserungs-
Absichten hatte, ohnerachtet seine Vergröfserungs-
Entwürfe so weit aussehend waren, dafs bei der
Möglichkeit der Wankelmuth des Ministeriums dieses Staates uns die vermehrte Gröfse unsers Nach-
bars leicht hätte gefährlich werden können, setzte
sich doch der immer seine Versprechungen gewissenhaft treu erfüllende Friedrich Wilhelm an die Spitze
einer Heeres-Macht, gröfser als sie es nach den
Tractaten zu seyn brauchte, und führte sie seinen
Bundesgenossen selbst zu.

Man werfe mir hier nicht ein, dafs wir uns in
Pohlen schadlos zu halten gesucht, dies ist ein Vorwurf, den ein jeder mit einiger Unpartheylichkeit
leicht von uns ablehnen wird. Die Theilung von
Pohlen hatte gar nichts mit dem Französischen Kriege
gemein, denn wenn man unsere dortige Eroberungen als Schadloshaltung betrachten wollte, so müfs-
ten wir auch die Einzigen von den kriegführenden
Mächten seyn, die uns durch unsere dortige Eroberungen in ein neues Gleichgewicht mit unsern sich

in Frankreich so ansehnlich vergröfsernden Nach-
bam gesetzt hätten. Dies war aber der Fall nicht,
denn auch Oesterreich nahm, und zwar Gallizien,
einen Strich Landes, der, wenn er auch an Flächen-
Inhalt nicht dem unsrigen gleich kam, ihm doch
durch Cultur und Bevölkerung die Wage hielt. Und
in welchem Verhältnifs endlich steht dieser uns jetzt
zugehörige Antheil Pohlens mit dem, was Rufsland
sich zueignete? — Also auch ohne Französischen
Krieg würde, wenn Rufsland und Oesterreich sich
so viel von Pohlen nahmen, als es jetzt der Fall
war, Preufsen, wenn es auch nur immer wenig im
Verhältnifs der übrigen erhielt, doch — zur wenigstens ohngefähren Erhaltung des Gleichgewichts immer diesem Theil, den es gegenwärtig besitzt, zu
nehmen, gezwungen worden seyn, und sich die
Garantie zu verschaffen gewufst haben.

Dafs diese Theilung des Pohlnischen Reichs
immer Statt gefunden haben, und von Seiten Rufslands jederzeit darauf angetragen sein würde, wird
man ohne Schwierigkeit einsehen, wenn man nur
einen flüchtigen Blick auf die Lage Rufslands wirft.

Seit *Peter dem Grofsen* blieb der Handel im
schwarzen Meere und dem Archipelagus immer die
Hauptabsicht des Russisch Kaiserl. Kabinets. Um
diesen Handel zu unterhalten, ist es nothwendig,
die Türkische Macht in einer gewissen Art von
Unterdrückung zu halten, und hiezu ist dem Rufsi-
schen Hofe die Allianz des Wiener Hofes unentbehrlich.

Damit aber Oesterreich diese Hülfe zu leisten
im Stande ist, muſs Ruſsland die Freundschaft
Preuſsens suchen, welches sonst leicht durch Ein-
rückung in die Oesterreichischen Staaten die Diver-
sionen, so dieser Hof zu Gunsten Ruſslands machen könnte, durch Theilung der Macht schwächen,
wo nicht ganz vereiteln würde. Eben so gefährlich
für diesen, dem so weitläuftigen, als unverhältniſs-
mäſsig gering bevölkerten Staats-Körper Ruſslands
nothwendigen Handel im schwarzen Meere, war die
mögliche Erholung des in gänzlicher Erschlaffung
schlummernden Pohlens, welches im Fall des Er-
wachens nicht wenig zu Gunsten der Türkey beyzu-
tragen im Stande war.

———————

Den 4ten August theilte der Feldmarschall Prinz
von Coburg dem Preuſsischen General den Entwurf
zum Angriff der ganzen Französischen Armee mit.

An des Königl. Preuſs. Herrn Generallieutenants Freyherrn von Knobelsdorff Excellenz.

Hauptquartier Herin, den 4. Aug. 1793.

Laut der gestern abgehaltenen Conferenz ist
die hier anschlüssige Disposition zum Angriff
des Feindes entworfen worden. Ich commu-
nicire selbe Ew. Excellenz mit dem vollen Ver-
trauen, defs sie Ihnen allein bis zur Ausführung bekannt bleiben wird.

Weiter ersuche ich Ew. Excellenz, den
nach *Orchies* abrückenden Hannöverischen Truppen diesen Posten auf das genaueste, und zu
ihrer vollständigen Information übergeben zu
lassen, und anordnen zu wollen, daſs die Kaiserlichen 12pfündner daselbst verbleiben, weil
diese für denselben Posten gewidmet sind.

PR. COBURG,
Feldmarschall.

Disposition
zu einem Angriff der feindlichen Armee.

Hauptquartier Herin, den 4. Aug. 1793.

Dieser geschiehet aus unserm Centro; es müs-
sen also der rechte Flügel zu *Marchiennes* und *Orchies*,
und der linke zu *Willerspole*, *Houdaing* und *Betignies*
in Sicherheit gestellt werden. Zu dem rechten Flügel stofsen

nach *Marchienues* 4000 Mann Infanterie
1000 Mann Cavallerie.

Hannoveraner, zwey Eskadrons *Karatsey* und drey
Compagnien von *Le Loup*. Die drey Compagnien
von *Le Loup* marschiren den 5ten nach *Hornain*, um
da die von den Croaten besetzten Posten zu übernehmen, und sind von den Herrn Obristen von
Salis nach *Marchiennes* angewiesen. Die vier Compagnien *Croaten* marschiren dann am 6ten nach
Haspre und erwarten den Befehl des Herrn Feld
zeugmeister *Graf Clairfait*. Dabey sind die an einem

L 5

äufsersten Posten nöthigen Vorsichten zu ge
brauchen.

Die Hannoveraner und die zwey Eskadrons *von
Caraczay* marschicren den 6ten nach *Marchiennes* mit
Sack und Pack — und beziehen da ein Lager. An
eben diesem Tage marschieren 3000 Mann Infanterie und 1000 Mann Cavallerie Hannoveraner auf die
nehmliche Art nach *Orchies*, um da die Preufsen
abzulösen, die nachher ins Lager bei *Cysoing* einrücken.

Am 6ten marschiren von der Belagerungsarmee
mit ihrer Bagage nach *Willerspol*

Feldmarschall-Lieutenant *D'Alton*

mit zwey Bataillons *Michael Wallis*

und zwey Bataillons *Wurtensleben* unter dem
Generalmajor *Wenckheim*

und sechs Escadrons *Zeschwitz* unter dem General-Major *Habancourt*, und lagern sich neben die
schon da stehende Truppen, die nur ein Corps ausmachen.

So wie diese Truppen einrücken, marschiren
die bey *Willerspole* gestandene Hessen in das Lager
zwischen *Rommerie* und *Pithon*. — wohin am 6ten
das ganze Hessische Corps marschirt.

Von dem Kaiserlich Königlichen General-Quar-
tiermeister-Staab wird Hauptmann *Lindenthal* dabey
verbleiben, und das Lager anzeigen. Die Absicht
dieser Stellung ist *Quesnoy* und den Wald von *Mar-
male* zu beobachten. Sie verbinden ihre Vorpos-

ten links mit dem Corps bey *Willerspole* und rechts mit jenem bey *St. Auber*.

Nach *Houdaing* marschiren am 6ten

Feldmarschall-Lieutenant *Erbach* und

General-Major *Werneck* mit

zwey Bataillons *Callenberg*

zwey Bataillons *Brechainville*

zwey Eskadrons *Saxe Husaren*,

und formiren mit denen schon da stehenden Truppen ein Lager.

Zu *Denaing* bleiben stehen

zwey Bataillons *Sztarey*,

zwey Bataillons *Anton Esterhazy*,

sechs Eskadrons *Kaiser Husaren*.

Bey *Douchy* lagern sich mit dem rechten Flügel an die Chaufsee.

zwey Bataillons *Wentzel Colloredo*,

vier Eskadrons *Kaiser Husaren*.

Diese beyden Posten müssen den 6ten an Ort und Stelle seyn, und werden von dem General *Fabry* kommandirt.

Am 7ten marschirt das Lager von *Denaing* nach *Azincourt*, um *Bouchain* und *Douay* zu beobachten, und schickt ein Detachement Infanterie und Cavallerie gegen *Bugnicourt* und *Fressin*, um gegen *Aubigny au Bac* Demonstrations zu machen; die Zelter bleiben bey *Denaing* stehen.

Den 6ten marschirt Feldmarschall-Lieutenant *Begnioffsky* mit den bey *Querenain* gelagerten Regimentern und den Generals *Kray* und *Prinz Coburg* über *Sommain* und *Saulzoir* in das Lager bey *St. Auber*

Die übrigen nicht schon eingetheilten Englisch Hannövrischen Truppen marschiren den nehmlichen Tag über *Mareche*, *Septmeries*, *Wendegies*, *Montrecourt* in das nehmliche Lager — werden von dem Obrist Lieutenant Graf *Meerfeld* geführt, und formiren mit den Kaiserl. Königl. Truppen die erste Colonne unter Commando Sr. Königl. Hoheit des Herzogs *von York*.

Sechs Compagnien Tyroler Scharfschützen mit Inbegriff jener von der Belagerungsarmee marschiren den 6ten auf *St. Auber* und erwarten daselbst die weitern Ordres. Die Compagnie *v. Mahony*, so in *Querenain* steht, wird den Hessen zugetheilt.

Am 7ten rückt die erste Colonne mit Anbruch des Tages über *St. Hilaire en Cambresis* — *Bevilliers*, *Beauvois* gegen *Creve Coeur* und verhält sich nach Umständen.

Die zweyte Colonne unter Commando des Feldzeugmeistert Graf *Colloredo* muß den 7ten mit Anbruch des Tages durch *Saulzoir* marschiren, daselbst die *Selle* passiren, über *Villers en cauchies* gegen *Naves* vorrücken, und formirt sich mit dem rechten Flügel gegen *Tun St. Martin*.

Es hat nichts zu bedeuten, wenn diese Colonne die *Schelde* nicht passiren kann, weil, wenn die Besetzung des *Camp de Cezar* der 3ten Colonne möglich geworden, und die erste Colonne allenfalls die *Schelde* passirte, und die jenseitige Höhe besetzte, der Feind gezwungen ist, alle Lagers hinter der *Censée* und *Schelde* zu verlassen. Dieses sogar kann er nur auf verschiedenen Wegen thun, mithin sich sobald nicht railliren.

Diese Colonne besteht aus

    Feldmarschall Lieutenant *Terzy*

    General - Major *Czernetzy*

    zwey Bataillons *Jordes*

    zwey Bataillons *Muray*

    General - Major *Hutten*

    zwey Bataillons *Stein*

    zwey Bataillons *Joseph Colloredo*

    Feldmarschall - Lieutenant *Lillien*

    General - Major *Prinz Lottringen*

    sechs Eskadrons *Coburg*

    zwey Eskadrons *Royal Allemand*

    sechs Eskadrons *Nassau*

    General - Major *Borus*

    sechs Eskadrons *Barco Husaren*

    ein Bataillon *Gränz Scharfschützen.*

Das Bataillon *Gränz Scharfschützen* marschirt von der Belagerungsarmee den 6ten auf *Saulzoir* und erwartet da die weitere Ordres mit Beobachtung der an einem äußersten Posten nöthigen Vorsichten.

Die 3te Colonne unter Kommando des Herrn Feldzeugmeister *Graf Clairfait* marschirt den 7ten mit Anbruch des Tages nach *Hasperes*, passirt da die *Selle*, sondert sich dann in zwey Theile ab, wovon der eine rechts auf *Hordain*, der andere auf *Ivay* los.

geht, den Feind delogirt, und wo es die Inonda-
tion und andere Umstände nicht verhindern, über
die *Schelde* geht — und in dem *Camp de Cezar* Posto
fafst, woselbst sich beide Theile wieder in eins formiren; diese Colonne besteht aus

Feldmarschall Lieutenant *Alvinzy*

Fürst *Carl Auersbergischen* Grenadier Brigade

Feldmarschall Lieutenant *Kinsky*

General - Major *Otto*

ein Bataillon *Gränzer*

ein Bataillon *Gränz Scharfschützen*

acht Eskadrons *Esterhazy Husaren.*

Obrist Fürst *Lichtenstein*

sechs Eskadrons *Kinsky Chevaux légers*

zwey Eskadrons *Lobkowitz*

Die Formirung und Einleitung der Colonnen
selbst — die Belehrung der Commandanten und die
Dispositionen werden den kommandirenden Generals der Colonnen überlassen, die also ihre beyhabenden Feldmarschall - Lieutenants und Brigadiers
am 6ten zu belehren haben.

Die Befehle wegen Abmarsch der Belagerungs-
Truppen an ihre verschiedene Bestimmungen besorgt Feldzeugmeister *Graf Ferraris.*

Die 1ste, 2te und 3te Colonne marschirt ohne
Zelter und ohne Bagage. Erstere werden abgebrochen — und nebst der Bagage bey der *Cense Estubize*
aufgefahren, und von einem Officier mit einem Detachement von jedem Regiment bewacht.

Die Staabswagenmeister und Profosen haben unter Aufsicht des Obristlieutenants *Schwarzbach* vom Staabs Infanterie-Regiment, an den alle kommandirte angewiesen, die Ordnung zu erhalten. Von jedem Cavallerie Regimente werden 15 der schwächern Pferde zum Gebrauch des Obristlieutenants zurückgelassen, der durch den General Gewaltigen in den umliegenden Dörfern fleifsig patroulliren läfst, nnd da derselbe für alle Excesse zu haften hat, so wird es ihm überlassen, nach Umständen auch die Todesstrafe zu verhängen.

. Die Englisch Hannöversche Bagage von der ersten Colonne fährt bey *St. Amand* auf, da sie nach der Unternehmung ohnehin diesen Weg nehmen müssen. Die Regimenter nehmen ihre Kessels und auf vier Tage Fleisch mit.

Die Truppen werden bis inclusive den 5ten mit Brod und Haber verpflegt. Mit Heu und Holz mufs man sich durch ordnungsmäfsige Contribution der Dörfer und aus den Waldungen helfen. Den Regimentern wird Brod und Haber auf zwey Tage mittelst Landeswagen nachgebracht, die detaschirten Posten verpflegen sich wie bishero. Jeder der drey Colonnen folgen sechs Pontons, zwey der grofsen und zwey der kleinern Laufbrücken mit dem erforderlichen Personale.

Die Commandanten dieser Detachements melden sich bey den Colonnen-Commandanten den 6ten. Jene von der 1sten Colonne hingegen müsen den 6ten bei *St. Auber* ins Lager eintreffen.

Die Reserve - Artillerie wird mit Inbegriff jener, die bey *Denaing* und *Querenain* aufgeführt ist, in drey gleiche Theile eingetheilt — und die Commandanten ebenfalls angewiesen, dafs sie sich den 6ten bey den kommandirenden Generals der Colonnen melden sollen. Der für die 1ste Colonne bestimmte Theil hat am 6sten ins Lager bey *St. Auber* einzutreffen.

Den General *Fabris* wird eine Batterie 12pfündner überlassen; die Kaiserlichen 12pfündner in *Orchies* bleiben da. Jeder Colonne folgt ein Beamter vom Ober-Landes-Commissariat mit *Marechausses*, die in den rückwärtigen Dörfern so viel möglich — Heu, Lebensmittel und Wagen für die Blessirten auftreiben. Nächst diesen sorgt aber der Staabs Chirurgus für die Eintheilung der Colonnen-Ober-Chirurgen, belehrt sie, wo die Blefsirten hingebracht werden sollen, und veranstaltet es mit dem Ober-Landes-Commissair, dafs jeder Colonne so viel möglich Wagen für selbe nachfolgen. Jeder Colonne folgen 20 Mann von der Staabs-Infanterie, die die Blefsirten Transportes begleiten, hiezu und zu Vermeidung der Excesse in den Dörfern kommen noch 10 Dragoner von *Würzburg* zu jeder Colonne. Das Hauptquartier bleibt wie bishero. Von *Denaing* kommt eine Compagnie von *Cztaray* oder *Anton Esterhazy* nach *Herin*, um das Hauptquartier zu bewachen.

General *Fabris* erhält seine Instruction vom Feldzeugmeister *Graf Clairfait*.

Die

Die Garnison von *Valenciennes* bewacht die Dämme und Brücken von *Tritte* und *St. Leger.* Der Herr Feldmarschall-Lieutenant *Pensenstein* kann, wenn er einiges Geschütz in den *Famarer* Schanzen hätte, dasselbe zurücknehmen, und sorgt dafür, dafs das Belagerunsgeschütz, Munition und Geräthschaften gleich aufgepackt werden — damit man nach dieser Unternehmung ohne Zeitverlust die etwa vorhabende Belagerung vornehmen könne. Das Ingenieur-Corps hat sich ebenfalls hierauf gefafst zu machen.

Der General-Staab wird folgendermafsen eingetheilt:

Bey der 1sten Colonne.

Herr Generalquartiermeister Obrist *Fleischer*
Obristlieutenant *Meerfeld*
Hauptmann *Honig*
— *Theifs*
Oberlieutenant *Rubinitz*
— *Metsery*
— *Leippert*
— *Koller*

Bey der 2ten Colonne.

Obristlieutenant *Sichtern*
Major *Duca*
Hauptmann *Obern*
— *Staschinsky*
Oberlieutenant *Löbzettern*
— *Romberg.*

Bey der 3ten Colonne.

Obristlieutenant *Schmidt*

Major *Frohazka*

Hauptmann *Burgern*

Oberlieutenant *Volckmann*

— *Hess*

— *Baumgarten*

Beym General Fabry.

Major *Auracher*

Oberlieutenant *Jakartofsky.*

Im Hessischen Lager.

Hauptmann *Lindenthal*

Oberlieutenant *Tittelbach.*

Wenn diese Unternehmung vollbracht ist, marschiren alle Engländer, Hannoveraner und Hessen nebst 15000 Mann Kaiserlichen gegen *Menin*. Die Holländer und Preußen aber, welche 23000 Mann ausmachen, besetzen die Streken von *Tourtoing* bis *Marchiennes*, die übrigen Kaiserl. Königl. Truppen richten ihr Augenmerk auf *Quesnoy* und *Maubeuge*, wozu durch die Verstärkung in *Villerspole*, *Betignies* und *Houdaing* bereits die Vorbereitung gemacht, die Ausführung aber dadurch erleichtert ist, weil man hoffen kann, durch die obige Unternehmung die feindliche Armee vom Halse geschafft zu haben. So wohl für den Marsch der Engländer, als für die Unternehmung der Armee auf *Quesnoy* und *Maubeuge* werden die Dispositions folgen.

Die Verpflegs-Direction und das Oberlandes-Commissariat müssen nothwendig belehrt werden, um bey der neuen Vertheilung der Truppen auch neue Verpflegsanstalten machen zu können.

Feldmarschall - Lieutenant *Biella*

General - Major *Schneider* und

General - Major *Lützow*

rücken ins Lager bey *Bettignies* ein.

PRINZ COBURG,

Feldmarschall.

Den 4ten August erhielt der Preufsische General folgende Liste von der Anzahl des Feindes, der sich in der Gegend von *Lille* verstärkt hatte.

S t ä r k e

der Lagerbesatzungen, Posten und Cantonirungen von *Lille* und dasiger Gegend. Aufgenommen den 2ten August.

Lager vor dem *Magdalainer* Thore   1456 Mann

Lager vor dem Thore von *St. Maurice* 2577 —

in der Mitte zwischen diesen beyden

Lagern   -   -   -   1300 —

B e s a t z u n g   v o n   *Lille*.

Cavallerie   -   -   229 Mann

Jäger   -   -   294 —

Dragoner   -   -   30 —

Gens d' Armes   -   -   85 —

Infanterie aus den Depots bestehend

höchstens   -   -   1500 —

M 2

Zu *Mouveaux*.

2 Bataillons Belgier bestehend aus	365	Mann
6 Frey-Bataillons	148	—
1 Bataillon Freywillige	148	—
1ste Compagnie genannt *v. Teurcoing*	148	—
10tes Bataillon der niedern *Seine*	600	—
vom 13ten Regiment Cavallerie	103	—
vom ersten Husaren Regiment	70	—

Zu *Wasquehal*.
Infanterie.

3tes Bataillon der *Somme*	330	—
1ste Compagnie Grenad. von *Calvados*	41	—
1ste Compagnie von *Finisterna*	38	—
1ste Compagnie vom *Pas de Calais*	59	—

Cavallerie.

vom 13ten Jäger-Regiment	38	—

Zu *Bondues*.
Infanterie.

3tes Bataillon der National Freywilligen	621	—
Bataver Jäger zu Fuſs	230	—
15tes Bataillon Nationalen	682	—

Cavallerie.

vom 13ten Jäger-Regiment	40	—
vom 10ten Husaren-Regiment	73	—

Zu *Marque.*

Infanterie.

uotes Bataillon National-Freywillige 619 Mann

Cavallerie.

vom 13ten Jäger - Regiment   ·   48 —

Zu *Lazaro,*

das 8te Frey - Bataillon   ·   301 —

Zu *Wambrechis.*

Das 2te Bataillon des *Pas de Calais* 624 —

In der Vorstadt von *Fives.*

1stes Bataillon der *Loire*   ·   494 —
vom 6sten Dragoner - Regiment   50 —

Brücke von *Barque.*

Bataver   ·   ·   ·   ·   ·   193 —
Bataver zu Pferde   ·   153 —
Compagnie von Clemendo   63 —

Zu *Fleers.*

1stes Battaillon Lütticher   ·   361 —
Compagnie von *Poly*   ·   118 —
1 Batail. der *Gironde* und 2 von *Paris* 389 —
vom 3ten Dragoner - Regiment   60 —
vom 13ten Cavallerie Regiment   32 —

Schloß des Hrn. *Dussart.*

13tes Battaillon Freywillige   ·   669 —

Zu *Hellemes.*

2tes Bataillon der *Loire* und *Chene*	512 Mann
27stes Bataillon Nationalen	157 —
vom 3ten Dragoner-Regiment	60 —

Zu *Marquelle.*

vom 9ten Regiment	348 —

Magdalainer Vorstadt

vom 3ten Dragoner Regiment	55 —

Zu *Armentieres.*

3tes Bat. Nationalgarden
Das 4te von der *Sarre* } zusammen 1800 —
Das 2te der Belgier

Zu *Lincelles,*

1stes Bat. der *Cote d'or* } zusammen 1200 —
2tes Bat. von *Finisterra*

Zu *Blaton.*

vom 12ten Infanterie-Regiment	150 —
12tes u. 14tes Bat. National-Garden	1000 —

Zu *Commines.*

2tes und 4tes Bat. von *Lyon*	1000 —
vom 13ten Jäger-Regiment	50 —

Zu *Deurlemont.*

1stes Battaillon der *Loire*

4tes der Bataver.

Bey den Schleufsen von *Deurlemont.*

vom 15ten Infanterie-Regiment	800 —

Vorstadt der Kranken.

Dragoner - - 52 Mann
Cavallerie - - - 12 —

Pont à Marque.

in allem - - - - - 2100 —

Haubourdin, Lantes, Warnies.

in allem Infanterie - - 200 —

Total 25435 Mann

Der Correspondent meldete: vom 28. July:
die ganze Armee von *Bourdeaux* ist im Marsch gegen *Paris.* Die christliche Armee ist 120,000 Mann
stark, und hat 200 Stück Geschütz bey sich. Bey
Mortagne ist eine Pulvermühle angelegt worden, die
dieses schon hinreichend liefert.

Bey der Nationalversammlung ist darauf angetragen, die wunderthätige Fahne des ersten Königs
in Frankreich (*l'oriflame*) verbrennen zu lassen, nach
einigen Hin- und Herreden ist man aber zur Tages-
ordnung übergegangen.

Vom 29sten. Der den Abend vorher zu
Paris angekommene Abgeordnete *Duhem* verlangte
für die Nordarmee 10 Geschäftsträger der Nationalversammlung, um besser die Generale, die Verwaltungen der Aemter, und die Uebelgesinnten beobachten zu können; diese Vorschläge wurden angenommen.

Vom 30. July. Der Sicherheitsausschufs hat
folgende Mittel zur Entsetzung von *Valenciennes*

festgesetzt. Der Kriegsminister wird augenblicklich
20000 Mann Fufsvolk und 6000 Mann Reuterey zur
Nordarmee stofsen lassen. 3000 Mann Reuterey
werden, sey's Regimenter-, oder Abtheilungsweise
von der *Ardennen* und *Moselarmee* genommen, von
welchen auch noch 15000 Mann Fufsvolk herange-
zogen werden. Der Minister wird dem Ausschufs
die Mittel anzeigen, woher die andern 3000 Mann
Reuterey genommen werden sollen. Um diefes starke
Corps in den Lägern und in den Vestungen wieder
zu ersetzen, wird man alle National-Garden aus
den Departements *du Nord*, *Pas de Calais*, *Loire*,
Ardennes, *Marne*, der obern *Marne*, *L'aube*, der
Mosel, der *Maafs*, und der *Cote d'or* nehmen. Zum
Behuf der Verstärkung der *Nordarmee* sind in *Paris*
alle blos zur Pracht gehaltenen Pferde weggenommen worden, und jetzt nur noch Mietswegen zu
haben.

Douay ist fast ganz von allen Kriegs und Mundvorräthen entblöfst, und hat weder hinreichende
Kanons noch Brod.

Von *Chambray* ist die Nachricht eingelaufen,
dafs, als die Commissarien in dem Lager die Ab-
setzung und Verhaftnehmung *Cüstine's* bekannt gemacht haben, grofse Unruhen in demselben entstanden sind, und der allgemeine Ausruf: es lebe
Cüstine, überall ertönt hat. Die Soldaten haben
verlangt, dafs man ihnen *Cüstinen* wiedergebe, seine
Ankläger ihre Anklage im Angesicht der Armee

machen lassen, und dann den schuldigen, wer er auch sey, richten solle.

Vom 31sten. *Cüstine* ist nach der Abtey geführt worden, um daselbst von seinen Richtern verhört zu werden, er war unter Bedeckung einer Zahlreichen Gensd'armerie; kaum erblickte man ihn, als schon alles laut seinen Tod verlangte.

Die verbündeten von *Calais* verlangen die Ausrottung des Adels, die Vorträge, die *Hebert* über diesen Gegenstand bereits gemacht hatte, wurden wiederholt.

Es wird festgesetzt, daſs von dem heutigen Tage an die Assignate mit dem Bilde des Königs, die mehr als 100 Livres betragen, nicht mehr als gangbare Münze angesehen werden sollen. — Ferner daſs jeder französische Bürger, welchem erwiesen wird, daſs er verweigert, an Bezahlungsstatt Assignate anzunehmen, und deren mit irgend einem Verlust angenommen oder ausgegeben hat, das erstemal in eine Strafe von 300 Livres und 6 monatlicher Verhaftung verfallen, bey Wiederholung aber zu doppelter Geldbuſse verurtheilt und 20 Jahr in die Ketten geschmiedet werden soll.

Vom 1sten August. Heute wurden in *Paris*, durch einen Abgeordneten der *Pariser* Municipalität, alle bey den Büchsenschmieden vorgefundene Gewehre in Beschlag genommen, und in baarem Gelde bezahlt.

Es wird beschlossen, daſs *Marie Antoinette* dem Revolutionsgericht übergeben, und sogleich in das

Gefängnifs der *Conciergerie* gebracht werden solle
(wird augenblicklich ausgeführt).

Der Commandant von *Paris* erhält den Befehl,
die Volks-Artillerie in Stand setzen zu lassen, und
vorzüglich Lunten abzuliefern.

Es wird beschlossen, sich vorzüglich aller
Fremden aus den Ländern, welche mit uns im Kriege
begriffen sind, zu versichern.

In dieser Absicht werden die Barrieren von *Paris* geschlossen.

Ein Abgeordneter der Municipalität von *Paris*
in der *Vendée* berichtet, dafs unsere Lage in diesem
Departement äufserst traurig sey.

Vom 2ten August. Es wird angezeigt,
man habe auf den Wallen der Vestung *Lille* einen
Englischen Brief von äufserst wichtigen Inhalt gefunden.

Der Minister *Garat* und der Deputirte *Cham-
pagneux*, welche verhaftet werden sollten, lassen
dies Gesetz wieder aufheben.

Aus dem Lager von *Weissenburg* wird gemeldet, dafs *Ferrieres* habe auswandern wollen, aber
verhaftet und in ein Gefängnifs von *Weissenburg* geführt worden sey.

General *Byron* sitzt im Gefängnifs der Abtey.
Unter den vielen verhafteten Generalen befindet
sich *Custine*, *Dillon*, *Biron*, *Westermann*, *Lescurief*,
Sandos, *Ligneville*, *Miranda*, auch wird *Kellermann*
ihnen bald Gesellschaft leisten, denn er ist schon

jetzt hart angeklagt worden. Ueberdies wird man gewifs keinen Adelichen in unsern Armeen lassen.

Angers wird in Belagerungsstand gesetzt. *Avignon* ist aufs neue in den Händen der *Marseiller*, deren Armee sich auf 12000 Mann beläuft.

Zwischen *Paris* und der Nordarmee soll ein Lager bezogen, und es sollen Commissarien zur Nord- Mosel- und Rheinarmee geschickt werden— der Kriegsminister soll die *Maynzer* Besatzung nach der *Vendée* schicken, es sind ihm zu diesem Behuf 3 Millionen angewiesen — alle einzelnen Glieder der Bourbonschen Familie sollen, ausgenommen die beyden Kinder *Capets*, aus dem Lande gebracht, — die Kosten, die die Republick zur Nahrung und dem übrigen Unterhalt dieser beyden Kinder zu machen, auf das blos nothwendige eingeschränkt werden — *Marie Elisabeth* bis nach der Verurtheilung von *Marie Antoinette* in Verhaft bleiben, und die Glieder der Bourbonschen Familie so unter dem Schwerdte des Gesetzes stehen, ehe und bevor ihr Urtheil gefällt ist, nicht aus dem Lande gebracht werden.

Unter den Commissairs, welche am 29sten von *Duhem* für die Nordarmee verlangt worden, befindet sich *Robespierre*, den man jetzt stündlich erwartet.

Auf dem letzten Markt von *Lille* sind nicht mehr als 25 Säcke Getraide gewesen, man hat daher wie gewöhnlich für eine Woche für den Distrikt aus den Kriegs-Magazinen 2375 Säcke genommen.

Lille, den 4ten August.

Den 6ten rückte der Hannöverische General der Cavallerie Graf von *Wallmoden* mit 8 Bataillons und 12 Eskadrons in *Orchies* ein, und löste die daselbst stehenden beyden Preußischen Bataillons, nehmlich das Grenadier-Bataillon *von Hagcken*, *Köthenschen* und 2te Bataillon *Kunitzkyschen* Regiments so wie die, sowohl zu *Orchies* als *Nomain* gestandene Reuterey ab, welche Truppen sämmtlich zu dem Preußischen Corps im Lager bey *Cysoing* stießen. Der Preußische kommandirende General war selbst in *Orchies* und übergab dem Grafen v. *Wallmoden* die ganze Vertheidigungsart jener Gegend. Dieser General versprach uns, den vor *Templeuven* habenden Posten abzunehmen, und zu mehrerer Sicherheit von *Orchies* auch noch *Capellen* zu besetzen. Da dies noch denselben Abend geschehen sollte, so beorderte der General-Lieutenant v. *Knobelsdorff* den Obristen Grafen v. *Hohenzollern*, mit oinem Theil unserer Cavallerie und Infanterie-Vorposten, vorzurücken, *Capellen* sowohl wie *Templeuven* im Fall es vom Feinde besetzt sey, zu reinigen, und die Kette der Posten so lange jenseits dieser Dörfer zu halten, bis sie den Hannöverischen Truppen übergeben wären. Der Obristl. überlies die Anordnung bey der Infanterie dem Königl. Preußischen General-Quartiermeister dieses Corps, dem Major v. *Neumann*; dieser Auftrag wurde mit der möglichsten Genauigkeit ausgeführt. Indessen kam des Abends um 10 Uhr der General-Adjutant des Grafen v. *Wallmoden* Herr v. *Vinck* mit der Nachricht

an, dafs, da die Truppen durch den starken Marsch
bis *Orchies* zu ermüdet gewesen, der noch weitere
Marsch bis *Capellen* und *Templeuven*, ohne sie gänzlich zu ermüden, nicht hätte unternommen werden
können, die Besetzung dieses Ortes demnach bis
den folgenden Tag ausgesetzt bleiben müsse. Da
nun die, diesen Nachmittag gezogene *Chaine* von
allen Soutien - Posten zu weit entfernt war, so zogen
wir unsern *Cordon* bis auf die gewöhnlich gehabten
Plätze wieder zurück.

Den 7ten erhielt der Befehlshaber des Preufsischen Corps von dem Herrn Obrist - Lieutenant
Graf v. *Tauenzien*, welcher sich in dem Hauptquartier des Feldmarschalls *Prinzen v. Coburg* befand, nachfolgendes Schreiben, an welches der ebenfalls nachfolgende Cabinettsbefehl angeschlossen war.

Monsieur!

    *J'ai l'honneur d'envoyer à Votre Excellence
la lettre ci-jointe.*

    *Quoique Sa Majesté presse beaucoup sur la
jonction de ce corps, Elle consent cependant à un
délai de quelques jours, si ce départ pourroit influer
sur les operations, et desire, que Votre Excellence
dirige Sa Marche suivant la Convenance du Prince
Coburg. Je pars dans ce moment pour rejoindre
le Feldmaréchal près de la Selle et lui annoncer les
ordres du Roi, comme notre expedition sera l'affaire de trois à quatre jours, et qu'a la suite de celle
ci, on sera obligé d'en venir à un nouveau plan d'ope-*

ration, on pourra dabord s'arranger de manière, à
compter sur le départ des troupes Prussiennes. Je
ne manquerai point d'en rendre compte à Votre Excellence et de lui repéter l'assurance de la haute consideration avec la quelle j'ai l'honneur d'être

Monsieur

de Votre Excellence

Raismes
a 6. Aout 1793.

le très humble et très obéissant Serviteur

TAUENZIEN.

Uebersetzung:

Mein Herr!

Ich habe die Ehre Ew. Excellenz das anlie-
gende Schreiben zu übersenden. Ohnerachtet
Sr. Majestät sehr mit der Vereinigung dieses Corps eilen, so haben Höchstdieselben doch
den Aufschub von ein paar Tagen nachgegeben,
im Fall dieser Abmarsch Einfluss auf die übrigen Operationen haben sollte, und verlangen
daher, dass Ew. Excellenz Dero Marsch nach
dem Gutbefinden des *Prinzen Coburg* einrichten
möchten. Ich breche in diesem Augenblicke
auf, um mit dem Feldmarschall an der *Selle*
wieder zusammen zu treffen, und ihm die Befehle des Königs bekannt zu machen. Da unsere
Unternehmung drey bis vier Tage Zeit erfordert, und nachdem sie vollbracht, man einen
neuen Operationsplan zu entwerfen gezwungen
seyn wird, so wird man sich gleich dabei so ein-

rchten können, dafs man auf den Abgang der Preufsischen Truppen rechnet.

Ich werde nicht verfehlen, Ew. Excellenz davon Nachricht zu geben, und die Versicherung der vollkommenen Hochachtung zu wiederholen, mit welcher ich die Ehre habe zu seyn

Mein Herr

Ew. Excellenz

Raismes,   ganz ergebener und gehorsamster Diener

den 6. August 1793. Tauenzien.

Mein lieber Generallieutenant von Knobelsdorf.

Da meiner Absicht, das unter Eurem Commando stehende Corps, zur Hauptarmee zu ziehen, nach dem Fall von *Valenciennes*, nichts mehr im Wege stehet; so ertheile ich Euch hiedurch die Anweisung, Euch mit dem gesammten Corps unverzüglich in Bewegung zu setzen, und über *Luxenburg* vorerst nach *Trier* zu marschiren, wohin ich Euch fernere Verhaltungs-Befehle zuschicken werde. Des Prinzen *von Coburg* Liebden habe ich dato von Eurem Marsch benachrichtiget. Ich bin übrigens Ew. wohl affectionirter König

Hauptquartier Türkheim, Fr. Wilhelm.

den 2. August 1793.

Durch diesen Befehl ward eine ganz andere
Disposition als die, welche am 3ten zu Herin entworfen war, nothwendig, indem durch den Abmarsch des Preußischen Corps eine beträchtliche
Lücke zwischen dem rechten Flügel der Kaiserlichen
und dem linken der Holländer entstand. Da nach
dem ausdrücklichen Befehle des Königs das Corps
unverzüglich aufbrechen sollte, die große Truppen-
bewegung zu der Unternehmung auf *Dünkirchen*
aber schon gleich den Tag nach der Schlacht vorge-
nommen werden sollte, welches also schon den folgenden Tag war, folglich kein Augenblick ver-
säumt werden durfte, um dem Prinzen *von Coburg*
von dieser, für das Allgemeine so wichtigen Veränderung zu benachrichtigen: so schickte der Generallieutenant v. *Knobelsdorf* mit dieser Nachricht
sogleich einen Courier zu demselben, um sich Verhaltungsbefehle in Betreff dessen, zu erbitten, was
derselbe in Absicht der Ablösung und des Abmarsches des Corps, zu verfügen belieben würde.

Der Obrist Graf v. *Hohenzollern* rückte, auf Befehl des Preußischen kommandirenden Generals,
diesen Nachmittag wieder mit sämmtlichen Vorposten des linken Flügels, jenseits der Dörfer *Capellen*
und *Templeuven* gegen *Pont à Marque*, hinaus, und
übertrug die Postirung der Infanterie dem General-
Adjutanten des kommandirenden Generals Grafen
zu Dohna.

Der Feind neckte unsere Chaine mit der bey
Pont à Marque stehenden Reuterey, zog sich aber,

so oft der Obriste *Graf v. Hohenzollern*, um ihn anzugreifen, anrückte, immer so schnell zurück, daſs es nicht möglich war, ihm etwas anzuhaben, ohne sich dem Artilleriefeuer von *Pont à Marque* auszusetzen. Ein einziger Officier dieser feindlichen Reuterey wurde durch die Schützen des *Kunitzkyschen* Regiments unter dem Lieutenant *Schouler* verwundet. Gegen Abend kamen die Hannoveraner an, und besetzten die Dörfer *Capellen* und *Templeuven,* jedes mit 300 Mann Infanterie, einer Kanone und 60 Pferden.

Am 8ten kam bey *Forest* eine starke feindliche Patrouille vor, da aber unsere Schützen- und Husarenfeldwacht zur Unterstützung der Vedetten vorrückte, so ward sie zum Rückzuge genöthiget.

Zwey Officiers von den National-Garden, deren einer Hauptmann, und der andere Lieutenant war, kamen heute zu uns herüber; sie sagten uns, daſs das Corps bey *Lille* auſserordentlich vermehrt, und alles, was nur irgend verdächtig in der Stadt sey, aus derselben verwiesen würde.

Der Correspondent aus *Lille* schrieb vom 3ten. *Vincent*, Mitglied des Clubbs der *Cordeliers* setzt, nachdem er vorhero verlangt, daſs die verschiedenen, gegen unsere inneren Feinde beschlossenen Maſsregeln in Ausübung gebracht werden sollten, hinzu:

„Wenn *Friedrich* auch schon nicht mehr in den „Ebenen der Champagne ist, so hat er doch „jetzt *Valenciennes* genommen, und er kann in

„Frankreich eindringen, ohne daſs wir ihm zu
„widerstehen vermögen. Euch allen ist das
„Mittel bekannt. — — — Gegen ähnliche
„Uebel muſs man auch ähnliche Gegenmittel
„anwenden. *) "

Den 26sten July haben die Aufrührer in der
Vendée sich des *Pont-de-Cé* bemeistert, welcher Posten mit 2000 Republikanern besetzt war. Die Unordnung bey diesem Rückzuge war so groſs, daſs
beynahe das ganze Bataillon von *Paris* sich auf der
Flucht in die *Loire* stürzte, und viele Leute darinn
ertranken.

Den Tag darauf haben 4000 Aufrührer, mehr
als 15000 Republikaner in die Flucht geschlagen,
welche am 21sten noch nicht einmal wieder Stand
halten wollten. Man beklagt sich, daſs unserer Armee
eine Niederlage verheimlichet worden sey, welche
jene, wie man sagt, am 20sten erlitten, und die der
von *Saumur* gleich kommen soll. 6000 Rebellen
hatten uns nehmlich bey *Thouars* während einem
schrecklichen Hagel- und Regenwetter angegriffen.
Unsere aus 10000 Mann bestehende Armee war in
ihre Zelter gegangen, sehr vieles davon ist niedergemacht worden. Man hat uns 32 Kanonen, 40

---

*) Diese Stelle ist mir dunkel, und scheint einen entfern-
ten Wink auf eine in der Champagne statt gefundene Verrätherey
zu geben, welche jedoch nicht bekannt geworden.

A. d. H.

Munitionswagen, alle unsere Mund- und Kriegsvor:
räthe genommen; unsere Niederlage, setzt der Brief
hinzu, ist so grofs, dafs bis jetzt Niemand weifs, wo
unsere Armee ist.

Die Stadt *Lyon* soll mit 13200 Republikanern
angegriffen werden; die *Lyoner* fangen bereits an,
an ihrer Vertheidigung zu arbeiten; schon sind 200
Kanonen auf die Höhen gebracht, welche die Stadt
dominiren. Die republikanische Armee, die aus
dem Contingenten der benachbarten Departements
besteht, soll sich den 4ten nach *Macen* begeben.

Vom 4ten August. Endlich erhalten wir
eine Abschrift des sehr langen, angeblich auf dem
Walle von *Lille* gefundenen Schreibens. Es geschieht fürs erste darinn Erwähnung von Grundrissen, die man nicht für ächt hält. Man sagt, man
möge R. . . . bitten, einen andern zu geben. Man
sagt, es müfste von *W...b...d* befohlen werden,
den Grundrifs von *Lille* zu bezahlen, *C....* nicht
aus den Augen zu lassen, der so sicher, wie Gold
ist, und der, da er ein Freund von *la Marliere* ist,
von allen übrigen Grundrissen eine Copie wird
schaffen können.

Man bestimmt, dafs der Entwurf, alle *Fourage-
Magazine* in Brand zu stecken, nicht eher, als wenn
es aufs äufserste gekommen, und dann in allen
Städten auf Einen Tag ausgeführt werden soll; es
wird anempfohlen, sich auf den 10ten oder 16ten
August in Bereitschaft zu halten, es so einzuleiten,

dafs *W... b ... d* die Führung der *Dünkircher* Ange-
legenheiten übernimmt. —

Machen Sie, dafs *Stap...te* und *C.... W....t*
erfahre, wie sehr Sr. Königl. Hoheit ihren Eifer
belohnen werde. Was würden wir wohl ohne das
Collegium machen? — Lassen Sie den Cours eines
Pfund Sterling bis zu 200 Livres steigen. Erhöhen
Sie den Preifs aller Lebensmittel. Sagen Sie an
B...t...z, dafs Sr. Königl. Hoheit seinen Sohn
(zugleich mit dem des Mannes, an den dieser Brief
gerichtet) hat als Cornet einschreiben lassen. Wir
hoffen, wird weiter gesagt, dafs die Assignate mit
Vorsicht gemacht werden. Die verkleideten Geistlichen und die Weiber sind am besten zu diesem
Geschäfte zu gebrauchen. Schicken Sie 50,000 Livres nach *Rouen*, 50,000 nach *Caen.* — Schicken Sie
A.... zurück, auch mufs *M....S...in* von *Cambray* zurückgerufen werden, und sich nach *St. O....*
begeben.

Wh...t...ms mufs nach *Boulogne* gehn, um
W....M.... in die Stelle von *Dylet* nach *Boulogne*
und *Calais....* Sagen Sie an *St....z*, dafs sein
Sohn von *Wien* zurückgerufen worden, und wenn
der Krieg beendiget, als Gesandter nach *Madrid* gehen soll; der Herzog ist dem Vater für seine Dienste
äufserst verbunden, und umarmt ihn in Gedanken.
Schicken Sie sogleich nach *Lyon* und *Grenoble*
150,000 Livres. Lassen Sie *Coobs* Frau zu *Bour-
boury* wissen, dafs ihr Mann auf Befehl des Admi-
ral *Macbride* einen höheren Grad erlangt hat etc. etc.

Dieser Brief ist unterzeichnet den 29sten Junii um 7 Uhr Abends. Die Aufschrift lautet:

„An den Präsidenten des Ausschusses zu *St.*
„*Omer,* oder im Fall von Abwesenheit zu *Dün-*
„*kirchen* in *duplo* über *Lille* —

Aufzeichnungen zufolge, welche man im Englischen in einer Brieftasche gefunden und übersetzt
hat, fängt dieses den 24sten Januar an, und hört den
2ten July auf. Die Note vom 24sten Januar lautet
also: 24. abgemacht mit *Stapleton* und *Cornveit.* Die
vom 1sten July besagt. Geschickt nach *Rouen* an
D. 2. geschickt 9. mit *M* nach *Caen* 60,000 Pfund.

Durch diesen Brief sind eine Menge von Menschen zu *St.* Omer, *Douay* und *Lille* sowohl Bürger
als Fremde in Verhaft gekommen.

Der Zeitungsschreiber *Paris* mit seiner Frau,
den wir immer für sehr patriotisch gesinnt gehalten,
ist ebenfalls verhaftet. Am Sonntage wurden zu diesem Ende die Thore verschlossen, und seit dem
sind alle Nächte 30 bis 40 Personen in Verhaft gezogen worden.

Den 4ten erscheint ein Decret, womach der
Municipalität von *Paris* befohlen wird, die Barrieren
der Stadt wieder zu öffnen. — Sodann Anträge, so
der Municipalität von *Paris* gemacht werden, das
Gesetz, nach welchem die ganze republikanische
Armee in drey Classen getheilt wird, in Ausübung
zu bringen. Zu diesem Ende werden Commissarien
ernannt, welche der Nationalversammlung am fol-

genden Tage hierüber eine Addresse einreichen
sollen —

Ein Inspecteur der Artillerie zu *Tours*, dessen
Nahme nur durch ein *V* bemerkt ist, zeigt an, dafs
er *die Erde von einem Tyrannen reinigen wolle.* Man
verlangt die Abschaffung der Religion und gänzliche
Landesverweisung der Geistlichen.

Vom 5ten August. Der Sicherheitsausschufs von *Lille* hat einen Beschlufs bekannt machen
lassen, nach welchem die Adelichen mit ihren Wei-
bern, Kindern und Bedienten gezwungen werden,
drey Tage nach der Bekanntmachung dieses Beschlusses sich 20 Stunden von den Grenzen ins In-
nere des Landes zu begeben; diese Verordnung
begreift ebenfalls alle Domherrn, Mönche und
Geistliche, welche weder Pfarrer, noch Vicarien,
Beichtväter oder Clerges sind, in sich.

Der Divisions-General *Barthel* hat vorläufig
bis zur Ankunft des General *Houchard* den Oberbefehl über die Nord- und Ardennen-Armee über-
nommen.

Vom 6ten August. Zufolge des vorher
erwehnten Beschlusses sind 20 Lieues von den Grenzen ab, mehr als 600 Personen, die nicht adelich
waren, und die alle hier blos aus der Stadt sind, zurück
geschickt. Die Leute, die man auf dem Lande noch für
verdächtig hält, werden jetzt an die Reihe kommen.
Zu *Dünkirchen* wie zu *Lille* sind Engländer und Holländer von allen Ständen verhaftet. In letzt ge-
nannter Stadt übersteigt der Preifs der Lebensmittel

alle Grenzen; es ist ohnmöglich, nur eine *Rasiere* (ein französisches Maaſs, welches keinen ganzen Scheffel Preuſsisch beträgt) für Geld zu haben.

In *Paris* wird fortgefahren, die jungen Leute, welche die Waffen zu tragen fähig sind, aufzuzeichnen. Man vermuthet, daſs man nur die Erndte abwarten und alsdann die Bürger, welche das Lager, das zur Sicherheit von *Paris* formirt werden soll, beziehen soll, ausheben wird. — Nie war der Brod-Mangel so groſs in *Paris*, als in diesem Augenblicke; diesen Morgen hat man sich in verschiedenen Vierteln der Stadt genöthiget gesehen, Ein Brod in zwey Haushaltungen zu theilen. Zufolge der am 4ten von der Municipalität von *Paris* getroffenen Verfügung, sind einige ihrer Commissarien den 5ten bey der Nationalversammlung erschienen, und haben verlangt, daſs das ganze Volk in Masse gegen seine Feinde aufstehen müsse; sie setzten hinzu: die Stunde hat geschlagen, wo dieser schöne Entwurf ausgeführt werden muſs. Ihr habt die Franzosen durch den Beschluſs, welcher alle Bürger in 4 Classen theilt, bereits vorbereitet, aber jetzt kann nicht mehr die Rede von besondern Abtheilungen seyn, sondern jeder französische Bürger ohne Unterschied muſs zu den Waffen greifen. Dies wurde an den Sicherheitsausschuſs verwiesen.

In *Corsica* ist die Gegenrevolution vollkommen und vollendet, schon genieſst man daselbst wieder der Ruhe und eines gänzlichen Friedens.

N 4

Heute den 9ten sind neue Briefe aus *Paris* angekommen. Vier Sections von *Lille* haben sich den Verhafts- und Landesverweisungsbefehlen widersetzt.

Lille, den 9ten August.

————————

Den 9ten des Morgens kam der Courier von dem Feldmarschall Prinzen *v. Coburg* wieder zurück und brachte folgendes Schreiben von demselben an den Preußischen General.

An des Königl. Preuß. Herrn Generallieutenants Freyherrn von Knobelsdorff Excellenz.

Ivay, den 8. August. 1793.

Ich habe Ew. Excellenz Schreiben richtig erhalten, auch Sr. Majestät der König äußerte in einer mir zugekommenen allergnädigsten Zuschrift das nehmliche Begehren, und es waltet dagegen auch kein Anstand ob, hierin Sr. Majestät Verlangen zu vollziehen, nur muß ich Ew. Excellenz ersuchen, einige Täge noch in Geduld zu stehen, bis ich hierwegen die nöthigen Dispositionen machen kann.

PR. COBURG,
Feldmarschall.

Von dem Erbprinzen von Oranien lief folgendes Schreiben ein.

Mon Général!

N' ayant reçu aucune nouvelle de l'issue de la bataille, qui doit avoir été livrée le 7 de ce mois, je prends la liberté d' addresser celle ci à Votre Excellence, pour la prier, de vouloir avoir la bonté de me faire part des details, qu' Elle en a reçu, ainsi que des mouvemens, qui ont eu lieu après la bataille. Je me flatte, que Votre Excellence voudra bien agréer à la demande, que je prends la liberté de Lui faire et excuser mon importunité, mais l' interét direct, que j' ai à étre instruit au juste des mouvemens subsequents à la bataille et aux quels je devrai peut étre cooperer, me fait ésperer qu' Elle excusera mon indiscretion.

J' ai l' honneur d' être avec le plus parfaite éstime

Mon Général

de Votre Excellence

le trés humble Serviteur

Au Quartier Général
Menin ce 9. Aout.
1793.

G. F. Pr. Hed. d' Orange,
Com. Gen.

Uebersetzung:

Mein Herr General!

Da ich nicht die mindeste Nachricht des Ausgangs der Schlacht, die am 7ten dieses geliefert seyn soll, erhalten habe, so bin ich so frey gegenwärtiges an Ew. Excellenz zu richten, und Dieselben zu ersuchen, die Güte haben zu wollen, mir die näheren, Denenselben davon

N 5

bekannt gewordenen Umstände, so wie die nach der Schlacht gemachten Bewegungen, mitzutheilen. Ich schmeichle mich, dafs Ew. Excellenz das Gesuch, welches ich so frey bin, an Dieselben zu richten, erfüllen, und entschuldigen, wenn ich Ihnen beschwerlich falle; aber der bestimmte Antheil, den an den Bewegungen, welche der Schlacht folgen werden, ich zu nehmen angewiesen bin, und zu welchen ich vielleicht mitwirken soll, läfst sich hoffen, dafs Dieselben meine Unbescheidenheit entschuldigen. Ich habe die Ehre mit der vollkommensten Hochachtung zu seyn

Mein Herr General!

Ew. Excellenz

sehr ergebener Diener

Hauptquartier Menin,   G. F. Erbprinz v. Oranien.
den 9. August 1793.   Com.   Gen.

Der Preufsische General antwortete dem Erbprinzen so viel er wufste, welches doch nur unbestimmt seyn konnte, indem nicht die mindeste officielle Nachricht eingelaufen war. Er machte ihm zugleich den vom König erhaltenen Befehl, diese Gegenden zu verlassen, und zur Armee des Königs zu stofsen, bekannt.

Da wir immer in Ungewifsheit in Absicht jenes Vorfalls blieben, und nicht das mindeste Officielle über diese Schlacht, die den 7ten dieses geliefert seyn sollte, eingelaufen ist, so kann ich auch nur

anführen, was ein Particulier - Schreiben darüber
sagt, ohne bestimmen zu können, in wie fern dieses Schreiben den Vorgang richtig oder unrichtig
beurtheilt.

Monsieur!

Je supplie Votre *Excellence* de vouloir *excuser*
sur ce que je n'ai eu l'honneur de lui reponder par
le *Chasseur* qu'*Elle* avoit envoyé au *Prince de Cobourg.* Nous nous trouvions alors dans une inde-
cision si parfaite, qu'il auroit été difficile de mander
quelque chose de positif sur l'issue de notre expedition. Maintenant je puis avoir l'honneur de Lui
dire, que l'ennemi n'avoit non seulement aban-
donné son poste inattaquable du *Camp de Cézar* et
de *Paillencourt* mais toute l'*Armée* s'est retirée, à la
debandade du coté d'*Arras* et de *Bapeaume.*

Un peu de lenteur nous a fait negliger tous les
avantages que cette fuite nous offroit, et nous
n'avons pris qu'un canon, fait une centaine de prisonniers, et tué autant. N'ayant plus d'ennemi devant
nous, nous avons tourné tout autour de *Cambray* et
une partie de l'armée y à bivouaquée.

Après tous les succés inattendus le resultat est
que l'armée retourne aujourd'hui et demain dans son
ancien camp, et que le *Quartier général* sera établi
cet après diné à *Herin*, j'arrive dans ce moment
d'*Ivay*, c'est ici qu'on va faire de nouvelles dispositions et qu'on se prépare d'attaquer le *Quesnoy* etc.

Uebersetzung:

Mein Herr!

Ew. Excellenz bitte ich mich entschuldigen zu wollen, wenn ich nicht gleich mit dem Courier-Jäger geantwortet, welchen Dieselben an den Prinzen *v. Coburg* geschickt hatten.

Wir befanden uns aber damals in einer so ganz vollkommenen Unentschiedenheit, dafs es sehr schwer gewesen wäre, etwas bestimmtes über den Ausgang unserer Unternehmung anzuführen. Jetzt kann ich die Ehre haben Ew. Excellenz zu sagen, dafs der Feind nicht allein seine unangreifbaren Stellungen im Lager des *Cäsar* und bey *Paillencourt* verlassen, sondern die ganze Arme sich zerstreut nach *Arras* und Bapeaume zurückgezogen hat. Ein wenig Langsamkeit machte, dafs wir alle die Vortheile, welche diese Flucht anbot, vernachläfsigten und nichts erhielten, als eine Kanone, ohngefähr 100 Gefangene machten und eben so viel tödteten. Da wir keinen Feind mehr gegen uns hatten, haben wir uns ganz um *Cambray* herum gezogen, wo ein Theil der Armee bivuaquirt hat. Die Folge dieses unerwartet glücklichen Erfolgs ist, dafs die Armee heute und morgen in ihr altes Lager zurückkehrt und dafs das Hauptquartier diesen Nachmittag wieder nach *Herin* kommt. Ich komme in diesem Augenblicke von *Ivay* zurück. Hier werden

neue Entwürfe gemacht, und von hier aus rü-
stet man sich *Le Quesnoy* anzugreifen etc.

Der Zweck dieses Angriffs war, die feindliche
Armee von dem Observations- und Belagerungs-
Corps bey *Quesnoy* zu entfernen, und diesem mehr
Luft zu verschaffen, während dem, daſs ein so
starkes Detachement unter dem Herzog von *Yorck*
zur Expedition nach *Dünkirchen* von ihr abmarschirt
und dieselbe dadurch so geschwächt worden war.

Dieser Zweck war nun freylich wohl für den
Augenblick durch die Verjagung des Feindes aus
dem Lager des *Cäsar* und bey *Paillencourt* erreicht, es
war indessen aber nur ein bloſses *Palliativ*, indem
sich der Feind, wenn man ihm nicht einen sehr wesentlichen Abbruch that, immer bald wieder samm-
len und entweder die Observationsarmee bey *Quesnoy*
oder die bey *Dünkirchen* beunruhigen; oder wohl
gar, wie es leider der Fall bey *Dünkirchen* wurde,
schlagen und zur Aufhebung der Belagerung zwingen würde.

Konnte aber dem Feinde hier ein recht empfind-
licher Schlag beygebracht werden, wie es nach dem
vorstehenden Briefe zu vermuthen ist, so hätte er
bey aller Geschäftigkeit der Guillotine, doch eine
Weile ohne reelle Thätigkeit bleiben müſsen; und
unter dieser Zeit wäre höchst wahrscheinlich *Dünkirchen* gefallen, und die nachfolgenden Unglücks-
falle, welche den Verlust der Niederlande, und alle
die so sauer erworbenen Eroberungen nach sich
zogen, wären vielleicht vermieden worden. Die

Wegnahme von einer Kanone und von zweyhun-
dert Menschen, zeigen uns sehr deutlich, dafs man
nur noch die Arriergarde eingeholt habe, denn hatte
man das Corps der Armee erreichen können, so wäre
bey dem offenen *Terrain* eine zerstreut zurückge-
hende Armee aufgerieben gewesen, und anstatt
über die nachfolgenden traurigen Ereignisse zu klagen, hätte man sich nach aller wahrscheinlichen Berechnung den frohesten Hoffnungen überlassen
können, die eine aufgeriebene Armee zu Schanden
zu machen, schwerlich im Stande gewesen seyn würde.

Wenn man aber alle bisherigen Dispositionen
und Memoires mit Aufmerksamkeit durchlieset,
welche eben so viel rühmliche und unläugbare Be-
weise der bewundernswürdigen militärischen Kennt-
nisse und Talente *Coburgs* sind, — wenn man dadurch, dafs man nach seinen Vorschriften auf dem
Schauplatz oft selbst mit zu handeln das Glück hatte,
sehen konnte, wie so genau alles berechnet und
dem Locale selbst angemessen war, was er bestimmte: so spricht man gern den Feldherrn frey,
und sucht die Ursache entweder in Umständen, die
uns unbekannt geblieben, und welche die Verfolgung, Einholung und Aufreibung des Feindes ohnmöglich machten, oder man argwöhnt sie in der
nicht so rasch, als es nöthig gewesen wäre, gesche-
nen Besorgung und Ausführung der Befehle, welches leider oft den weisesten Anordnungen des
Feldherrn die aufserdem nicht zweifelhaften glänzenden Erfolge berauben.

Auch vom Erbprinzen *von Oranien* und vom Feldmarschall Prinz *von Coburg* liefen heute Briefe ein, welche ich im nachfolgenden mittheile.

Mon Général!

Je m' empresse de témoigner à Votre Excellence ma reconnoissance pour les nouvelles qu' Elle a bien voulu m' apprendre par la lettre du 9 de mois, et de lui exprimer en même tems, combien j' ai de regrets de son départ. J' ai l' honneur de souhaiter à Votre Excellence d' augmenter le succès des Armés de Sa Majesté, et La prie de me croire avec la considération la plus distinguée

Mon Général!

de Votre Excellence

le très humble Serviteur

Au Quartier Général
Menin ce 10. Aout.
1793.

G. F. Pr. Hed. d'Orange.

Com. Gen.

Uebersetzung:

Mein Herr General!

Ich eile Ew. Excellenz meinen Dank für die Nachrichten, welche Dieselben mir gefälligst mitgetheilt, zu sagen, und Ihnen zugleich zu bezeugen, wie unendlich mich Dero Abmarsch betrübt,

Ich wünsche, daß Ew. Excellenz das Glück der Waffen Sr. Majestät des Königs vermehren helfen mogen, und bitte Sie zu glauben, daß

ich mit der ausgezeichnesten Hochachtung
bin

Mein Herr General

Ew. Excellenz

Hauptquartier Menin,   ganz ergebener Diener
den 10. August 1793.   G. F. Erbp. v. Oranien.

Com.   Gen.

An des Königl. Preufsischen Herrn General-
lieutenants Freyherrn von Knobelsdorff
Excellenz.

Hauptquartier Herin, den 10. Aug. 1793.

Mit vielem Vergnügen werde ich Ew. Excellenz aus den Kaiserl. Königl. Magazinen,
wenn es erforderlich ist, von hier bis *Trier* verpflegen lassen, und ist deshalb nichts weiter
nöthig, als dafs ich meiner Verpflegsdirection
den Auftrag mache, auf Verlangen der Königl.
Preufs. Commissarien so viel Brod und Fourage
gegen Quittung aus unsern auf der Strafse von
hier nach *Trier* angelegten Magazinen zu ver-
abfolgen, als erforderlich seyn kann. Ich erlasse darüber unter einem den Befehl an meine
Verpflegsdirection mit dem Beysatz, dafs sich
dieselbe sogleich mit dem Königl. Preufsischen
Commissariat deshalb ins Einvernehmen setze,
damit ihr bekannt werden möge, wie viel Na-
turalien und an welchen Orten dieselben erforderlich werden mögen, auch sogleich wegen Maafs
und Gewicht das Einverständnifs zu pflegen,

da-

damit der Ersatz aus den Königl. Magazinen zu *Genth* in Natura geschehen könne, und darüber keine weitere Anfrage vorkommen dürfe.

Es ist mir nicht möglich, Ew. Excellenz den Tag zu bestimmen, an welchem Sie den Marsch antreten können, weil Ew. Excellenz Corps durch die Holländer, und jene durch die combinirte Armee des Herrn Herzogs *v. Yorck* Königl. Hoheit, ersetzt werden müssen; ich versichre Ew. Excellenz aber, dafs es mir sehr am Herzen liegt, Sr. Majestät, Ihres Königs Befehle, so bald nur immer möglich, in Vollzug zu bringen, und bin überzeugt, dafs Ew. Excellenz die Nothwendigkeit einsehen, den Abgang eines so beträchtlichen Truppen-Corps mit hinlänglicher Vorsicht einzuleiten, und dafs selbes bey den grofsen Bewegungen, von welchen die Armee eben zurück kommt, nicht so schnell geschehen kann, als wohl erwünschlich wäre.

Pr. Coburg,
Feldmarschall.

Ein Schreiben des Grafen *Tauenzien*, welcher von Königl. Preufs. Seite sich als militairischer Geschäftsträger bey dem Prinzen *von Coburg* befand, enthielt den Wunsch gedachten Prinzes, dafs unser Corps noch bis zum 18ten stehen bleiben möchte, welchem Verlangen der Generallieutenant *v. Knobelsdorf* nachzukommen, sich auch bereitwillig zeigte.

Monsieur!

J'ai convenu avec le Feldmaréschall que Votre Excellence pourra diriger Sa Marche en droiture sur Namur, pour joindre l'armée du Roi, mais il compte au moins que Votre Excellence voudra occuper son poste jusque vers ce 18. d'Aout, se trouvant dans un grand embarras par rapport au Corps d'Autrichiens qui accompagne le Duc d'Yorck et par ce que le Corps qui a servi près de Mayence se trouve encore dans les environs de Treves.

Je viens d'écrire à Sa Majesté pour lui mander ce qui vient de se passer et pour lui présenter les instances du Prince Coburg. C'est avec la plus haute considération que j'ai l'honneur d'être

Monsieur

de Votre Excellence

le très humble et très obéissant Serviteur

Raismes
ce 10. Aout 1793.

TAUENZIEN.

Uebersetzung:

Mein Herr!

Ich bin mit dem Feldmarschall übereingekommen, dafs Ew. Excellenz Ihren Marsch zur Vereinigung mit der Königl. Armee grade auf Namur richten können; indessen rechnet er darauf, dafs Ew. Excellenz Ihre Stellung noch bis gegen den 18ten August beybehalten werden, indem er sich in der gröfsten Verlegenheit theils durch den Abgang des Corps Oester-

reichischer Truppen, welches den Herzog
von *Yorck* begleitet, als auch weil das Corps,
welches bey *Maynz* gestanden, jetzt erst in der
Gegend von *Trier* ist, befindet. Ich habe so
eben an Sr. Majestät geschrieben, um ihm das
Vorgefallene zu melden, und ihm das instän-
dige Begehren des Prinzen *von Coburg* vorzu-
tragen.

Mit der ausgezeichnesten Achtung habe ich
die Ehre zu seyn,

Mein Herr

Ew. Excellenz

Raismes,

den 10. August 1793.

ganz ergebener und gehorsamster Diener
TAUENZIEN.

Den 11ten langte der Herzog *von Yorck* bey
Orchies an, woselbst die unter seinen Befehlen stehenden zur Unternehmung auf *Dünkirchen* bestimmten Truppen ein Lager bezogen.

Der Erbprinz *von Oranien* hatte Nachrichten
von der Ankunft eines feindlichen Corps bey *Lille*
erhalten, und theilte sie dem Preußischen Befehlshaber mit.

Mon Général!

Ayant reçu la nouvelle que 32000 hommes de-
voient, arriver hier à Lille, je m' empresse d' en don-
ner connoissance à Votre Excellence, croyant de
mon devoir de l'en prevenir, et la priant, en cas

qu'elle aye reçu quelques informations à l'égard de cet article de vouloir bien avoir la bonté de me les communiquer.

En attendant j'ai l'honneur d'être avec une parfaite considération.

Mon Général

de Votre Excellence

Au Quartier Général   *le trés humble Serviteur*

de Menin ce 11. Aout.   G. F. PR. HED. D'ORANGE.

1793.   Com.   Gen.

Uebersetzung:

Mein Herr General!

Da ich die Nachricht erhalten, daſs gestern 32000 Mann bey *Lille* ankommen sollten, so eile ich, Ew. Excellenz es bekannt zu machen, indem ich es für meine Schuldigkeit halte, dieselben davon zu unterrichten, und ersuche Sie, wenn Sie einige Nachrichten über diese Sache bekommen sollten, die Güte zu haben, sie mir mitzutheilen.

Indessen bin ich mit der vollkommensten Hochachtung

Mein Herr General

Ew. Excellenz

Hauptquartier Menin,   gauz ergebener Diener

den 11. August 1793.   G. F. ERBP. V. ORANIEN.

Com.   Gen.

Feldmarschall Prinz v. *Coburg* unterrichtete den Preufsischen General von einem Mifsverständnifs, welches wahrscheinlich dadurch entstanden, dafs die Englisch Hannöverifchen Truppen unsere Vorposten bey *Templeuven* und *Capellen* abgelöfst hatten, woraus die Vermuthung des Verlangens, einer gänzlichen Ablösung durch Hannoveraner entsprungen.

An des Königl. Preufs. Herrn General-Lieutenant Freyherrn von Knobelsdorf Excellenz.

Hauptquartier Herin, den 11ten Aug. 1793.

Der Hannöversche Herr General der Cavallerie *Graf v. Wallmoden* meldet mir eben, dafs Ew. Excellenz von ihm verlangt haben, er solle Ihre Posten heute besetzen, weil sie morgen abmarschiren würden.

Ich sehe dieses für einen Mifsverstand an, weil ich niemals den Antrag gehabt habe, noch haben konnte, Ew. Excellenz unterstehendes Truppen-Corps durch das Hannöverische ablösen zu lassen, übrigens beziehe ich mich auf meinen gestrigen Erlafs, und ersuche Ew. Excellenz nur noch drey bis vier Tage in Geduld zu stehen, binnen welchen die Arrangements getroffen und Ew. Excellenz abgelöfst seyn werden.

Ich verspreche mir Ew. Excellenz vollkommenen Beytritt zu diesem meinen Verlangen

O 3

da Sie mir Ihre persönliche freundschaftliche Gesinnungen zu meinen lebhaftesten Dank in jeder Gelegenheit erprobt haben; übrigens aber klar am Tage liegt, daſs eine dergestaltige Veränderung sich ohne augenscheinlichen Nachtheil nicht übereilen läſst, und deshalb selbst Sr. Majestät der König so gnädig waren, Ihrem Allerhöchsten Befehl hinzuzusetzen, wie es auf etliche Tage nicht anzukommen habe.

PRINZ COBURG,

Feldmarschall.

Der Preuſsische General erklärte in einem Antwortschreiben dem Feldmarschall Prinzen v. Coburg, daſs hierbey allerdings nur ein Miſsverständniſs zum Grunde gelegen.

Am folgenden Tage bezogen vier Bataillons Infanterie und ein Regiment Reuterey von dem Corps des Herzogs von Yorck ein Lager vor Capellen und Templeuven gegen über von Pont à Marque; dies bewog den Feind, diesen Posten ansehnlich zu verstärken, und die von der Ardennen- und Moselarmee angekommenen Truppen ein Lager bey Mons en Pevele beziehen zu lassen.

Eine von Lonnoy ausgegangene starke Patrouille fand alle, sonst gegen Lamponpont gewesene Verhaue, aufgeräumt, auch wirklich noch einen Trupp von ohngefehr 500 Franzosen, welche zwey Haubitzen bey sich hatten, mit der fernern Aufräumung beschäftiget. So wie diese Patrouille mit den ihr zur

Unterstützung mitgegebenen *Anspacher* Jägern sich
den Arbeitern nahete, wurde sie mit Granaten
empfangen; auf den ersten Schuſs eilte der Major
von *Coring*, *Goltzischen* Husaren-Regiments nebst den
zwey bey sich habenden Husaren-Eskadrons und
dabey kommandirten Schützen den *Anspacher* Truppen zu Hülfe. Sobald indessen der Feind sah, daſs
wir *Hem* gewinnen, und ihm dadurch in Rücken
kommen wollten, ergriff er die Flucht. Wir verlo-
ren unserer Seits einen Husaren und hatten ein bles-
sirtes Pferd, die Anspacher Jäger hatten 7 Blefsirte.

Aus *Lille* erhielten wir folgende Nachrichten:
Verschiedene Bürger von *Lille* haben Gegenvor-
stellungen wegen den Aufhebungen und Einker-
kerungen, welche auf die grausamste Weise fortge-
setzt werden, gemacht.

Seit dem 9ten sind ohngefehr 3000 Mann bey
Lille angekommen, welche zu der aus dem *Camp
de Caesar* verjagten französischen Armee gehören.

Lille ist noch gar nicht mit Lebensmitteln ver-
sorgt. Nur wenig Getraide kommt auf den Markt.
Man hat Wagens ausgeschickt, um auf dem Lande
das Getraide wegzunehmen, welches dem Landmann in Assignaten bezahlt werden soll.

Um den Patriotismus aufzumuntern und zu
erhalten, werden alle Augenblicke grofse Siege auf
den Strafsen ausgerufen, welche man in den täglichen Vorpostengefechten über die Preufsen erhalten zu haben behauptet.

Es sind wieder neue Aushebungen im Vorschlag. Die Bäcker von *Lille* haben Befehl erhalten, viel Brod vorräthig zu backen, für Truppen, welche, wie man sagt, kommen sollen.

––––––––––

Den 13ten August starb der Generalmajor *Graf von der Goltz* an seiner Wunde zu *Tournay*; er nahm die Achtung des ganzen Corps mit sich ins Grab. Der Generallieutenant meldete seinen Tod dem Feldmarschall Prinzen *von Coburg*. Der Herzog von *Yorck* kam heute in unser Lager, und besah sich die Stellung, so wie der Landgraf *Friedrich von Hessen-Cassel*, Gouverneur von *Mastricht* ebenfalls die von uns gezogene Chaine beritt.

Der Feind beunruhigte wieder täglich den Posten von *Bouvines*. Der General beschloß daher, um diesem Posten wieder einige Ruhe zu verschaffen, das Detachement aufheben zu lassen. Zu diesem Ende legte sich vor Tages Anbruch der Obrist *von Blücher*, mit 200 Pferden sowohl von den Husaren, als den beyden Cürassier-Regimentern Leib-Cürassier und Leib-Carabiniers in ein Versteck auf dem Wege nach *Peronne*, um der feindlichen Cavallerie, welche auf der Höhe bey der Windmühle von *Sainghin* vordringen würde, den Rückzug abzuschneiden. Der Major v. *Neumann* versteckte sich mit 120 Mann Infanterie ohnweit der Windmühle von *Sainghin*, ein Officier mit 40 Schützen kam rechts an der *Marque* und ein Officier mit 40 Mann

auf dem Wege nach *Peronne*, um heym Vordringen
unsere Cavallerie gegen die feindliche, den feindlichen Soutien - Posten auf dem Kirchhofe von *Sainghin*
anzugreifen, den Feind zu vertreiben, und die
Reutcrey zu unterstützen.

Der Feind gieng in die ihm gelegte Schlinge,
wir machten 1 Officier, 50 Mann und 16 Pferde gefangen, das übrige wurde nieder gehauen, nur wenige entrannen.

Auf die hierüber dem Prinzen *von Coburg* ge-
machte Meldung antwortete derselbe.

An des Königl. Preußischen Herrn General-
lieutenants Freyherrn von Knobelsdorff
Excellenz.

Herin, den 14ten Aug. 1793.

Indem ich Ew. Excellenz für die mir mitgetheilte Nachricht verbindlichst danke, daß
Dieselben keine Gelegenheit, dem Feind einen
empfindlichen Abbruch zu thun, unbenutzt
lassen, kann ich auch Ew. Excellenz nicht ber-
gen, daß der eingetretene Todesfall des in
allem Anbetracht verdienstlichsten und braven
Herrn Generals *Grafen von d. Goltz* mir sehr
empfindsam zu vernehmen gewesen ist, dessen
Verlust mit mir auch jedes Individuum der
Kaiserlich Königl. Armee bedauert.

Pr. Coburg,
Feldmarschall,

O 5

Der Preufsische General hatte dem Erbprinzen vorgeschlagen, da bey unserm Abmarsch Holländische Truppen die Stellung bey Bouvines besetzen sollten, einen Offizier zu uns zu schicken, der sich mit der dortigen Eintheilung der Posten im Voraus bekannt machte. Der Erbprinz nahm diesen Vorschlag an.

Mon Général!

Je m'empresse de féliciter Votre Excellence de l'avantage, qu'Elle vient encore de renporter sur l'ennemi, espérant et ne doutant point qu'il sera suivi de plusieurs autres.

Je réitere en même tems à Votre Excellence mes régréts sur son départ, et profiterai trés volontiers de la proposition de lui envoyer un Officier pour prendre connoissance de toute la position, qu'elle voudra bien avoir la bonté de lui montrer.

Je témoigne en même tems à Votre Excellence ma reconnoissance pour les trois lettres qu'Elle à bien voulu m'écrire, la priant, d'être persuadée des sentimens de la plus parfaite considération, avec laquelle j'ai l'honneur d'être.

Mon Général!

de Votre Excellence

le trés humble Serviteur

G. F. Pr. Hed. d'Orange.

An Quartier Général
Menin ce 15. Août.
1793.

Com. Gen.

Uebersetzung:

Mein Herr General!

Ich verfehle nicht Ew. Excellenz meinen Glückwunsch zu dem aufs neue über den Feind gehabten Vortheil abzustatten, indem ich wünsche und überzeugt bin, dafs ihm viele künftige folgen werden.

Zugleich wiederhole ich die Bezeigung meiner Betrübnifs über Ihren Abmarsch, und werde sehr gerne von Ihrem Vorschlag, einen Offizier an Dieselben zu schicken, der sich die ganze Stellung, welche Dieselben ihm zu zeigen so gefällig seyn wollen, bekannt macht — Gebrauch machen.

Zugleich bezeige ich Ew. Excellenz meinen Dank für die drey Briefe, welche Sie gefälligst an mich zu schreiben beliebet, und ersuche Sie, sich von den Gesinnungen der vollkommensten Hochachtung zu überzeugen, mit welcher ich zu seyn die Ehre habe,

Mein Herr General!

Ew. Excellenz

sehr ergebener Diener

Hauptquartier Menin,   G. F. Erbprinz v. Oranien,
den 15. August 1793.   Com.   Gen.

Der Herzog von *Yorck* brach heute von *Orchies* in zwey Colonnen auf, und bezog ein Lager dicht hinter dem unserigen, *Camphin* im Rücken habend. Da zu diesem Corps auch die vier Bataillons Infanterie und das Regiment Cavallerie gehörten, welche vor *Templeuven* und *Capellen, Pont à Marque* gegen über gelagert gewesen, so war durch ihren Aufbruch unsere linke Flanke auf einmal ganz entblöfst; als dem General nicht nur hiervon Meldung geschah, sondern auch, dafs der Feind dem abgezogenen Corps folgte, liefs er sogleich den Rittmeister *von Lange* mit 130 Pferden vom Leib-Kürassier-Regiment nach *Nomain* eilen, und die alten Posten besetzen, die Postenchaine ganz wieder auf die sonstige Art vorrücken, und noch durch zwey Bataillons, welche ohnweit *Genais* sich lagerten, unterstützen. *Orchies* ward durch den Hannövrischen Generalmajor Grafen *Oeynhausen* mit 1500 Mann Infanterie und 300 Pferden besetzt. Da aber auch dieser den 16ten wieder abmarschiren und dem Corps des Herzogs *von Yorck* folgen sollte, ohne dafs man gewifs wufste, wodurch dieser Ort zuletzt wieder besetzt werden würde, so schrieb der Preufsische General an den Feldmarschall, um etwas Bestimmtes hierüber zu erfahren.

An des Kayserlich Königlichen auch Reichs-Feldmarschall Prinzen von Coburg Durchlaucht.

Cysoing, den 15. Aug. 1793.

In diesem Augenblicke lagert sich das Corps Sr. Königl. Hoheit des Herzogs *von Yorck* hinter mir, um seiner Bestimmung gemäfs, weiter gegen *Dünkirchen* zu rücken; es ist mir ganz ohnmöglich zu erfahren, was zu meiner linken Seite steht.

Sr. Königlichen Hoheit hatten 4 Batallions Infanterie und 1 Cavallerie Regiment vor *Templeuven* und *Capellen* gegen *Pont à Marque* campiren lassen, dies bewog den Feind ein Lager bey *Mons en Pevéle* zu nehmen — Das Lager von *Templeuven* ist aufgebrochen und zu dem übrigen Corps des Herzogs gestofsen, jetzt ist der Feind gefolgt, und drängt meine linke Flanke — Zwey Bataillons habe ich ihm bereits entgegen geschickt, ich fürchte nichts von ihm, — abhalten werde ich ihn, — indessen kann ich doch nicht umhin, Ew. Hochfürstlichen Durchlaucht gehorsamst um nähere Nachricht, sowohl wegen der Besetzung von hier bis *Orchies*, als auch dieses Orts selbst, und überhaupt wegen meiner übrigen Bestimmung zu bitten.

K N O B E L S D O R F F.

An des Königl. Preufs. Herrn Generallieutenants Freyherrn von Knobelsdorff Excellenz.

Hauptquartier Herin, den 15. Aug. 1793.

Ueber Ew. Excellenz gefällige Aeufserung vom heutigen dato habe ich die Ehre zu erwiedern, dafs ich mir in Folge der mit dem Herrn Herzoge von *Yorck* getroffenen Verabredung

die Hoffnung gemacht hatte, dafs Sr. Königl.
Hoheit Theilweise marschiren und sohin die
Ablösung der Posten erleichtern würden.

Nach Ew. Excellenz gefälligen Erlafs mufs
dieses unterblieben seyn, und ich werde dadurch veranlafst, Ew. Excellenz aufs instän-
digste zu bitten, dafs Sie zur Sicherheit von
Orchies und Gegend die ungesäumte Anstalt zu
treffen, und diese Besorgnifs zu behalten belieben wollen, bis Morgen Nachmittag die Kaiserlich Königl. Truppen, welche bisher zu
Marchiennes gestanden sind, *Orchies* erreicht
haben werden.

Am Platz dieser von *Marchiennes* abgehen-
den Truppen werden andere drey Bataillons Infanterie von hieraus dahin geschickt.

Die mehreren Abänderungen, welche Sr.
Königl. Hoheit, der Herzog *von Yorck* in der
Zeit und Direction des Marsches genommen
haben, beschränkt mich in der Beantwortung
der von Ew. Excellenz, Ihrer übrigen Bestimmung wegen aufgeworfenen Frage, darauf: dafs
der Herr Erbprinz *von Oranien* damit einver-
standen ist, Ew. Excellenz sogleich abzulösen,
wenn der Herr Herzog *von Yorck* mit seinen
unterstehenden Truppen, so weit gekommen
seyn wird, dafs jene Gegend, die der Herr Erbprinz bis dato besetzet gehalten, gedeckt ist,
und ich bitte unter einem den Herrn Erbprinzen, dafs er Ew. Excellenz von dem Tage, an

welchem er in *Cysoing* eintreffen kann, preve-
niren wolle.

PRINZ COBURG,
Feldmarschall.

Von dem Posten von *Pont à Marque* lief heute
die bestimmte Nachricht ein, dafs er mit 3000 Mann
besetzt sey, und zwey Compagnien reitender Artillerie bey sich habe.

Das Lager von *Mons en Pevéle* bestand aus 9000
Mann, wovon ein grofser Theil von der Mosel-
Armee war.

Der Herzog *von Yorck* brach mit seinem Corps
den 16ten in der Frühe auf, und setzte seinen Marsch
nach *Dünkirchen* fort.

Orchies wurde diesen Nachmittag durch Kaiserl.
Königl. Truppen unter den Befehlen des Obristen
von Salis besetzt, welcher zu unserm Cavalleriepos-
ten in *Nomain* noch 1 Officier und 40 Mann Infanterie stofsen liefs, welche die Stelle des Officiers
und der 40 Schützen ersetzte, die sonst, da noch
Preufsische Besatzung in *Orchies* lag, dahin gegeben
worden. Er besetzte auch die Chaine von *Nomain*
bis *Orchies* mit Kaiserlichen Truppen. Ein feindli-
ches Detachement rückte den 18ten über *Hem* gegen *Willem* vor, zog sich aber, so bald sich unsere
Husaren und Schützen zeigten, wieder zurück.

Der Erbprinz von *Oranien* beschlofs heute, den
Entschlufs, welchen er schon so lange gefafst, dem
Feinde den Posten von *Lincelles* abzunehmen, ins

Werk zu setzen. Er griff zu dem Ende diesen Posten sehr lebhaft an, liefs diesen Hauptangriff durch verschiedene andere Scheinangriffe von *Tourcoing* und andern Orten aus gegen die übrigen feindlichen Posten unterstützen, und eroberte denselben nach einer hartnäckigen Gegenwehr auch wirklich.

Nachmittags halb 4 Uhr rückte der Feind wieder an und die Holländer überliefsen ihm denselben, mit Zurücklassung eines grofsen Theils ihrer Gewehre, zweyer Haubitzen, einem 12pfündner und fünf 3pfündnern. Der Herzog von *Yorck* befand sich mit seinem Corps bereits in der Nähe dieses Gefechts, und eilte den Holländischen Truppen zu Hülfe. Der Posten wurde wieder erobert, der Feind daraus verjagt und demselben 10 Kanonen abgenommen, doch waren die Holländischen bereits abgeführt, und sie wieder zu erlangen nicht mehr möglich.

Zu gleicher Zeit griff der Feind *Tourcoing* und *Roubaix* an, er führte sein Geschütz bis dicht vor erstere Stadt, und fing an, sie zu beschiefsen, wurde aber endlich zum Rückzug gezwungen. Auch die Besatzung von *Roubaix* leistete tapfern Widerstand, und zog sich erst, nachdem sie alle ihre Patronen verschossen hatte, nach *Watreloos* zurück. Der Feind besetzte das äufserste Ende von *Roubaix*.

Da nach den ersten Aeufserungen des Feldmarschalls Prinzen von *Coburg* der 18te der Tag war, an dem das Corps abgelöst werden sollte, diefs aber noch nicht geschehen, und auch überhaupt noch nicht

nicht einmal ein anderer Tag festgesetzt war, der
Preußische General aber heute den nachfolgenden
Cabinetsbefehl vom Könige erhalten hatte, nach
welchem derselbe uns bereits auf dem Marsche begriffen glaubte, so bat er den Prinzen von *Coburg*,
doch endlich in seinen Abmarsch einzuwilligen.
Er meldete ihm zugleich das lebhafte Feuer, welches wir gegen *Tourcoing* und so weiter herunter
hörten, von dem wir noch den Ausgang nicht
wußten.

Abschrift des Kabinets-Schreibens.

**Mein lieber Generallieutenant von Kno-
belsdorff!**

Ich habe Euer Schreiben vom 5ten dieses
Monats wohl erhalten, und bin mit allem, was
Ihr darinn gemeldet, und dem Schreiben bei-
gefügt ist, vollkommen zufrieden. Jetzt werdet Ihr vermuthlich den Marsch zur hiesigen Armee bereits angetreten haben, wodurch
sich Euer bisheriges Verhältniß in aller Absicht ändert, mithin habe ich diesen bloß die
Versicherung beyzufügen, daß Ich stets bin
Euer wohlaffectionirter König

Hauptquartier Türkheim,   FR. WILHELM.
    den 11. August 1793.

Feldmarschall Prinz *von Coburg* überschickte
dem Preußischen General folgendes Antwort-
Schreiben:

An des Königl. Preufs. Herrn Generallieutenants Freyherrn von Knobelsdorff Excellenz.

Herin, den 18. Aug. 1793.

Ich danke Ew. Excellenz recht sehr für die
mir mitgetheilte Nachrichten, und wünsche
nur, dafs die Affaire, welche sich in der Gegend von *Tourcoing* engagirt hat, zum allgemeinen Besten glücklich beendiget werde.

Was Ew. Excellenz Abmarsch mit ihren
Truppen betrifft, so finde ich Ihr Begehren
eben so billig, als ich gerne gleich darein willigen würde, wenn es die Umstände, welche
Dero tiefer Einsicht nicht entgehen können,
zuliefsen; ich schicke aber unter einem eine
Estafette an Sr. Majestät, den König, und
hoffe von Seiner Allerhöchsten Gnade, (weil
mir bewufst ist, wie sehr 'Allerhöchst Denenselben das allgemeine Beste am Herzen liegt),
dafs Sie den aus so wichtigen Gründen geschehenen Aufschub des Abmarsches Ihrer Truppen nicht ungnädig nehmen werden.

Ich bitte Ew. Excellenz wiederholt, Ihre
Ablösung durch die Holländischen Truppen
abzuwarten, vielleicht geschieht solche noch
früher als am 23sten, denn ich bin wirklich in
der Disposition begriffen, auch von Kaiserl.

Königl. Truppen gegen *Orchies* ein starkes Detachement abzuschicken.

PRINZ COBURG.

Feldmarschall.

Von der Armee am Oberrhein erfuhren wir,
dafs der Prinz *von Hohenlohe* den 13ten August früh
um 10 Uhr den Feind, welcher mit 5000 Mann Infanterie, 4 Regimentern Cavallerie und 30 Kanonen
unter den Befehlen der Generäle *Dormesweiler*, *la
Granche* und *Dalmet*, bey *Altstadt* und *Limbach* gestanden, angegriffen, aus seinen ansehnlichen Verschanzungen vertrieben, ihm aufser einer beträchtlichen Anzahl von Todten und Verwundeten, zwey
Kanonen, zwey Capitains, 1 Lieutenant und 180
Gemeine abgenommen und über *Rohrbach* nach *St.
Imbert* verfolgt habe.

Zu gleicher Zeit hatte General *Graf Kalkreuth*
den Feind bey *Neukirchen* angegriffen, welcher die
daselbst über die *Blies* liegende Brücke abbrannte,
und sowohl den Wald davor in seiner rechten Flanke
besetzt hatte, als auch *Neukirchen*, verschiedene
andere Höhen und die *Schmalze* verliefs und seinen
Rückzug gegen *St. Imbert* nahm. Aufser den Todten und Verwundeten verlohr der Feind 1 Fahne
und 66 Mann, welche ihm der Obrist *Szekely* abgenommen. Nachdem der Feind auf diese Weise
aus der Gegend von *Altstadt*, *Limbach* und *Neukirch*
delogirt worden, bezog das Corps des Prinzen von
Hohenlohe folgende Stellung.

P 2

General *Köhler* occupirt die Stellung bey *Altstadt*
und zwar steht das Füselier-Bataillon von *Legat*
und Grenadier-Bataillon vom Regiment *Herzberg* in
den feindlichen Schanzen hinter *Altstadt*. Das 1te
Bataillon von *Köhler* Husaren und die Jäger-Compagnie von *Nürnberg* stehet in *Altstadt* und *Limbach*,
und die Vorposten gehen von Kerkel bis hinter
Bierbach. Die Jäger-Compagnie *von Tümpling* hat
den Kloster- und Wostweiler Hof besetzt. Das 2te
Bataillon *von Köhler* macht die Connexion mit dem
Grafen *Kalkreuth* über den *Kohl-* und *Forbacher* Hof
gegen *Neukirch*, und die Eskadrons kantonniren in
Nieder-Mittelbetschlach, und *Wisweiler*. Der Obrist
von Malachowsky steht mit dem 2ten Bataillon *von*
Eben zu *Schwarzenacker*, und das Füselier-Batal-
lon *von Thadden* nebst der halben reitenden Batterie
von Lange campirt auf der Höhe von *Einnöde*, welches Dorf von diesem Bataillon besetzt ist. Der
Obrist *von Malachowsky* erstreckt seine Chaine bis gegen den *Jägerhof*, wo der Obrist *von Dehrmann* mit
dem 1ten Bataillon Graf *Golz* Husaren die seinige
anfängt, die *Zweybrücker* hinter sich läfst, und bey
Nieder-Auersbach an den General *von Wolffrath* an-
schliefst. Zwischen dem *Kreuzberg* und *Kalköfen*
kampirt das Grenadier-Bataillon vom Regiment
Romberg nebst dem Füselier-Bataillon *von Ernest*.
Die Artillerie dieser Bataillons nebst den 4 reitenden Kanons des Lieutenant *von Rochow* ist in ein
paar vor der Ziegeley angelegten Redouten placirt.
Das Füselier-Bataillon *von Ernest* hat die Ausgänge

von *Zweybrücken* mit Wachen besetzt, und die Jäger - Compagnie *von Uttenhofen* kantonirt in dieser Stadt disseits der *Blies.* Das 1te Bataillon *von Golz* Husaren steht zu *Kirchberg.* Das 1te Bataillon *Eben* Husaren in *Erpach.* Die beyden Dragoner-Regimenter nebst der reitenden Batterie *von Schönemark* campiren zwischen dem schwarzen *Meyerhof* und *Bedes.* Der rechte Flügel der Infanterie ist an der *Blies* appuyrt, und die Batterie steht auf dem *Kaninchenberge.* Die Stellung gehet quer über die Chausee, *Schwarzenacker* und *Einöd* vor der Fronte habend, und so läuft sie auf den Höhen weg, welche *en fer à cheval* rückwärts gegen das *Kirchberger* Thal, welches vorbleibt, laufen, so dafs *Homburg* hinter der Front liegt. Man kann von dem linken Flügel gleich auf den Weg kommen, welcher nach dem *Kreuzberg* hinter *Zweybrücken* führt. Von dem rechten Flügel kommt man bequem in einer halben Stunde nach *Altstadt,* und hierdurch ist diese Centralposition ungemein geschickt, um den beyden Seiten - Corps in kurzer Zeit Hülfe leisten zu können.

Generallieutenant Graf *Kalkreuth* bezog ein Lager am sogenannten *Kuhberge,* und der Obrist *Szekely* besetzte die *Schmalze, Neukirch* und die vorliegende Höhe. Das Corps dieses Generals bestand nach der Uebergabe der Vestung *Maynz* in

vier Eskadrons Sächsischer Carabiniers

vier Eskadrons Sächsischer Dragoner Herzog von *Curland.*

P 3

Zwey Eskadrons Sächsischer Husaren.

Fünf Bataillons Sächsischen Infanterie, nehmlich
1 Grenadier, 1 *Churfürst*, 1 *Anton*, 1 *Clemens*, 1 *Gotha*.

Sechs Bataillons Preußische Infanterie, 3 *Vittinghof* und 3 *Crousaz*.

Endlich in dem fliegenden Corps des Obristen
von *Szekely*, welches aus dem Preußischen Füselier
Bataillon *v. Wedel*, den Chur-Trierschen Jägern und
500 Pferden von der Preußischen Cavallerie, einem
vermischten Commando von allen bey der Armee
des Königs befindlichen leichten Cavallerie-Regi-
mentern bestand.

Dies Corps d'Armee hatte anfangs als es von
Maynz weggieng, zur Erholung an der *Selze* kanto-
nirt, drey Tage darauf näherte es sich der *Nahe* und
das Hauptquartier des Generals war in *Creuznach*.
Ein großer Theil der Truppen paßirte gleich den
Fluß.

Den 9ten August war es nach *Kirn* und Gegend.

Den 10ten nach *Oberstein*, die Husaren bis in
die Gegend von *Birckenfeld* vorgerückt, hatte

den 11ten daselbst Ruhetag, marschirte

den 12ten bis *Wolfsweiler*, drey Stunden von
St. Wendel und bezog

den 13ten, wie wir gesehen haben, das Lager
auf dem *Kuhberge*, 1 Stunde von *Ottweiler*. Es unterhält rechts die Communication mit den Kaiserlichen Truppen bey *Tholey*, links mit dem Corps des

Erbprinzen *von Hohenlohe* bey *Limbach*, welcher letztere sein Hauptquartier in *Homburg* nahm.

Der Feind hatte ein Lager bey *St. Inbert* be zogen, 1500 Mann standen in *Bliescastel*, und auf der *Einöder* Höhe, so wie auf dem *Bubenhäuser* Berge hinter *Zweybrücken* liefsen sich noch feindliche Patrouillen sehen. Der Feind brach auch die steinerne Brücke bey der *Ixheimer* Mühle hinter *Zwey-brücken* ab.

Den 20sten in der Frühe schickte der Major *von Coring* eine Hussarenpatrouille von *Willem* gegen *Hemm*. Einige 20 feindliche Jäger, welche sich in ein Versteck gelegt hatten, gaben als unsere Husaren auf sie stiefsen, eine Salve, und entkamen unter Begünstigung des an diesem Morgen aus serordentlich starken Nebels, welcher ihre Flucht verbarg. Wir hatten ein blefsirtes Pferd.

Auch dem Erbprinzen *von Oranien* hatte der Generallieutenant *von Knobelsdorff* das Königl. Kabinets-Schreiben mitgetheilt, und ihm dringend um Beschleunigung der Ablösung gebeten.

Monseigneur!

Votre Altesse Sérénissime connait les Ordres decisives du Roi mon maitre pour me rendre avec ce Corps ci a son armée.

P 4

Sa Majesté me croit déja en marche de puis long tems, et me voilà encore toûjours ici.

Vôtre Altesse Serenissime voit, que je risque de m'attirer la disgrace de mon Souverain, et Elle est trôp juste, pour poûvoir m'y exposer — le terme le plus avancé pour mon départ etait le 18me de ce mois, et me voila encore obligé de rester jusqu' au 23me. Je me soûmets à ce nouveau dé-lais, que Vôtre Altesse m'a fixé par le Capitaine de Hammelberg, lequel je m'evais donné l'honneur de Lui envoyer, mais j'ose déclarer en même tems, que c'est aussi le dernier terme, et que je ne puis plus étendre les ordres du Roi, et qu' en tout cas, et sous toute circonstance, si même je ne serais relévé, je dois partir le 23me. Permettés Monseigl. que je Vous rapelle une seule remarque, qui doit justifier la fermeté de ma resolution.

Là voici! Sa Majesté le Roi peut avoir conçû un plan d'opération, et s'imagine d'après son calcul, qu'à tel et tel jour, à tel et tel endroit j'arrive à son armée. Je n'arrive point, le plan d'opération est altéré par la, le coup manque, et la disgrace d'un Monarque, qui m'a honnoré toûjours de sa bienveillance et de sa confiance, en est pour moi la suite inévitable; disgrace, que je n'aurais pas ris-quée, si tout était suivi de la façon qu'il etait fixé au congres d'Herin du 3me Août. C'est avec le sentiment du plus profond respect, que j'ai l'honneur d'etre

Monseigneur

à Cysoing,   *de Votre Altèsse sérénissimé*

ce 20. Aout 1793.   *le plus humble et obeissant Serviteur*

KNOBELSDORFF,

Uebersetzung:

Gnädiger Herr!

Ew. Hochfürstlichen Durchlaucht sind die sehr bestimmten Befehle des Königs meines Herrn, mit diesem hiesigen Corps, zu seiner Armee zu stofsen, bekannt. Sr. Majestät glauben mich schon seit langer Zeit auf dem Marsche begriffen, und noch immer bin ich hier.

Ew. Hochfürstlichen Durchlaucht sehen selbst ein, dafs ich befürchten mufs, mir die Ungnade meines Monarchen zuzuziehen, und Hochdieselben sind zu gerecht, um mich dieser blofs geben zu können.

Der äusserste Zeitpunkt meines Aufbruchs war den 18ten dieses Monats, und jetzt bin ich aufs neue gezwungen, bis zum 23sten zu bleiben. Ich unterwerfe mich diesem neuen Aufschube, den Ew. Durchlaucht mir durch den Hauptmann *von Hammelberg*, welchen ich Hochdenenselben zuzuschicken mir die Ehre gegeben hatte, festgesetzt haben, — aber ich unterstehe mich auch zugleich zu versichern, dafs

P 5

dies auch der weit entfernteste Zeitpunkt ist,
dafs ich die Befehle des Königs nicht weiter ausdehnen kann, und dafs ich daher auf jeden
Fall, und unter allen Umständen, selbst wenn
ich nicht abgelöset würde, den 23sten abgehen
mufs.

Erlauben Sie, gnädiger Herr! dafs ich Hochdenenselben eine einzige Bemerkung zur Be-
urtheilung vorlege, welche die Festigkeit meines
Entschlusses rechtfertigen wird, hier ist sie:

Sr. Majestät der König können einen Operationsplan entworfen haben, — nach Höchst
Ihrer Berechnung glauben, dafs ich an diesem
oder jenem Tage, an diesem oder jenem Orte
bey Ihrer Armee eintreffe, — ich komme nicht
an, — der Operationsplan wird dadurch er-
schüttert, — die Unternehmung scheitert, und
die Ungnade meines Monarchens, der mich jederzeit Seines Wohlwollens und Seines Ver-
trauens gewürdiget, ist für mich die unausbleib-
liche Folge, eine Ungnade, der ich nicht ausgesetzt gewesen wäre, wenn alles so ausgeführt
worden, als es in dem Congrefs des 3ten August zu Herin festgesetzt war.

Mit dem Gefühl der tiefsten Erfurcht habe
ich die Ehre zu seyn

Gnädiger Herr .

Cysoing,   Ew. Hochfürstlichen Durchlaucht
den 20. Aug. 1793.   ganz ergebenster und gehorsamster Diener

KNOBELSDORFF.

Auf dieses Schreiben erhielt er folgende Antwort:

Mon Général!

D'après les Ordres, que Vôtre Excellence à reçue de Sa Majesté, je sens très bien la situation critique, dans la quelle Elle se trouve maintenant, et j'ai l'honneur de la prévenir, que je fais marcher après demain 3000 hommes, qui arriveront le 23m à Cysoing; si d'ici à ce tems il ne survient aucun evenement extraordinaire. Il ne m'a pas été possible de les envoyer plutôt et je sérais très fâché, que le retard de la marche de Vôtre Excellence pourrait lui faire quelque tort, quoique je dois y ajouter en même tems, qu'il n'y aurait point de ma faute, car Votre Excellence voudra bien se rapeller, que dans la conférence du 3m. Août à Herin, il etait stipulé, que le Duc d'Yorck s'étendrait jusqu'à la Lys, et puisqu' il parrait, que cela n'a pas pûs'executer, j'ôse me flatter, que Vôtre Excellence sentira très bien, que je ne puis point l'aisser cette Etenduë de pais ouvert aux invasions de l'ennemi en exposant par la mes magazins. J'espére néanmoins que ce delai ne portera point de préjudice aux succés des armes de Sa Majesté, priant Vôtre

Excellence d'être persuadée de la considération dis-
tinguée avec la quelle j'ai l'honneur d'être

mon *Général*

'Au Quartier de Menin *de Votre Excellence*
le 20. Aost 1793. *le très humble Serviteur*

   G. F. Pr. Hed. d'Orange,
     Com. Gen.

Uebersetzung:

Mein Herr General!

Nach den Befehlen, die Ew. Excellenz von
Sr. Majestät erhalten haben, fühle ich sehr
wohl die unangenehme Lage, in welcher
dieselben sich gegenwärtig befinden, und
ich gebe mir defswegen die Ehre, Denenselben
im voraus anzuzeigen, dafs ich übermorgen
3000 Mann aufbrechen lasse, welche den 23sten
in Cysoing eintreffen werden; wenn bis dahin
keine aufserordentliche Begebenheit eintreten
sollte. Sie eher zu schicken, war mir nicht
möglich, und würde mich sehr schmerzen, wenn
dieser Aufenthalt Ihres Marsches Denenselben
einige Unannehmlichkeit verursachen sollte,
ob ich mich gleich hinzuzufügen nicht entbre-
chen kann, dafs mir die Schuld davon nicht
beizumessen ist; indem Ew. Excellenz sich
gefälligst zurück zu erinnern belieben wollen,
dafs in der Conferenz von *Herin* am 3ten August
festgesetzt war, dafs der Herzog *von Yorck* sich
bis an die *Lys* ausdehnen würde, da es nun aber

scheint, dafs dieses nicht möglich gewesen, so
werden Ew. Excellenz doch sehr gut einsehen,
dafs ich diesen ganzen Landes-Strich, wodurch
ich meine Magazine blofs gebe, nicht den Ein-
fällen des Feindes preifs geben kann. Ich hoffe
indessen doch, dafs dieser Aufschub den glücklichen Fortschritten der Waffen Sr. Majestät
keinen Nachtheil bringen wird; und ersuche
Ew. Excellenz, sich von der sehr ausgezeichneten Hochachtung zu überzeugen, mit welcher ich die Ehre habe zu seyn

Mein Herr General

Hauptquartier Menin,   Ew. Excellenz
den 20. August 1793.   sehr ergebener Diener

G. F. Erbpr. v. Oranien,
Com.   Gen.

Der Brigade-Major der Cavallerie des Preufsischen Corps, Lieutenant *von Langwerth*, welchen
der Preufsische General mit seinem Schreiben an
den Erbprinzen geschickt, hatte aufser dem eben
angeführten Antwortschreiben dieses Prinzen von
demselben noch den mündlichen Auftrag erhalten,
dem General zu sagen, dafs dieses 3000 Mann starke
Holländische Corps unter den Befehlen des Bruders
des Erbprinzen, des Prinzen *Friedrich von Oranien*
stehen, jedoch die Posten nicht weiter als von
Willem bis *Bouvines* ablösen würde. Dies bewog
den Preufsischen Befehlshaber, den Prinzen von

Coburg Vorstellungen über die dortige Beschaffen:
heit der Dinge zu machen.

An des Kaiserl. Königl. auch Reichs-Feld-
Marschalls Prinzen von Coburg Durchlaucht.

Cysoing, den 21. August 1793.

Da ich je länger je mehr von den wichtigen
Folgen überzeugt werde, die ein aufgehaltener
Marsch meines Corps für die Armee Sr. Majestät
des Königs haben könnte, wenn Höchstderselbe
darauf gerechnet, dafs ich zu meiner bestimmten Zeit bey derselben eintreffen würde, nun
nicht eintreffe, Ew. Hochfürstlichen Durchlaucht aber mich in Ansehung meiner hiesigen
Ablösung an des Erbprinzen *von Oranien* Durchlauchten angewiesen hatten, so habe ich mich
unterstanden, dem Herrn Erbprinzen den Brigade-Major *von Langwerth* zuzuschicken, und
mit demselben die näheren Umstände zu verabreden und zugleich die Nothwendigkeit, den
Termin des 23sten August nicht weiter ins Län-
gere zu ziehen, vorzustellen.

Sr. Hochfürstlichen Durchlaucht der Herr
Erbprinz sind den Tag der Ablösung auch in
der Art eingegangen, dafs Sie mir bekannt gemacht, Sie würden des Herrn Prinzen *Friedrich*
Durchlaucht mit einem Corps von 3000 Mann
dergestalt detaschiren, dafs derselbe den 23sten
des Morgens gegen 9 Uhr hier einträfe, auch

alle Vorposten von *Willem* bis *Bouvines* ablö-
se.. In dieser Rücksicht werde ich den 22sten
zwey Bataillons, welche zur Deckung meiner
Bäckerey und meines 'Artillerie-Trains nothwendig sind, hier aufbrechen lassen, mit dem
übrigen aber, so wie des Prinzen *Friedrich*
Durchlaucht hier angekommen sind, und mich
abgelöst haben, folgen; welches ich meiner
Schuldigkeit gemäß hierdurch Ew. Hochfürstlichen Durchlaucht gehorsamst zu melden, nicht
habe unterlassen wollen.

Erlauben Ew. Durchlaucht, daß der Eifer für das allgemeine Beste mich so dreust
macht, Hochdenenselben eine gehorsame Vor-
stellung in Ansehung der Lage des hiesigen
Postens zu thun.

Pont à Marque und *Mons en Pevèle* sind mit
15000 Mann besetzt, und drey verschiedene
Personen, so heut hier angekommen, versichern einstimmig, daß ein Corps von 6000
Mann gestern noch angekommen, welche sich
in dem Grunde zwischen *Pont à Marque* und
Mons en Pevèle gelagert; so daß auf diesem
Flecke ein Corps von 21000 Mann, welches
von der *Moselarmee*, wie man sagt, gekommen,
steht. Ich glaubte, daß der Marsch des Herrn
Herzogs *von Yorck* Königl. Hoheit nach *Dünkirchen* auch diefs Corps nach den Seeküsten ziehen werde, indessen ist dies allen Nachrichten
zufolge nicht geschehen, und so eben noch

versichert mich der Herr Obriste Graf *von Ho-*
henzollern, welcher in diesem Augenblick von
den Vorposten zurückkömmt, daſs er das Lager noch ganz auf *Mons en Pevéle* sehr deutlich
gesehen.

Da nun des Prinzen *Friedrich von Oranień*
Durchlaucht blofs die Posten von *Willem* bis
Bouvines ablösen und besetzen wollen, so würde
diese ganze Seite offen bleiben, welche in aller
Hinsicht weit wichtiger ist, indem sich daselbst
ein Terrain befindet, welches wegen der unendlich vielen Abschnitte für Truppen wie die
französischen äufserst vortheilhaft ist. Anbei-
liegend unterstehe ich mich Ew. Hochfürstlichen
Durchlaucht die Stärke der Posten zu communiciren, welche mir zu besetzen nothwendig
geschienen *).

Die bestimmte Erklärung des Herrn Erbprinzen, nicht mehr als 3000 Mann hieher zu
schicken, und die Posten nicht weiter als bis
Bouvines zu besetzen, — „ein Theil der Magazine aller alliirten Mächte in *Tournai*, das aus-
serordentlich für eine Armee, wie die französische vortheilhafte Terrain, und endlich die
Unwis-

---

*) Ich lasse diese hier weg, weil ich sie bereits gleich im
Anfange bei Beziehung des Lagers angeführt.

A. d. H.

Unwissenheit, ob Ew. Durchlaucht, zu diesem
Corps Holländer noch ein Kaiserl. Königl.
stofsen zu lassen, geruhen werden — machten
es mir zur Pflicht, Ew. Durchlaucht meine er-
gebene Anzeige hiervon zu thun, so wie ich
überzeugt bin, dafs Hochdieselben, mir diese
Anzeige nicht, ungeneigt aufnehmen werden,
da gewifs nichts, als der glühendste Eifer für das
allgemeine Beste sie mir zu thun zur Pflicht
gemacht.

KNOBELSDORFF.

Der Feldmarschall antwortete dem Preufsischen
Befehlshaber:

An des Königl. Preufs. Herrn Generallieutenants Freyherrn von Knobelsdorff Excellenz.

Hauptquartier Herin, den 21sten Aug. 1793.

So sehr ich Ew. Excellenz bevorstehenden
Abmarsch aus persönlicher Hochachtung für
Sie, und wegen des mir dadurch entzogenen
weitern Beystandes Ihrer unterstehenden braven Truppen empfinde, kann ich dennoch nicht
anders als den Anordnungen Sr. Majestät des
Königs mich unterwerfen, und Ew. Excellenz
Anliegen, diese Allerhöchste Befehle durch
den, auf den 23sten bestimmten Aufbruch Ihres
Corps vollkommen billigen. Für die Freundschaft, mit welcher mir Ew. Excellenz von der

Stärke des Feindes zu sprechen belieben, und mich in die Kenntnifs der dortigen Situation setzen, bin ich Ihnen unendlich verbunden.

Ich habe 8 Bataillons, 3 Jäger-Compagnien, und 14 Eskadrons Kaiserl. Königl. Truppen bestimmt, um vereinigt mit dem Holländischen Corps von 3000 Mann den Posten von *Cysoing* und die Strecke von da bis inclusive *Marchiennes* zu besetzen, wovon der gröfste Theil bereits nach und nach auf *Marchiennes* und *Orchies* abgerückt ist, und welche sämmtlich unter dem Commando des Herrn Feldmarschall-Lieutenants *Beaulieu* stehen werden.

PRINZ COBURG,
Feldmarschall.

Der Feind gieng heute durch den von der Besatzung von *Lannoy* gemachten Verhau, bey welcher Gelegenheit er von den Anspacher Jägern mit kleinem Gewehrfeuer empfangen wurde. Es entstand ein ziemlich lebhaftes Feuer, welches so lange anhielt, bis der Rittmeister *von Planitzer* mit 40 Pferden, welcher durch den Major *von Coring* von *Willem* detachirt worden, *Hem* gewinnen zu wollen, sich den Anschein gab, worauf der Feind sich sogleich zurück zog.

Den 22sten August nahm der Preufsische Befehlshaber schriftlichen Abschied von dem Feldmarschall Prinzen *von Coburg*, und erhielt von diesem würdigen Fürsten, unter dessen Hauptleitung zu stehen unser ganzes Corps sich so glücklich gefühlt hatte, folgende Antwort:

Hochwohlgebohrner Freyherr!
**Hochzuehrendester Herr General - Lieu,
tenant!**

Die Ausdrücke, welche Ew. Excellenz in dem verehrlichsten vom 22sten an mich erlassenen Schreiben zu bemerken beliebten, sind für mich eben so schmeichelhaft, als mein Geständnifs ganz ungeheuchelt ist, dafs ich aus Ew. Excellenz thätig: .n Beystand, und aus der mit so vielem Ruhme ausgezeichneten Verwendung die Ursachen allein geschöpft habe, Ew. Excellenz mit Pflicht der Dankbarkeit die billige Gerechtigkeit wiederfahren zu lassen, welche Ew. Excellenz so gut aufzunehmen sich erklären, und wozu Ihnen Ihre Verdienste, und schätzbarsten Eigenschaften den Anspruch selbst bewähren. Für alles dieses erstatte ich Ew. Excellenz vorzüglich meinen verbindlichsten Dank, und bitte Sie, allen Ihren unterstehenden braven Generälen, Staabs- und Oberofficiers, und so auch den gesammten Truppen, nebst meiner Dankbezeugung eröffnen zu wollen, *dafs ich sie nach ihrem wahren altdeutschen Werth schätze und verehre.* Jede Gelegenheit, bey welcher ich Ihnen nützlich seyn könnte, wird mein Vergnügen vergröfsern, und ich wünsche nichts sehnlicher, als Ihnen werkthä,

tig den Beweis von der vollkommensten Hochachtung geben zu können, mit welcher ich un-
ausgesetzt zu verharren die Ehre habe

Ew. Excellenz

Bermerain
den 22. Aug. 1793.

ergebenster Diener
Pr. Coburg,
Feldmarschall.

Der Bruder des Erbprinzen, der Prinz *Frie-
derich von Oranien* zeigte dem Preußischen General
an, daß er sich diesen Morgen in Marsch setzen
würde, um uns den folgenden Tag abzulösen.

Monsieur!

*Etant destiné à relever Vôtre Excellence avec
un corps des troupes autrichiennes, commandées
par le Général de Beaulieu, et avec un petit corps
de nos troupes composés de 6 Bataillons et 6 Escadrons, je n'ai pas voulu manquer d'informer
Vôtre Excellence, de ce que je me mettrai ce matin
à quatre heures et demie en marche avec mes troupes, et que je compte d'être demain matin de très
bonne heure avec les dites troupes près de Cysoing.
Je La supplie de ne point quitter Sa position avant
que je sois arrivé, et de ne point retirer ses postes
avancées avant que j'aye eu le tems de les faire relever. Je suis bien faché, de ce que nous allons per-
dre Votre Excellence de notre voisinage, mais je suis
cependant d'un autre côté bien charmé d'avoir l'oc-
cassion de La voir encore avant Son départ, et de*

pouvoir L' assurer de bouche de la parfaite considéra-
tion, avec la quelle j'ai l' honneur d' être

M o n s i e u r

de Votre Excellence

Courtray,
ce 22. Aout 1793.   *le très humble et très obéissant Serviteur*

F R. P R. D' O R A N G E.

U e b e r s e t z u n g:

M e i n   H e r r!

Da ich nebst einem Corps Oesterreichi-
scher Truppen unter den Befehlen des General
Beaulieu bestimmt bin, Ew. Excellenz mit einem kleinen Corps unserer Truppen, bestehend
aus 6 Bataillons und 6 Eskadrons abzulösen,
so verfehle ich nicht, Ew. Excellenz anzuzeigen, dafs ich mich diesen Morgen halb 5 Uhr
mit meinen Mannschaften in Marsch setzen,
und mit gedachten Truppen morgen früh bey
guter Zeit ohnweit *Cysoing* einzutreffen gedenke.
Ich ersuche Dieselben ergebenst, Ihre Stellung
nicht vor meiner Ankunft zu verlassen, und
Ihre Vorposten nicht eher einzuziehen, als bis
ich die Zeit gehabt, Sie ablösen zu können.
Ich bedaure sehr, dafs wir Ew. Excellenz aus
unsrer Nachbarschaft verliehren, indessen macht
es mir andrer Seits viel Vergnügen, Gelegenheit zu haben, Dieselben vor Ihrer Abreise
noch zu sehen, und Ihnen mündlich die völl-

Q 3

kommenste Hochachtung versichern zu können, mit welcher ich die Ehre habe zu seyn.

M e i n H e r r !

Ew. Excellenz

sehr ergebener und sehr gehorsamer Diener

Courtray,
den 22. August 1793.

FR. PR v. ORANIEN.

Im Lager brachen an diesem Tage 200 Pferde von dem Leib-Kürassier und Leib-Karabinier-Regimente, nebst den beyden Mousquetier-Bataillons des *Kunitzkyschen* Regiments auf, und rückten nach *Tournay*, woselbst 100 Pferde und das 1ste Bataillon von *Kunitzky* die Bäckerey in Empfang nahmen, und den 23sten mit ihr den Weg nach *Namur* antraten. Die andern 100 Pferde und das 2te Bataillon dieses Regiments übernahmen es, den Artillerie- und übrigen Train zu decken, und folgten den 21sten der Abtheilung, welche die Bäckerey deckte.

In Betreff des übrigen Corps befahl der kommandirende General:

Sobald die Vorposten von *Willem* bis *Bouvines* morgen Früh von den Holländischen abgelöst sind, ziehen sich sämmtliche Husaren, so wie die Jäger-Compagnie von *Roelzig* auf die Höhe zwischen *Grüson* und *Bouvines* vor dem Lager zusammen, und schicken die bey sich habende Schützen zu ihren Regimentern zurück, von wo sie alsdann unter den Befehlen des Obristen von *Blücher* bey dem allgemeinen Aufbruch die Avant-Garde des Corps machen.

Sämmtliche Vorposten links von *Bouvines*, welche von dem Preußischen Corps gegeben werden, versammeln sich unter dem Befehle des Staabs-Offiziers von der Buschwacht, sobald sie abgelöset worden, und werden von demselben auf der geraden Strafse von *Mouchin* bis auf die Chaussee von *Orchies* nach *Tournay* geführt, wo sie das Corps d'Armée erwarten, und bey ihren Abtheilungen eintreten.

Die Truppen aus dem Lager marschiren folgendergestalt ab.

3 Bataillons *Knobelsdorff* links abmarschirt, haben die Tête, sie marschiren den geraden Weg nach *St. Amand*, woselbst sie nebst dem Hauptquartiere bleiben.

Dann folgen 3 Bataillons *Kalkstein* links abmarschirt, nehmen ihr Quartier in *Lincelles*; dann das Grenadier-Bataillon *von Boyneburg*, *Kunitzkyschen* Regiments, und 3 Bataillons von *Köthen*, auch links abmarschirt; diese 4 Bataillons kommen nach *Rumegies*.

Auf die Infanterie folgen, ebenfalls links abmarschirt, das Regiment Leib-Carabiniers, und die Leib-Kürassiers, beide nehmen ihr Quartier in *Mouchain*.

Beyde Batterien folgen auf das Regiment von *Knobelsdorff*, und fahren dann in der Tiefe bey *Mont de Bruyere* auf, wo vormals der Park gestanden, das Regiment *von Knobelsdorf* giebt bey den Batterien die nöthige Bedeckung.

Die 5 Eskadrons Husaren kommen nach *Mont de Bruyere* und *Rue gros pin*.

Die Jäger in der Vorstadt von *St. Amand* nach *Condé* und *Mont du Loup*.

Fouriere und Fourierschützen gehen heute Nachmittag noch nach ihren bestimmten Quartieren ab, morgen früh um 9 Uhr werden die Zelter im Lager abgebrochen, und wird die Bagage links abmarschirt, unter gehöriger Bedeckung in die Quartiere vorausgeschickt, in welchen die strengste Mannszucht zu halten, bey Vermeidung der härtesten Strafe anbefohlen wird.

KNOBELSDORFF.

In Gemäfsheit des Königl. Befehls, den Marsch bis *Trier*, zu reguliren, daselbst aber fernere Verhaltungsbefehle zu erwarten, war das Marsch- Cantonnirungs - Tableau folgendergestalt entworfen worden:

Marsch - Route des Preufsischen Truppen-Corps unter den Befehlen Sr. Excellenz des Herrn General-Lieutenants Freyherrn von Knobelsdorff aus dem Lager von Cysoing über Namur und Luxenburg nach Trier.

1ster Marsch aus der Gegend von *Cysoing* über *Bougheller*, *Mouchain*, *Rumegies*, *le Celles*, in die Gegend von *St. Amand*.

Dislocation.

St. Amand, Mont de la Bruyere, Rue gros Pin, Fauxbourg de Condé, von *le Celles* bis *St. Amand, Rumegies,* Vorstadt von *Valenciennes.*

2ter Marsch. Aus der Gegend von *St. Amand* über *Marliere, notre dame au Bois, Trieux de Fresnes,* auf der Chaussé durch *Condé* nach *Thivencel* über *Crespin,* in die Gegend von *Quieverain.*

Dislocation.

Thivencel, Heusies, Crespin, Quieverain, Montreuill, Thulin.

3ter Marsch aus der Gegend von *Quieverain* auf der Chaussee fort, durch *Mons* bis in die Gegend von *St. Simphorien.*

Dislocation.

Montpaliseu, St. Simphorien, Villers, St. Philluin, Bray, Bousson sur Huine, Beauvouloir, Beauliaux, Taio, Maurage, Neubourg.

4ter Marsch aus der Gegend von *St. Simphorien* auf der Chaussee, *Binch* rechts lassend, die sogenannte alte Römische Chaussee gerade fort in die Gegend von *Chapelle d' Herlemont.*

Dislocation.

Chapelle d' Herlemont, Chenise, Jeumond, Chaudfours, Gouy, du Coubeau, Tracegnyes, Reguignie, Courzelle, Boin.

Q 5

5ter Marsch aus der Gegend von *Chapelle d' Herlemont* von *Gouy* aus, auf der Chaussee fort über *Nieuville*, quer über die Chaussee von *Charle-Roi*, *Vagnele* rechts lassend, bis auf der grofsen Chaussee von *Namur*, dann rechts auf dieser Chaussee fort in der Gegend von *Sombreff*.

Dislocation.

Bottey, *St. Fiacre*, *Hümvée*, *Vieille - maison*, *Barriere*, *Sombreff*, *Trongiines*, *Billlie*, *Ballates*, *Moazi*, *Fanuez*, *Mielmont*, *Onoz*.

6ter Marsch, aus der Gegend von *Sombreff* auf der Chaussee fort in die von *Namur*.

Dislocation.

Velaine, *Geronsart* Abtey, *Lives*, *Erpeny*, *Loyers*, *Maise*, *Limoy*, *Andoy*, *la Perche*, *Nanicme*, *Dave*, *Mosel*, *Notre Dame de Mons*.

7ter Marsch. Aus der Gegend von *Namur* auf der Chaussee von *Luxenburg* über *Nahois*, *Emptine* nach *Monaye* und *Chauderie*.

Dislocation.

Emptine, *Emptinalle*, *Fontaine*, *Seauville*, *Moluville*, *Monaip*, *Chauderie*, *Bieren*, *Befsoulx*.

8ter Marsch. Aus der Gegend von *Chauderie* auf der Chaussee von *Namur* fort nach *Marche*, und von dort bey *St. Esprit* auf der Strafse nach *Roy*.

Dislocation.

Marche, *Waha*, *Hologné*, *Champlong*, *Charneux*, *Chavanne*, *Roy Lagnier*.

9ter Marsch, aus der Gegend von *Marche en Famine* auf der grofsen Strafse nach *Luxenburg* über *Ba- ride*, *Moulin*, *de Greinchamps* links lassend, über *belle Vue*, *Roumont*, *Flammerge*, in die Gegend von *Flammizoul*.

Dislocation.

Roumont, *Givroul*, *Givri*, *Frenel*, *Talle*, *Fronte*, *Flammerge*, *Champs*, *Flammizoul*, *Maude St. Etienne*.

10ter Marsch, aus der Gegend von *Flammizoul* dicht neben *Bastogne* vorbey auf der Poststrafse nach *Luxenburg* über *Malmaison* in die Gegend von *Martilange*.

Dislocation.

Warnach, *Oehl*, *Bodange*, *Greimel*, *Redel Wisenbach*, *Martilange*, *Wolfflingen*.

11ter Marsch. Aus der Gegend von *Martilange* auf der grofsen Strafse von *Namur* über die Poststa- tion *Attert* gerade durch *Arlon* in die Gegend von *Clair - Fontaine*.

Dislocation.

Walzingen, *Euschen* oder *Eischen*, *Clairfonteine*, *Birel*, *Stienen*, *Ober - Elter*, *Weyer*, *Barnich*, *Nieder- Elter*, *Sterpenich*, *Bettinchen*, *Hagen*, *Steinfont*.

12ter Marsch. Aus der Gegend von *Clairfontaine* und *Barnich* bis hinter *Luxenburg* in der Gegend von *Hosterd*, *Nieder - Anven* und *Semmingen*.

Dislocation.

Hostert, *Semmingen*, *Nieder-Anwen*, *Ober-An-
wen*, *Munsbach*, *Erenster*, *Mensdorff*, *Flaxweiler*,
Rodt.

13ter Marsch, aus der Gegend von *Luxenburg*, *Hostert*, und *Nieder-Anwen*, bey *Wasserbillig* über
die *Sure* ins Lager bey *Trier*.

Von unserm militärischen Geschäftsträger bey
der Armee des Prinzen v. *Coburg* dem Grafen *Tauenzien* erhielt der Preußische Befehlshaber folgende
Nachrichten.

Monsieur!

*Le plan du Roi d'agir sur l'offensive du Côté
de la Sarre parfoit avoir été dérangé par un autre, fait
par la Cour de Vienne de se porter vers l'Alsace
pour seconder les operations du Général Wurmser,
pour le moment on agira defensivement vers la Sarre.
Je prolongerai mon séjour à Bruxelles jusque vers
les premiers jours de la semaine prochaine, et au
cas, que Vôtre Excellence ait des Ordres à me
donner, je La supplie de vouloir me les addresser
ici. C'est un moment interessant pour la politique,
parcequ'il paroit, que se sera l'epoque, à la quelle
les differentes cours voudront enfin determiner leurs
vuës particulieres.*

C'est avec la considération la plus distinguée,
que j'ai l'honneur d'être

Monsieur

de Votre Excellence

Bruxelles,   *le trés humble et tres obeissant Serviteur*
le 21 m Août 1793.   TAUENTZIEN.

Uebersetzung:

Mein Herr!

Der Entwurf des Königs angriffsweise gegen die *Saar* zu handeln, scheint durch einen andern, im Wiener Cabinet entworfenen, verändert worden zu seyn, wonach wir uns nach dem Elsaß wenden sollen, um die Unternehmungen des General Wurmser zu unterstützen. Ich werde meinen Aufenthalt in *Brüssel* bis in die ersten Tage der künftigen Woche verlängern, und im Fall Ew. Excellenz mir Befehle zu ertheilen haben, ersuche ich Dieselben gehorsamst, sie hieher ergehen zu lassen. Es ist gegenwärtig ein sehr merkwürdiger Augenblick für die Politik, indem es scheint, daß es der Zeitpunkt seyn wird, an welchem die verschiedenen Höfe endlich ihre besondern Absichten bestimmen werden.

Mit der ausgezeichnesten Hochachtung habe ich die Ehre zu seyn

Mein Herr!

Ew. Excellenz

Brüssel,   sehr ergebener und sehr gehorsamer Diener
den 21. August 1793.   TAUENZIZEN.

Dieser Brief giebt Gelegenheit zu verschiedenen Bemerkungen. Die Privatabsichten der verschiedenen Höfe waren also gegen den Ausgang der Campagne 1793, nehmlich im August Monat, zwar noch nicht entschieden erklärt, es wurde aber doch nach Privatabsichten gehandelt. Denn England wollte *Dünkirchen* und den Amerikanischen Handel für sich haben; Holland schien mit dem Versprechen des gänzlichen Ruins von *Antwerpen* durch Sperrung der Schelde zufrieden; Oesterreich hatte wirklich alles das, was durch die Waffen sämmtlicher Alliirten in den Niederlanden erobert worden, als für sich rechtmäfsig erworbenes Eigenthum erklärt, und schien die nehmliche Erklärung einst im Elsafs und Lothringen wiederholen zu wollen, weshalb es die Preufsische Armee von der *Saar* abzog, und zur Unterstützung der Armee des General *Wurmser* verlangte.

Nur der König von Preufsen scheint hier wieder ohne Privatabsichten zu handeln, man müfste ihm denn das als ein Privatinteresse anrechnen wollen, sich als den Retter und Beschützer des deutschen Reichs zu betrachten. Er wollte das deutsche Reich von dem Feinde reinigen, zu diesem Ende angriffsweise gegen die *Saar* handeln und *Trier* decken, vielleicht durch Eroberung von *Saarlouis* der ganzen dortigen Gegend mehr Festigkeit geben. Allein er ward durch die Bereitwilligkeit, mit der er jederzeit seinen Alliirten mehr leistete, als er selbst nach dem weitesten Sinn des Allianz-Tractats zu

leisten verpflichtet war, endlich mit nach dem Elsafs
gezogen, und dadurch wurden seine schönen Entwürfe für Deutschland vereitelt. — Ueberhaupt
scheinen die weitaussehenden Vergröfserungsabsich-
ten des Wiener Hofes sehr das Glück des ganzen
Krieges für die Alliirten erschwert zu haben, denn
ohne zu rechnen, dafs die rasche Erklärung der eroberten Länder für rechtmäfsig erworbenes Eigenthum, (welche Erklärung nach Beendigung des
Krieges vielleicht immer noch zeitig genug kam),
das Herz der Bewohner uns entrissen, bey denen
der Nationalstolz sich jedesmal empörte, wenn sie
bedachten, dafs sie hierdurch den Namen F r a n z o-
s e n, verlöhren, einen Namen, welchen noch vor
wenigen Jahren für die mehrsten Europäischen Völ-
ker das Andenken von Mustern in der Schriftsteller
und Künstlerwelt, wie in den feinern Sitten in sich
schlofs: so wurde der Wunsch, Elsafs und Lothringen zu erobern, wahrscheinlich die Ursache der
Zerrüttung des ganzen Hauptoperations - Plans gegen Frankreich. Ohne in die Geheimnisse der Ca-
binetter eingeweiht zu seyn, und den grofsen Ope-
rations-Plan zu durchschauen, scheint es mir doch
einleuchtend, dafs der Entwurf zu einer Unternehmung gegen Frankreich nur durch eine Linksschwenkung ausgeführt werden konnte, bey welcher der
linke Flügel der Linie sich an *Mannheim* lehnt, der
rechte aber an den Seeküsten fortgeht, welcher, da
wir mit Seemächten alliirt sind, sehr leicht durch
ihre Flotten gedeckt werden könnte, und die Ar-

meen, welche auf jenem Flügel operiren, für allen
Mangel sichern. Alle Eroberungen können nur
durch den rechten Flügel gemacht werden, und da
bey einer Linksschwenkung der linke Flügel den
Fortgang des rechten abwarten muſs, so war bey
diesem linken Flügel auch nur dann erst an Eroberungen zu denken, wenn die vom rechten Flügel
gemachten Eroberungen das Vorrücken des linken
erlaubten.

Wenn es nun ausgemacht ist, daſs man bey einer bloſs zur Vertheidigung bestimmten Armee nicht
so vieler Truppen bedarf, als bey derjenigen, welche
Eroberungen machen soll, so wie, daſs sie diese
nicht anders als mit Wegnahme von Vestungen erhalten kann, man also immer Belagerungs und Ob-
servations-Armeen haben muſs, welche letztere oft
allein eine so starke Truppenanzahl verlangen, als
eine ganze zur Defensive bestimmte Armee: so würde
auf dem linken Flügel ein beträchtlicher Theil der
Truppen erspart worden seyn, welcher auf dem
rechten mit vielem Nutzen hätte gebraucht werden
können. Es sey mir erlaubt, mich hierüber näher
zu erklären, und daher eine Berechnung der Armeen
aufzuführen, wie sie gegen einander gefochten. Ich
werde jede in ihrer vollen Zahl nehmen, ohnerachtet ich wohl weiſs, daſs eine vollzählige Armee ein
Unding ist, indem sie fast stündlichen Veränderungen unterworfen. Ich nehme indessen deswegen
den completten Etat an, damit man eine Basis hat,
nach der man gehen kann. Ist auch bey der Einen

Armee

Armee viel Abgang gewesen, so hat derselbe doch in demselben Verhältnifs auch bey der entgegengesetzten statt gefunden; das Verhältnifs einer Armee gegen die andere bleibt daher in Absicht ihres Abgangs im Durchschnitt ziemlich immer dasselbe.

Berechnung sämmtlicher im Felde gestandener Armeen, sowohl der alliirten Mächte, als des Feindes, clusive Artillerie, Ingenieur, Mineur, aller Trains und übrigen dergleichen Corps.

Die Armee der alliirten bestand aus

1. Kaiserlichen inclusive Reichs-Truppen.
2. Preufsen.
3. Holländer.
4. Engländer.
5. Hannoveraner.
6. Hessen.
7. Sachsen.
8. Pfälzer.
9. Emigrirte.

1tens die Kaiserlichen bestanden aus

Infanterie regulaire Bataillons.

zwey Bataillons *Michael Wallis*.
zwey   —   *Brentano.*
drey   —   *Wartensleben.*
zwey   —   *Brechainville.*
drey   —   *Callenberg.*

ein	Bataillon	Beaulieu,
drey	—	Kaunitz
zwey	—	Murray,
ein	—	Vierset
zwey	—	Liegne
zwey	—	Würtemberg
ein	—	Cur Kölln
ein	—	Spleny
zwey	—	Joseph Colloredo
zwey	—	Valoner Grenadier
vier	—	Ungarn Grenadier
fünf	—	Böhmen Grenadier
zwey	—	Anton Eszterhazi
zwey	—	Starray
drey	—	Clerfayt
zwey	—	Stein
zwey	—	Jordis
zwey	—	Wenzel Colloredo
sechs	—	Gränzer
zwey	—	Keül
zwey	—	Hohenlohe
drey	—	Stuart
zwey	—	Erzherzog Karl
zwey	—	Grofsherzog Toscana
zwey	—	Deutschmeister
zwey	—	Grün Laudon
zwey	—	Mathesen
drey	—	Carl Schröder
ein	—	Salzburg
drey	—	Mytrowsky

drey Rataillons		*Franz Kinsky*
drey	—	*Klebeck*
drey	—	*d'Alton*
ein	—	*Jellacziz*
ein	—	*De vins*
zwey	—	*Gemmingen*
drey	—	*Bender*
drey	—	*Montfredini*
zwey	—	*Würtzburger*
ein	—	*Bamberger*
zwey	—	*Preiß*
zwey	—	*Samuel Gyulay*
zwey	—	*Pellegrini*
zwey	—	*Hoff*
zwey	—	*Kaiser*
zwey	—	*Lazcy*
zwey	—	*Ollivier Wallls*
drey	—	*Erzherzog Ferdinand*
zwey	—	*Terzy*
ein	—	*Strazoldo*
zwey	—	*Neugebauer*
ein	—	*Thurn*
ein	—	*Luttermann*
zwey	—	*Wilhelm Schröder*
ein	—	*Servier*
zwey	—	*Knezaviz*
zehn	—	*Reichstruppen*

Summa 142 Bataillons

Das Bataillon zu 1000 Mann beträgt 142000 Mann.

R 2

Leichte Truppen, einzelne Compagnien.

11	Compagnien	Odonell
5	—	Le Loup Jäger
10	—	Tyroler
8	—	Croaten
10	—	Mahony
6	—	Michalowitz
2	—	Karneville
1	—	Limburger
2	—	Gräntz Scharfschützen
2	—	Anhalt Zerbst.

57 Compagnien.

Die Compagnie zu 200 Mann macht 11400 Mann.

Cavallerie.

10	Eskadrons	Kaiser	Husaren
10	—	Esterhazy	—
10	—	Barco	—
8	—	Blankenstein	—
10	—	Wurmser	—
10	—	Erdödi	—
6	—	Seckler	—
8	—	Erzh. Leopold	—
2	—	Berchiny	—
2	—	Sax	—
4	—	Hadenen	—
6	—	Czeswitz	Cürassier
6	—	Hohenzollern	—
6	—	Mack	—

6 Eskadrons *Nassau Kürassier*

6 — *Kavanagh* —

6 — *Erzherz. Franz* —

6 — *Erzherz. Joseph* —

4 — *Royal Allemand* —

6 — *Kinsky chevaux legers*

6 — *Karaczay* —

2 — *Lobkowitz* —

2 — *Albert* —

6 — *Kaiser* —

6 — *Albert Carabiniers*

6 — 2te *Carabinier Regiment*

8 — *La Tour Dragoner*

8 — *Coburg* —

6 — *Kayser* —

6 — *Waldeck* —

16 — *Reichstruppen*

25 *Pferde Anhalt Zerbst*

8 Eskadrons *Knezoviez* Frey-Corps.

---

212 Eskadrons 25 Pferde.

Die Eskadron zu 100 Pferde macht 21,225 Pferde.

Total der Kayserlichen:

regulaire Bat. Infanterie 142 Bataillons 142,000 Mann

Comp. leichter Truppen 57 Compag. 11,400 -

Cavallerie 212 Eskadr. 21,200 -

Zerbster 25 Pferde 25 -

174,625 Mann

R 3

2tens Preufsen.

Infanterie.

Ein Infanterie-Regiment besteht, nach Abzug
der Spielleute, Artilleristen, Chirurgen, und dem
Unter-Stabe, welche bey den Franzosen auch nicht
mitgerechnet sind

in   55 Ober-Offiziers

   144 Unteroffiziers

    36 Compagnie-Tambours

   120 Schützen

 1920 Gemeinen

in allem 2275 Mann, welche 3 Bataillons formiren

3 Bataillon	*Romberg*
3	—	*Manstein*
3	—	*Kunitzky*
3	—	*Schladen*
3	—	*Hohenlohe*
3	—	*Prinz Heinrich*
3	—	*Knobelsdorff*
3	—	*Thadden*
3	—	*Herzberg*
3	—	*Borch*
3	—	*Kalkstein*
3	—	*Kleist*
3	—	*Prinz Ferdinand*
3	—	*Vittinghoff*
3	—	*Crousatz*
1	—	*Rhodig*
1	—	*1te Garde*

2 Bataillon *Regiment Garde*

3 — *Herzog von Braunschweig*

3 — *Köthen*

3 — *Rüchel*

3 — *Wolfframsdorff.*

61 Bataillons oder 46,259 Mann.

Leichte Infanterie.

Füsselier.

Ein Füsselier Bataillon besteht nach Abzug von Spielleuten, Chirurgen und Unterstab in

19 Oberoffiziers

48 Unteroffiziers

4 Compagnie - Tambours

40 Schützen

560 Gemeinen

in allen 671 Mann, davon waren bey der Armee

1 Bataillon von *Thadden*

1 — *Müffling*

1 — *Martini*

1 — *Renouard*

1 — *Wedel*

1 — *Legat*

1 — *Ernest*

7 Bataillons — 4697 Mann.

Jäger zu Fuss.

10 Compagnien, welche nach Abzug der Chirurgen und des Unterstabes in 42 Oberoffiziers

100 Unteroffiziers

10 Waldhornisten

1200 Gemeinen in allem

in 1352 Mann bestehen.

R 4

Cavallerie.

Ein Husaren-Regiment besteht nach Abzug der Eskadrons-Chirurgen, der Fahnen-Schmiede und des Unterstabes in 51 Oberoffiziers

$$
\begin{array}{r}
150 \text{ Unteroffiziers} \\
30 \text{ Eskadrons Trompeter} \\
1320 \text{ Gemeine} \\
\hline
1551 \text{ Mann.}
\end{array}
$$

Ein Dragoner-Regiment von 5 Eskadrons bestehet nach dem bey den Husaren erwähnten Abzuges in 37 Oberoffiziers

$$
\begin{array}{r}
75 \text{ Unteroffiziers} \\
15 \text{ Eskadrons-Trompeter} \\
610 \text{ Gemeine} \\
\hline
737 \cdot
\end{array}
$$

Ein Kürassier-Regiment, so wie die Karabiniers zu 5 Eskadrons besteht nach eben dem Abzug, wie bey den Husaren und Dragonern in

$$
\begin{array}{r}
37 \text{ Oberoffiziers} \\
75 \text{ Unteroffiziers} \\
15 \text{ Eskadrons-Trompeter} \\
610 \text{ Gemeine} \\
\hline
737 \text{ Mann.}
\end{array}
$$

Von diesen Truppen Arten waren bey der Armee

10 Eskadrons	Graf *von der Golz*	*Husaren*
10 —	*von Köhler*	—
10 —	*Wolffrath*	—
10 —	*Eben*	—

10 Eskadrons *Bayreuth Dragoner*

5	—	*von Katte*	—
5	—	*- Schmettau*	—
5	—	*Gr. Lottum*	—
5	—	*v. Voſs*	—
5	—	*Leib Regiment Kürassier*	
5	—	*Leib Karabiniers*	
5	—	*Herzog Weymar*	
5	—	*v. Borstel.*	

90 Eskadrons — 13573 Mann.

Total der Preuſsen.

Infanterie Bataillons 61 oder 46259 Mann
Füsselier Bataillons 7 oder 4697 -
Jäger Compagnien 10 oder 1352 -
Cavallerie Eskadr. 90 oder 13574 -

65882 Mann.

3tens Holländer.

Nach der eigenen Angabe bey der Konferenz von *Antwerpen*

Infanterie 12000
Cavallerie 3000
Total 15000 Mann.

4tens Engländer.

Nach der ebenfalls bey dieser Conferenz gemachten Angabe

Infanterie 7 Bat. a 600 Mann 4200
Cavallerie : - 3000
Total 7200 Mann

R 5

5tens Hessen.

Nach derselben Angabe.

Infanterie 6700
Cavallerie 1300
Total 8000 Mann.

6tens Hannoveraner. Infanterie.

Das Bataillon zu 4 Compagnien, die Comp. 160 Mann

2	Bataillon	Fufsgarde
2	—	vom 4ten Infanterie Regiment
2	—	vom 5ten
2	—	vom 6ten
2	—	vom 10ten
2	—	vom 11ten

12 Bataillons 7680 Mann.

Grenadiers.

Das Bataillon zu 4 Comp. die Comp. zu 176 Mann
3 Bataillons Grenadier 2112 Mann.

Cavallerie.

Die Eskadron zu 160 Pferde.

2	Eskadrons	Leib-Garde
2	—	vom 1ten Regiment
2	—	vom 2ten
2	—	vom 4ten
2	—	vom 5ten
2	—	vom 7ten
2	—	vom 9ten
2	—	vom 10ten

16 Eskadrons 2560 Mann.

Total der Hannoveraner.

Infanterie 12 Bataillons 7680
Grenadiers 3 Bataillons 2112
Cavallerie 16 Eskadrons 2560

Total 12352

7tens Pfälzer.

Ohngefähr 5000 Mann sowohl Infanterie als Cavallerie.

8tens Emigrirte von *Condé*.

Ohngefähr 6000 Mann, sowohl Infanterie als Cavallerie.

9tens Sachsen, ohne Artillerie, Unterstab, Chirurgen.

Infanterie 103 Oberoffiziers
268 Unteroffiziers
103 Spielleute
2975 Gemeine

Total 3449 Mann.

Cavallerie, Offiziers, Unteroffiz. und Gemeine 1551

Total der Sachsen.

Infanterie 3449
Cavallerie 1551

5000 Mann.

Uebersicht der alliirten Armee.

Kaiserl. Truppen incl. Reichstruppen 174625 Mann
Preußen   -   -   -   65882 -
Holländer   -   -   -   15000 -
Engländer   -   -   -   7200 -
Hessen   -   -   -   8000 -
Hannoveraner   -   -   12352 -
Sachsen   -   -   5000 -
Pfalzer   -   -   -   5000 -
Emigrirte von Condé   -   -   6000 -

Total 299059 Mann

Die Armee der Franzosen bestand aus folgenden 4 Abtheilungen: 1) *Nord-Armee*, 2) *Ardennen-* 3) *Mosel-* 4) *Rhein-Armee.* Diese waren zusammengesetzt aus Linientruppen, Jägern zu Fuß, Nationalgarden, Grenadiers, Fedéres nationeaux, Volontairs de la reserve, Karabiniers, Kürassiers, Husaren, Dragoner, Jägern zu Pferde.

Ein Bataillon besteht nach Abzug des Staabes, Unterstaabes, der Regiments und Bataillons- Tambours, der Hautboisten, der Chirurgen, Bataillons-Schuster und Bataillons Schneider in

Einer Grenadier und acht Füsselier Compagnien.
Eine Grenadier-Compagnie besteht aus
    1 Capitain
    2 Lieutenants
    1 Sergeant Major
    2 Sergeanten
    1 Corporal Fourier
    4 Corporals
    4 Apointes
    45 Grenadiers
    2 Tambours

Summa 65 Köpfe.

Eine Füsselier Compagnie besteht aus

 1 Capitain

 2 Lieutenants

 1 Sergeant Major

 3 Sergeanten

 1 Corporal Fourier

 6 Corporals

 6 Apointes

 67 Füsseliers

 2 Tambours.

Summa 89 Köpfe.

Es besteht also ein Bataillon aus 1 Grenadier-Compagnie, 8 Füsselier Compagnien oder 777 Köpfe.

Ein Regiment Karabiniers, Kürassiers, Husaren und Dragoner besteht aus 4 Eskadrons, die Eskadron zu 170 Pferde.

Ein Regiment Jäger zu Pferde aus 6 Eskadrons zu 170 Pferde die Eskadron.

Ein Regiment Karabiniers, Kürassiers, Husaren und Dragoner ist demnach 680 Pferde,

Ein Regiment Jäger zu Pferde 1020 stark.

1stens Nord-Armee.

Linientruppen deren sind bey der Armee.

Vom Regiment No.	Das 1te Bataillon	Das 2te Bataillon
No. 1	—	1
2	1	—
5	—	1
6	1	—

Nord-Armee, Linientruppen.

Vom Regiment No.	Das 1ste Bataillon	Das 2te Bataillon
No. 12	1	1
- 13	1	—
- 14	1	—
- 15	1	—
- 16	1	—
- 17	1	—
- 18	1	—
- 19	1	—
- 22	1	1
- 24	—	1
- 25	1	1
- 36	1	1
- 38	1	1
- 43	1	—
- 45	1	1
- 47	1	—
- 49	1	1
- 54	1	—
- 56	1	1
- 58	1	—
- 62	1	—
- 67	1	—
- 68	1	—
- 71	1	—
- 78	1	—
- 81	—	1
- 83	1	1

Nord-Armee, Linientruppen.

Vom Regiment No.	Das 1ste Bataillon	Das 2te Bataillon
No. 89	1	1
- 90	1	1
- 91	1	—
- 93	1	1
- 102	1	—
- 104	1	1
Summa	33 17	17
Total	50	Batail. oder 38,850 Mann.

Jäger zu Fufse, deren sind dabey.

Von dem Bataillon No.	Das ganze Bataillon	Die zu dem Batail. gehörende Frey Compagnie
No. 1	—	1
- 2	—	1
- 3	—	1
- 5	—	1
- 9	1	—
- 10	1	—
- 14	1	—
- 21	1	—
- 23	1	—
- 24	1	—
- 28	1	—
- 32	1	—
Total	8 Batail.	4 Comp. oder 6572 Mann

Nordarmee.

National-Garden, deren sind dabey.

Namen des Departements, aus welchem sie sind.	No. des Bataillons	Bataillon	Compagnie
Aisne	No. 1	1	—
	- 5	1	—
	- 6	1	—
Allier	- 1	1	—
Alpes (basses)	- 2	1	—
Ardennes	- 3	1	—
	- 5	1	—
Aube	- 3	1	—
Bouches du Rhone	- 1	1	—
Calvados	- 1	1	—
	- 2	1	—
	- 3	1	—
	- 6	—	1
	- 10	1	—
Charente	- 3	1	—
	- 4	1	—
	- 5	1	—
Charente inferieure	- 1	1	—
Correze	- 2	1	—
Cote d'or	- 5	1	—
	- 9	1	—
Cotes du nord	- 1	1	—
Doubs	- 7	1	—
Eure	- 1	1	—
Finisterre	- 1	1	—
	- 2	1	—

Nordarmee, National-Garden.

Namen der Departements, aus welchen sie sind.	No. des Bataillons	Bataillon	Compag.
Gard	No. 2	1	—
Gers	- 7	1	—
Gironde, jetzt	- 1	1	—
Bec d'ambez	- 3	1	—
Herault	- 6	1	—
Ille et Villaine	- 1	1	—
Jura	- 6	1	—
Loiret	- 1	1	—
Lot	- 3	—	1
Manche	- 1	1	—
	- 2	1	—
Marne	- 1	1	—
	- 3	1	—
Marne-	- 1	1	—
haute	- 3	1	—
Mayenne	- 1	1	—
	- 2	1	—
Mayenne et Loire	- 2	1	—
Meurthe	- 1	1	—
	- 2	1	—
	- 3	1	—
	- 5	1	—
	- 8	1	—
Meuse	- 2	1	—
	- 4	1	—
Moselle	- 1	1	—
Nievre	- 2	1	—

Nordarmee. National-Garden.

Namen der Departements, aus welchen sie sind.	No. des Bataillons	Bataillon	Compagnie
Norde	No. 1	1	—
	- 2	1	—
	- 4	1	—
	- 5	1	—
	- 7	1	—
	- 9	1	—
haute Vienne	- 1	1	—
	- 2	1	—
Vosges	- 2	1	—
	- 5	1	—
	- 10	1	—
Oise	- 1	1	—
	- 2	1	—
	- 3	1	—
	- 5	1	—
	- 6	1	—
Orne	- 1	1	—
	- 2	1	—
Vendee	- 2	1	—
Vienne	- 1	1	—
	- 2	1	—
Yonne	- 2	1	—
	- 3	1	—
	- 4	1	—
	- 5	1	—
	- 6	1	—
	- 7	1	—

Nordarmee, National-Garden.

Namen der Departements, aus welchen die sind.	No. des Bataillons	Bataillon	Compag.
Sections Armée. No. 1		1	—
- 2		1	—
- 4		1	—
- 5		1	—
- 6		—	1
Bon Conseil - 7		1	
Théatre franc. - 7		—	1
p. Margueritte - 9		—	1
Amis de la patrie - 11		1	—
Moliere - 16		1	—
Republicain - 17		1	—
Lombardi - 19		1	—
Commune et Areis - —		1	—
Popincourt - —		1	—
Luxembourg - —		1	
Pas de Calais - 1		1	—
- 2		1	—
- 4		1	—
- 5		1	—
- 6		1	—
- 7		1	—
- 8		1	—
- 9		1	—
- 10		1	—
Sarthe - 4		1	—
Seine et Aise - 4		1	—
- 8		1	—

Paris Benennung der Bataillons

Nord-Armee, National-Garden.

Namen der Departements, aus welchen sie sind.	No. des Bataillons	Bataillon	Compag.	
Seine et Aise	No. 10	I	—	
Rhin (haut)	- 2	I	—	
	- 5	I	—	
	- 6	I	—	
Rhone et Loire	- 5	I	—	
Seine inferieure	- 6	I	—	
	- 7	I	—	
	- 9	I	—	
	- 10	I	—	
	- 11	I	—	
Seine et Marne	- 1	I	—	
	- 2	I	—	
Evres (les deux)	- 1	I	—	
	- 2	I	—	
Somme	- 1	I	—	
	- 2	I	—	
	- 3	I	—	
	- 4	I	—	
	- 5	I	—	
Total	—	121 Bat.	5 Comp.	oder

94,462 Mann,

Grenadiers, deren sind bey der Nord-Armee.

Namen der Departements aus welchen sie sind.	No. des Bataillons	Bataillon	
Rhein	No. 5	I	
Total	—	1 Batail.	oder 777 Mann.

Federés nationeaux, deren sind bey der Nordarmee.

No. des Bataillons.	Bataillon	Compag.
No. 2	I	—
- 3	I	—
- 4	I	—
- 5	I	—
- 6	I	—
- 7	I	—
- 8	I	—
- 9	I	—
- 10	I	—
- 11	I	—
- 12	I	—
- 13	I	—
- 14	I	—
- 15	I	—
- 16	I	—
- 17	I	—
Total	16 Bataillons oder 12,432 Mann.	

Volontairs de la reserve, deren sind bey der Nord-Armee.

No. des Bataillons	Bataillon	Compag.
No. 3	I	—
- 4	I	—
- 6	I	—
- 8	I	—
- 9	I	—
- 11	I	—

Nordarmee.   *Volontairs de la reserve.*

No. des Bataillons	Bataillon	Compag.	
No. 15	1	—	
- 16	1	—	
- 17	1	—	
- 21	1	—	
- 23	1	—	
- 25	1	—	

Total 12 Bataillons oder 9324 Mann

Recapitulation der Infanterie.

	Bataillon	Compag.	
Linientruppen	50	—	38850
Jäger zu Fufs.	8	4	6572
National Garden	121	5	91462
Grenadiers	1	—	777
Federés nationcaux	16	—	12432
Volontairs de la reserve	12	—	9324

Total 208 Bat. 9 Compag. 162417 Mann.

Kavallerie.

Karabiniers, davon sind bey der Nordarmee.

No. des Regiments	Regiment	Eskadron	
No. 1	1	—	
- 2	1	—	

Total 2 Regim. oder 1360 Mann.

Nordarmee. Kürassiers.

No. des Regiments	Regiment	Eskadron
No. 1	1	—
- 3	1	—
- 6	1	—
- 7	1	—
- 8	1	—
- 13	1	—
- 16	1	—
- 17	1	—
- 19	1	—
- 20	1	—
- 21	1	—
- 22	1	—
- 25	1	—
- 27	1	—
- 28	1	—

Total 15 Regim. oder 10200 Mann.

Husaren, deren sind dabey.

No. des Regiments	Regiment	Eskadron
No. 3	1	—
- 4	1	—
- 5	1	—
- 6	1	—
- 8	1	—
- 9	1	—
- 10	1	1

Total 7 Regim. 1 Esk. 4930 Mann.

S 4

Nordarmee. Dragoner.

No. d's Regiments	Regiment	Eskadron
No. 2	1	—
- 3	1	—
- 6	1	—
- 7	1	—
- 12	1	—
- 13	1	—
- 20	1	—
Dragons de la Manche	1	—

Total 8 Regimenter oder 5440 Mann.

Jäger zu Pferd, deren sind dabey.

No. des Regiments	Regiment	Eskadron
No. 3	1	—
- 5	1	—
- 6	1	—
- 13	1	—
- 16	1	—
- 17	1	—
- 21	1	—
- 23	1	—

Total 8 Regim. 1 Esk. oder 8330 Mann.

Nordarmee.
Recapitulation der Kavallerie.

Benennung der Truppen-Arten.	Regiment	Eskadron	Mannschaft
Karabiniers	2	—	1360
Kürassiers	15	—	10200
Husaren	7	1	4930
Dragoner	8	—	5440
Jäger zu Pferde	8	1	8330
Total	40 Reg.	2 Eskad.	30260 Mann.

Recapitulation der ganzen Nord-Armee.

Benennung der Truppen-Gattung	Batail.	Comp.	Reg.	Eskad.	Mannschaft
Infanterie	208	9	—	—	162417
Kavallerie	—	—	40	2	30260
Total	208 B.	9 C.	40 R.	2 E.	192677 M.

2tens Ardennen-Armee,

Linien-Truppen, davon sind bey derselben.

Vom Regiment No.	Das 1ste Bataillon	Das 2te Bataillon
No. 13	—	1
- 43	—	1
- 91	—	1
Total	—	3 Batail. oder 2331 Mann.

Ardennen-Armee. Jäger zu Fuſse, deren sind dabey.

No. des Bataillons.	Bataillon	Compag.
No. 11	—	1
- 20	1	—
- 26	1	—
Total 2 Bat.	1 Comp.	1613 Mann.

National-Garden, deren sind dabey.

Aus dem Departe-ment.	No. des Bataillons	Bataillon	Compag.
Aisne	No. 4	1	—
Ardenne	- 6	1	—
Aube	- 5	1	—
Creuse	- 3	1	—
Loire et Cher	- 2	1	—
Marne	- 4	1	—
Nord	- 6	1	—
	- 8	1	—
Nord	- 3	1	—
	- 6	1	—
	- 8	1	—
Paris pont neuf	- —	1	—
Saonne et Loire	- 2	1	—
	- 5	1	—
Seine et Oise	- 5	1	—
	- 9	1	—
Seine inferieure	- 5	1	—
Vendée	- 1	1	—
Total	—	18 Bat.	— 13986 M.

Volontairs de la reserve, deren sind bey derselben.

No. des Bataillons	Bataillon	Compag.
No. 2	1	—
Total	1	— 777 Mann.

Ardennen-Armee.

Recapitulation der Infanterie.

Benennung der Trup-pen-Arten.	Bataillon	Compag.	Zahl d. Mannschaft
Linientruppen	3	—	2331
Jäger zu Fuſs.	2	1	1643
National Gárden	18	—	13986
Volontairs de la reserve	1	—	777
Total	24 Bat.	1 Comp.	18737 Mann.

Kavallerie.

Kürassiers, davon sind bey derselben:

No. des Regiments	Regiment	Eskadron
No. 15	1	—
- 23	1	—

Total 2 Regim. oder 1360 Mann.

Husaren, davon sind bey derselben:

No. des Regiments	Regiment	Eskadron
No. 2	1	—

Total 1 Regiment oder 680 Mann

Dragoner, deren sind dabey:

No. des Regiments	Regiment	Eskadron
No. 5	1	—
- 10	1	—

Total 2 Regimenter oder 1360 Mann.

Ardennen-Armee.

Jäger zu Pferde, deren sind dabey.

No. des Regiments	Regiment	Eskadron
No. 11	1	—
- 20	1	1

Total 2 Regim. 1 Eskad, oder 2210 Mann.

Recapitulation der Kavallerie.

Benennung der Truppen-Arten.	Regiment	Eskadron	Mannschaft
Kürassier	2	—	1360
Husaren	1	—	680
Dragoner	2	—	1360
Jäger zu Pferde	2	1	2210
Total	7	1	5610 Mann.

Recapitulation der ganzen Ardennen-Armee.

Benennung der Truppen-Gattung	Bat.	Comp.	Reg.	Eskad.	Mannschaft.
Infanterie	24	1	—	—	18737
Kavallerie	—	—	7	1	5610
Total	24	1	7	1	24317 Mann.

3tens Mosel-Armee.

Linien-Truppen sind bey derselben.

No. des Regiments	Das 1ste Bataillon	Das 2te Bataillon
No. 1	1	—
- 2	—	1
- 5	1	—

Mosel-Armee. Linientruppen sind bey derselben.

No. des Regiments	Das 1ste Bataillon	Das 2te Bataillon
No. 8	—	1
• 17	—	1
• 18	—	1
• 19	—	1
• 27	1	—
• 30	1	1
• 33	1	1
• 40	—	1
• 41	1	—
• 47	—	1
• 54	—	1
• 55	—	1
• 58	—	1
• 71	—	1
• 81	1	—
• 96	1	1
• 99	1	1
• 100	—	1
• 103	1	1
Total	10	17

27 Bat. 20,979 M.

Jäger zu Fufse, davon sind bey derselben.

No. des Bataillons	Bataillon	Compag.
No. 6	1	—
• 13	1	—
• 16	1	—
• 17	1	—

Total 4 Bataillons oder 3105 Mann.

Moselarmee. Nationalgarden, davon sind dabey.

Aus dem Departement	No. des Bataillons	Bataillon	Compagnie
Ardenne	No. 1	1	—
Cher	- 1	1	—
	- 2	1	—
Cote d'or	- 3	1	—
Creuse	- 1	1	—
Loiret	- 2	1	—
	- 3	1	—
Lot	- 2	1	—
Manche	- 3	1	—
Marne	- 7	1	—
haute Marne	- 2	1	—
Meurthe	- 4	1	—
	- 6	1	—
	- 7	1	—
Meuse	- 1	1	—
	- 3	1	—
	- 5	1	—
Moselle	- 2	1	—
	- 3	1	—
	- 4	1	—
	- 5	1	—
Oise	- 4	1	—
Orne	- 5	1	—
Sections Armee	- 3	1	—
St. Margueritte	- 9	1	—
Butte de moulins	-	1	—
1er de la republique	-	1	—
3iem de la republ.	-	1	—

Paris Benennung der Bataillons

Moselarmee, National-Garden.

Aus dem Departement	No. des Bataillons	Bataillon	Compag.
Pyrenées (basses)	No. 6	1	—
Saonne et Loire	- 1	1	—
Seine et Oise	- 6	1	—
haut Rhin	- 3	1	—
bas Rhin	- 3	1	—
	- 4	1	—
Rhone et Loire	- 1	1	—
	- 7	1	—
haute Saonne	- 1	1	—
	- 4	1	—
Var	- 4	1	—
Vosges	- 1	1	—
	- 6	1	—
Yonne	- 1	1	—
Total	—	42	oder 32634 M.

Recapitulation der Infanterie.

Benennung der Truppen-Arten.	Bataillon	Compag.	Mannschaft.
Linientruppen	27	—	20979
Jäger zu Fuße	4	—	3108
Nationalgarden	42	—	32634
Total	73	—	56721

Mosel-Armee. Kavallerie.

Kürassier, deren sind bey derselben.

No. des Regiments	Regiment	Eskadron
No. 4	I	—
- 10	I	—
- 11	I	—
- 14	I	—

Total 4 Regimenter oder 2720 Mann.

Husaren, deren sind bey derselben.

No. des Regiments	Regiment	Eskadron
No. 2	1	—
Total	1	—

oder 680 Mann.

Dragoner, deren sind bey derselben.

No. des Regiments	Regiment	Eskadron
No. 1	1	—
- 11	1	—
- 14	1	—

Total 3 Regimenter oder 2010 Mann.

Jäger zu Pferde, deren sind bey derselben.

No. des Regiments	Regiment	Eskadron
No. 1	I	—
= 9	I	—
- 15	I	—
- 19	I	—

Total 4 Regimenter oder 4080 Mann.

Recapi:

Mosel-Armee.

Recapitulation der Kavallerie.

Benennung der Truppen-Arten.	Regiment	Eskadron	Mannschaft
Kürassier	4	—	2720
Husaren	1	—	680
Dragoner	3	—	2040
Jäger zu Pferde	4	—	4080
Total	12	—	9520 Mann.

Recapitulation der ganzen Mosel-Armee.

Benennung der Truppen-Gattung	Bat.	Comp.	Reg.	Eskad.	Mannschaft.
Infanterie	73	—	—	—	56721
Kavallerie	—	—	12	—	9520
Total	73	—	12	—	66241 Mann.

4tens Rhein-Armee.

Linien-Truppen waren bey derselben.

No. des Regiments	Das 1ste Bataillon	Das 2te Bataillon	
No. 3	1	1	
21	1	1	
24	1	—	
27	1	—	
37	1	1	
40	1	—	
46	1	1	
48	1	—	
55	1	—	

Rhein-Armee. Linientruppen.

No. des Regiments	Das 1ste Bataillon	Das 2te Bataillon
No. 75	1	1
- 82	—	1
- 88	1	—
- 93	1	1
- 105	1	1
	12	9
	9	
Total	21	Bataillons 16317 Mann.

Jäger zu Fuſse, deren waren bey derselben.

No. des Bataillons	Bataillon	Compag.
No. 7	1	—
- 11	1	—
- 12	1	—
- 14	—	1
Total	3	1	2420 Mann.

Nationalgarden, deren waren bey derselben.

Aus dem Departement	No. des Bataillons	Bataillon	Compagnie
Ain	No. 1	1	—
	- 3	1	—
	- 5	1	—
	- 8	1	—
Allier	- 2	1	—
Aube	- 2	1	—
Charente inferieure	- 2	1	—
Cher	- 3	1	—

Rheinarmee, National-Garden.

Aus dem Departement	No. des Bataillons	Bataillon	Compag.
Correze	No. 1	1	—
Cote d'or	- 4	1	—
	- 8	1	—
	- 12	1	—
Cotes du nord	- 2	1	—
Creuse	- 2	1	—
Dordogne	- 1	1	—
	- 2	1	—
Doubs	- 1	1	—
	- 2	1	—
	- 3	1	—
	- 4	1	—
	- 5	1	—
	- 6	1	—
	- 8	1	—
	- 9	1	—
	- 10	1	—
	- 11	1	—
	- 12	1	—
	- 14	1	—
Drome	5	I	—
	6	I	—
	7	I	—
	8	I	—
Eure	4	I	—
Eure et Loire	2	I	—
Gard	3	I	—

T 2

Rheinarmee. National-Garden.

Aus dem Departement	No. des Bataillons	Bataillon	Compag.
Gironde, jetzt			
Bec d'ambez	No. 2	1	—
Ille et Villaine	- 4	2	—
Indre	- 2	1	—
Jura	- 1	1	—
	- 4	1	—
	- 8	1	—
	- 10	1	—
	- 11	1	—
	- 12	1	—
	- 14	1	—
Lot et Garonne	- 1	1	—
	- 2	1	—
Manche	- 4	1	—
Meurthe	- 9	1	—
	- 11	1	—
Meuse	- 6	1	—
Montterible	- 1	1	—
Paris 2me de la			—
republique		1	—
Pay de Dome	- 1	1	—
	- 2	1	—
	- 3	1	—
Saonne et Loire	- 3	1	—
	- 4	1	—
	- 6	1	—
Pyrenées (basses)	- 7	1	—

Rheinarmee. Nationalgarden.

Aus dem Departement.	No. des Bataillons	Bataillon	Compag.	
Pyrenées (basses)	No. 8	1	—	
haut Rhin	- 1	1	—	
Seine et Oise	- 7	1	—	
Pyrenées orientales	- 1	—	—	
bas Rhin	- 1	1	—	
	- 2	1	—	
	- 7	1	—	
Rhone et Loire	- 2	1	—	
	- 3	1	—	
	- 5	—	1	
haute Saonne	- 3	1	—	
Seine inferieure	- 4	1	—	
Seine et Marne	- 5	1	—	
Vosges	- 4	1	—	
	- 7	1	—	
	- 8	1	—	
	- 9	1	—	
	- 11	1	—	
	- 13	1	—	
	- 14	1	—	
Total	—	79	1	61472 M.

Grenadiers, deren sind bey derselben

Departement.	No. des Bataillons	Bataillon	Compag.	
du Rhin	No. 5	1	—	
Total	—	1	—	777 M.

T 5

Rhein-Armee.

Recapitulation der Infanterie.

Benennung der Trup-pen-Arten.	Bataillon	Compag.	Zahl d. Mannschaft
Linientruppen	21	—	16317
Jäger zu Fuße.	3	1	2420
National Garden	79	1	61472
Grenadiers	1	—	777
Total	104 Bat.	2 Comp.	80986 Mann.

Kavallerie.

Kürassiers, deren sind bey derselben.

No. des Regiments	Regiment	Eskadron
No. 2	1	—
- 9	1	—
- 12	1	—
- 18	1	—
Total	4 Regim. oder 2720 Mann.	

Husaren, deren sind bey derselben.

No. des Regiments	Regiment	Eskadron
No. 7	—	1
Total	—	1 Eskadr. oder 170 Mann.

Dragoner, deren sind bey derselben.

No. des Regiments	Regiment	Eskadron
No. 4	1	—
- 8	1	—
- 17	1	—
Total	3 Regimenter oder 2040 Mann.	

Rhein-Armee.

Jäger zu Pferde, deren sind bey derselben:

No. des Regiments	Regiment	Eskadron
No. 2	1	—
- 4	1	—
8	1	—
- 16	1	—
Total	4 Regim. oder 4080 Mann.	

Recapitulation der Kavallerie.

Benennung der Truppen-Arten.	Regiment	Eskadron	Mannschaft.
Kürassier	4	—	2720
Husaren	—	1	170
Dragoner	3	—	2040
Jäger zu Pferde	4	—	4080
Total	11	1	9010 Mann.

Recapitulation der ganzen Rhein-Armee.

Benennung der Truppen-Gattung	Batail.	Comp.	Reg.	Eskad.	Mannschaft
Infanterie	104	2	—	—	80986
Kavallerie	—	—	11	1	9010
Total	104 B.	2 C.	11 R.	1 E.	89996 M.

T 4

Recapitulation der ganzen gegen die Allirten fechtenden Armeen exclusive Artillerie, Ingenieurs, Mineurs und alle dergleichen Corps.

Namen der Armeen.	Infanterie		Kavallerie		Mannschaft.
	Bat.	C mr.	Reg.	Eskadr	
Nord - Armee	298	9	40	2	192677
Ardennen-Armee	24	1	7	1	24347
Mosel - Armee	73	—	12	—	66241
Rhein Armee	104	2	11	4	89996
Total	409	12	70	4	373261 Mann.

Zu diesen 373261 Mann kommen noch Bataver Belgier, Lütticher, ohngefähr ohne es genau bestimmen zu können, in allem 10000 Mann, ist also das Total der feindlichen Arme 383261 Mann.

Wenn ich von dieser Anzahl von 383261 Mann die Armee der Alliirten von 299034 Mann. abziehe, so bleibt die feindliche 84227 Mann stärker als die unsrige, welches in der That, da noch dazu die der Alliirten der angreifende Theil war und sich durch die Belagerung der Festungen schwächen mufste, eine sehr wesentliche Uebermacht ausmachte.

Wir wollen jetzt das Verhältnifs der gegen einander stehenden Armeen untersuchen.

Gegen die Nordarmee, welche 192677 Mann betrug mit den 10000 Batavern, Belgiern und Lüttichern, 202677 Mann ausmachte, standen

Kaiserliche Bat. 79. C. 53, Esk. 112   100800 Mann

Holländer   -   -   15000

Engländer   -   -   7200

Hessen   -   -   8000

Hannoveraner   -   -   12352
                                          —————————
                                          143,352 Mann

War demnach der Feind in jener Gegend 202677 Mann
und die Allirten   143352
                                          —————————
        so war die Uebermacht   59325 Mann

Nach dem Decret vom 30sten July waren noch
18000 Mann von der Mosel- und Ardennen-Armee
zur Nord-Armee gestofsen, wodurch die Uebermacht
des Feindes bis auf 67,325 Mann anwuchs.

Gegen die Ardennen-Armee von 24347 Mann

Mosel-Armee von 66241

Rhein-Armee von 89996
                                          —————————
welche in allem 180584 Mann

betrugen, standen

Kaiserliche Bat. 63, Comp. 4, Esk. 100   73800 M.

Preufsen   -   -   -   65882

Sachsen   -   -   -   5000

Pfälzer   -   -   -   5000

Emigrirte von Condé   -   6000
                                          —————————
            in allem 155,682 M.

War also die feindliche Armee 180584 Mann

die der Alliirten   155682
                                          —————————
der Feind in dieser Gegend stärker 24902 Mann.

T 5

Die von diesen Ardennen- und Moselarmeen zur Nordarmee gestofsene 18000 Mann können aus der Rücksicht nicht bey diesen Armeen in Abgang gebracht werden, weil dasselbe Decret, welches ihre Abrückung zur Nordarmee verordnete, auch bestimmte, dafs diese 18000 Mann sogleich bey den Ardennen- und Moselarmeen durch die Departements, *du Nord*, *Pas de Calais*, *Somme*, *Loire*, *Ardenne*, *Marne*, *haute Marne*, *L'Aube*, *Moselle*, *Meuse*, *Cote d'or* ersetzt werden sollten.

Das Mittel, dessen sich der Convent bediente, Manschaften in den Departements in Requisition zu setzen, ist Jedermann bekannt, es leidet daher keinen Zweifel, dafs, da der Befehl zur Completirung einmahl gegeben war, die Armee auch wohl nicht lange unvollzählig geblieben seyn wird.

Wäre nun der König von Preufsen durch den im Wiener Kabinet gemachten Entwurf nicht genöthigt worden, in einer Offensive gegen *Elsas* und *Lothringen* sich nach diesen Gegenden zu ziehen, so hätte er von der 65882 Mann starken Preufsischen und 5000 Mann Sachsen in allem 70882 Köpfe starken Armee 10882 Mann bey *Arlon* oder *Luxenburg*, 20000 bey *Saarburg* vor *Trier*, 20000 gegen *Saarlouis* und Gegend, 20000 bey *Kayserslautern* können stehen lassen. Die 6000 Emigrirte von *Condé*, so wie 5000 Pfälzer und von den, aus Kaiserlichen und Reichstruppen bestehenden 73800 Mann starken Armee konnten 19000 Mann bey *Manheim* bleiben, 20000 Mann nach

Neustadt und 7800 Mann zur Verstärkung der 20000 Preußen nach *Kaiserslautern* rücken. Ferner *Luxenburg* mit 7400 Mann besetzt werden, so blieben 20400 Mann übrig, welche die *Prinz Coburgsche* Armee verstärken konnten, und also mit den 143352 Mann, welche sie jetzt zählte, 163752 Mann ausmachten, also mit der 192677 Mann starken feindlichen Nordarmee eher in Gleichheit kommen, so wie die 134,282 Mann starke alliirte Armee mit der 150,584 Mann starken Ardennen-, Mosel- und Rheinarmee, wenn sie sich, nachdem die *Saar* gereinigt, bloß auf der Defensive hielt, auch im Gleichgewicht blieb.

Wenn nun durch den Zuwachs von 20400 Mann die Armee des *Prinzen von Coburg* in Stand gesetzt wurde, die Observations-Armee in einen respectablen Zustand zu setzen, und die Englische Flotte zur rechten Zeit da war, um den Franzosen zu verwehren, Landungen im Rücken der Belagerungs-Armee zu machen, so konnte die Einnahme von *Dünkirchen* den Alliirten wahrscheinlich nicht entstehen. *Quesnoy* war unterdessen auch gefallen, und jetzt konnte mit Hülfe des bey *Arlon* stehenden Corps *Givet* genommen, und die *Maas* dadurch gesichert werden; denn nur durch den Besitz von *Givet* ist man Herr von der *Maas*, indem das Citadell von *Namur* und das von *Lüttich* bloß dazu angelegt zu seyn scheinen, die Bewohner der Stadt in Ehrfurcht zu erhalten, selbst aber keine Vertheidigung anders als gegen einen *Coup de main* leisten können, da sie, vorzüglich das *Lüttichsche* überall selbst dominirt sind, und ausser *Givet* bis *Mastricht* kein haltbarer Punkt an der *Maas* ist. War nun durch den Besitz von *Givet* die *Maas* gesichert, so gewannen die übrigen Corps vielleicht Zeit, *Thionville* und *Saarlouis* zu nehmen, und dadurch *Trier*, den *Hundsrück* und *Coblenz*, so wie die Lande diesseits der *Saar* zu decken. Sodann war für Deutschland so leicht nichts mehr zu fürchten, und die *Coburgsche* Armee konnte den Winter über *Lille* aushungern, indem sie sich rings herum verschanzte, und die Belagerung im Frühjahr anfangen. Dann wäre, wenn dies geglückt wäre, und nicht vielleicht ein vortheilhafter Friede das Ganze beendigt hätte, das künftige Jahr an die Eroberung von *Landau* zu denken gewesen, dann wäre es möglich geworden, dasselbe mit hinlänglicher Kraft anzugreifen, weil man durch den Besitz von *Givet* nicht so viel für die linke Flanke und den Rücken der *Coburgschen* Armee und durch den Besitz von *Thionville* und von *Saarlouis* für die rechte Flanke des Corps bey *Landau* zu fürchten hatte. Da aber die ganze Operation gegen Frankreich nur durch eine Linksschwenkung, mit einem wahrscheinlich glücklichen Erfolg ausgeführt werden konnte, so war es immer gut, da man wufste, dafs *Condé* nicht mit Lebensmittel versehen war, und bald fallen mufste, dafs man hiermit anfieng, auch, damit man die Zeit nicht müfsig hinbrächte, während der Blokade von *Condé*, *Valenciennes* belagerte und nahm, indem man durch diese beiden Orte einen festen Fufs in Frankreich fafste. Sodann aber mufste, wie es auch geschah, der Anfang der Hauptoperation mit *Dünkirchen* ge·macht, diese aber mit solcher Macht unternommen werden, dafs es nach menschlicher Berechnung nicht anders als fallen mufste. Die Englische Flotte und 16000 Mann mehr würden dies auch höchst wahrscheinlich erzwungen haben. Dafs diese anzuschaffen gewesen wären, haben wir gesehen, sie wären auch jetzt immer noch nicht zu spät gekommen, denn in eben der Zeit, wo die 18000 Franzosen von der Mosel und Ardennen Armee die Nordarmee verstärken konnten, war es auch 20000 Mann Kaiserlichen Truppen möglich, zur Coburgschen Armee zu stofsen, und die Unternehmung des Feindes zum Entsatz von *Dünkirchen* zu vereiteln. —

Wenn ich vorhero von einem Corps bey *Mannheim, Neustadt, Kaiserslautern;* von einem gegen *Saarlouis,* einem bey *Saarburg* vor *Trier,* und einem bey *Arlon* und *Luxenburg* geredet habe, so verstehe ich darunter nicht, dafs die Oerter, wo sich die Corps gelagert, als Vestungen anzusehen sind, welche die Ehre des Commandanten zu übergeben verwehrt, sondern ich betrachte sie blofs als *Rendezvous* der Corps, welche übrigens eines dem andern beystehen müssen, dem Feinde da, wo es es wagen sollte, hereindringen zu wollen, entgegen gehen und ihn schlagen müssen, keineswegs aber an Vertheidigung einzelner Dörfer und Städte sich zu binden haben, welche zur Entscheidung des

Ganzen nichts beytragen. Sehr oft können aus dem Vorsatz, eine oder die andere Gegend zu behaupten dem Ganzen sehr wesentliche Nachtheile erwachsen, da es leicht der Fall seyn kann, dafs, indem ich dem Feind erlaube, mich auf einem Punkte aus meiner Stellung zu verdrängen, ich ihm einen desto wesentlichern Streich auf einer andern Stelle zu versetzen im Stande bin.

Eben so grofsen Schaden hat oft der unglückliche Gedanke von einer sogenannten festen unüberwindlichen Position hervorgebracht, da es doch, wenn man es genau betrachtet, keine feste Position giebt, als wenn ich von keiner Flotte etwas zu befürchten habe, wenn ich beyde Flügel an das Meer anlehnen kann, und einen Flufs vor der Front habe, auch stark genug bin, überall dem Feinde den Uebergang verwehren zu können, und in meinem Rükken die gehörigen Magazine habe. Alle übrigen Stellungen können umgangen werden, und dann mufs man sie nothwendig räumen. Es setzt einen hohen Grad von Egoismus voraus, zu verlangen, dafs der Feind einen gerade in der Front seiner Verschanzungen angreifen soll; nie wird der Feind, der nicht ganz muthwillig seine Leute aufopfern will, sich in diesen Willen fügen, sondern er wird gewifs die einigen Stunden noch marschiren, wenn ihm daran gelegen ist, mich aus meiner Position zu bringen, er wird sich die Anzahl der Stunden, die er mehr gebraucht, berechnen, er wird um so viel früher aufbrechen und mir in den Rücken gehen.

Was man übrigens in Frankreich selbst von den Unternehmungen der Alliirten glaubte und wie sehr man besorgt war, im Fall der Angriff auf *Dünkirchen* glückte, davon dient nachfolgendes Schreiben zum Beweis.

Departement, du Nord Lille, le 4. May.

Le Général O'mordn qui commande le nombreux camp de Cassel, a voulu éprouver la disposition des habitans de Dünkerque et la tenue de la garnison de cette ville, et il a eu lieu d'en être content.

Le 22 Avril, on battit la générale a 7 heures du matin, dans ce moment tout le monde fut sous les armes: on disait que l'ennemi s'approchait de la ville, et a 11 heures on ordonna la retraite. Le premier sentiment d'inquiétude, fit bientôt place a une fête qui dura toute la journée. Il faut pourtant s'attendre que les côtés maritimes, depuis Dunkerque jusqu'à Calais, seront attaqués par des forces très-formidables; mais la marche un peu lente des troupes Hanovériennes, qui doivent se joindre à l'armée du Duc d'Yorck, peut retarder cette attaque jusqu'à mi mai.

D'un autre coté, les transports considerables d'artillerie qui se font pour l'armée de Coburg les nouveaux regimens qui y arrivent, les troupes Prussiennes qui s'y joignent; tout fait croire que cette armée est destinée à une grande entreprise.

Elle parait en ce moment ci chercher à diviser nos moyens de défence, en nous inquiétant sur plusi-

eurs points et en pressant à la fois Valenciennes,
Condé et Maubeuge; mais la nombreuse Cavallerie,
dont est composée cette armée, fait presumer qu'
elle n'ouvrira serieusement la campagne, que l'ors-
qu' elle pourra fourrager en verd; si cependant
l'expedition sur Dünkerque étoit tentée
auparavant, et reussissoit, la mer four-
niroit aux armées coalisées de grands
moyens d'approvisionnement.

Uebersetzung:

Departement du nord — Lille, den 4. May.

General *Omoran*, Befehlshaber des grofsen
Lagers bey *Cafsel*, wünschte die Gesinnungen
der Bürgerschaft von *Dünkirchen* und das Be-
nehmen der Besatzung dieser Stadt zu erfor-
schen, und hatte alle Ursache, damit zufrieden
zu seyn. Den 22sten April des Morgens um
7 Uhr ward Generalmarsch geschlagen; im Augenblick war alles unter den Waffen: man sagte,
der Feind nahe sich der Stadt: um 11 Uhr ward
der Abzug befohlen. Die ersten Empfindun-
gen von Besorgnifs wurden bald durch ein Fest
verdrängt, welches den ganzen Tag dauerte.

Es ist jedoch zu erwarten, dafs die Seeküsten
von *Dünkirchen* bis *Calais* mit sehr furchtbarer
Macht angegriffen werden; indessen kann doch
der etwas langsame Marsch der Hannövrischen
Truppen, welche sich mit der Armee des Herzogs
von

von *Yorck* vereinigen sollen, diesen Angriff bis in der Mitte Mays verzögern.

Auf der andern Seite lassen die sehr beträchtlichen Artillerie-Transports, welche zur *Coburgschen* Armee bestimmt sind, die dabey neuerdings ankommenden Regimenter, die Vereinigung der Preußischen Truppen mit ihr muthmaßen, daß diese Armee zu einer großen Unternehmung bestimmt ist. In diesem Augenblick scheint diese Armee die Kräfte, unsere Vertheidigung dadurch schwächen zu wollen, daß sie uns auf verschiedenen Punkten Besorgniß erregt, und zu gleicher Zeit *Valenciennes*, *Condé* und *Maubeuge* drängt; jedoch läßt die zahlreiche Reuterey, welche sich bey dieser Armee befindet, muthmaßen, daß sie den Feldzug nicht eher mit Nachdruck eröffnen wird, als bis man wird vom Felde grün fouragiren können.

Sollte indessen die Unternehmung auf *Dünkirchen* vorher unternommen werden und sie gelänge, so würde die See den Armeen der Verbündeten mannigfaltige Quellen des Unterhalts gewähren.

Ich kehre von dieser Abschweifung zu der Geschichte meines Corps zurück, welches in der vorgeschriebenen Ordnung, nachdem es durch Kaiserl. Königliche und Holländische Truppen unter den Generälen *Beaulieu* und *Prinz Friedrich von Oranien*

abgelöset war, am 23sten August aus seinem Lager
bey *Cysoing* aufbrach und in die Cantonnirungen
von *St. Amand* und Gegend rückte.

Die Ablösung geschah ohne die mindeste Be-
unruhigung von Seiten des Feindes. Auf dem linken Flügel bey *Templeuve* und *Bonans* griff aber der
Feind gleich nach der Ablösung die Kaiserlichen
Truppen an, worauf der Lieutenant *Gillhausen* mit
den Schützen des *Köthenschen* 2ten Bataillons nochmals zum Soutien anrückte, nachdem aber der Feind
zurückgewiesen, ebenfalls dem Corps folgte.

Ungern trennten wir uns von dem würdigen Corps
Offiziers des Kaiserl. Königl. Kürassierregiments
von Kavannagh, welches unter der Führung des so
verdienstvollen Obristen *Grafen von Hohenzollern*
stand und mit uns die ganze Zeit hindurch, welche
wir zusammen in diesem Lager standen, beständig
in der vertrautesten Harmonie und Eintracht gelebt
hatte.

Der Preußische kommandirende General hatte
am 18ten dem Könige unsern Aufbruch, so wie die
glücklich ausgeführte kleine Unternehmung vom
13ten August bey *Bouvines* gemeldet.

Der erste Vorsatz des General-Lieutenants *von
Knobelsdorff* war, die Bäckerey gerade auf *Trier*
rücken zu lassen, unterdessen das Corps den Marsch
über *Luxenburg* nahm; da er aber heute unterrichtet wurde, daß vielleicht das Corps bereits vor
Luxenburg eine andere Marschdirection bekommen

würde, so ertheilte er der Bäckerey den Befehl, sich
bey *Namur* wieder mit dem Corps zu vereinigen.

Den 24sten und 25sten blieb das Corps in *St.
Amand*, um der Bäckerey Zeit zu lassen, *Namur* zu
gewinnen und das Corps dort aufs neue verpflegen
zu können.

Den 25sten lief folgendes Schreiben des Feldmarschalls Prinzen von *Coburg* ein.

An des Königl. Preuſs. Herrn Generallieute-
nants Freyherrn von Knobelsdorff Excellenz.

Hauptquartier Bermerain, den 25sten August 1793.

Die dringensten Vorstellungen, welche
die *Hennegauischen* Stände mir überreich-
ten, womit daſs Köeigl. Preuſs Truppen-
Corps auf ihrem Marsch durch die Kaiserl.
Königl. Niederlande kampiren möchte, indem
die Cantonements eines so beträchtlichen Corps
dem Landmann in der jetzigen Jahreszeit sehr
beschwerlich fallen, zwingen mich, Ew. Excellenz recht angelegentlich zu bitten, Ihr unter-
habendes Corps auf der zu nehmenden Marschroute lagern zu lassen. Ich werde die von Ew.
Excellenz mir diesfalls leistende Willführung
als ein besonderes Merkmahl Ihrer Freundschaft ansehen, um so mehr, als dadurch alle
Disputen und Klagen behoben seyn werden,
welche sonst bey Einquartierungen in diesem
Lande unausweichlich vorkommen. Denn

U 2

selbst den Kaiserl. Königl. Truppen werden
unendliche Schwierigkeiten entgegen gesetzt,
besonders aber können in den Städten nur die
vom Lande erbauten Kasernen bezogen werden, welche von so unreiner und schlechter
Beschaffenheit sind, dafs die Truppen unter
dem Zelt ungleich besser und gesünder ver-
wahrt sind.

Nebst diesen Ursachen tritt auch noch jene
ein, dafs ein gegen ihre Privilegien laufendes
Unternehmen die Abgabe der Subsidien-Gelder
in Stockung bringet.

Ich darf also billig hoffen, dafs Ew. Excellenz sowohl durch Ihre Bereitwilligkeit, als auch
durch die gute Disciplin mich diesen Verdrüfs-
lichkeiten entheben werden.

PRINZ COBURG,
Feldmarschall.

Der General gab mit Vergnügen den angeführten Gründen des Feldmarschalls nach und machte
nur Vorstellungen in Betreff der Husaren und Jäger, welche keine Zelter haben, so wie wegen Unterbringung der Bäckerey in *Namur*, um den nöthigen Brodvorrath backen zu können, vorzüglich aber
wegen Annahme unseres Geldes, welches nicht ganz
so schwer, als das Niederländische ist, wobey also
der arme Soldat sehr viel verliehren mufste. Alle
diese vorgeschlagene Punkte wurden vom Prinzen
von Coburg in folgendem Schreiben bewilliget.

An des Königl. Preuſs. Herrn Generallieutenants Freyherrn von Knobelsdorff Excellenz.

Bermerain, den 26. August 1793.

Aus Ew. Excellenz beiden Berichten vom 25sten dieses erhalte ich den Beweis Ihrer ganz besondern Willfährigkeit, welche ich mit dem gröſsten Dank erkenne, und ich erlasse unter einem an das Landeskommissariat den Befehl, Ew. Excellenz billigen Verlangen darin zu willfahren, daſs die Husaren und Jäger auf dem Marsch kantonniren, und so auch die Bäckerey des Ew. Excellenz unterhabenden Corps in *Namur* aufgenommen, ferner die Königlich Preuſsische Münze nach dem festgesetzten Course anzunehmen, kein Anstand gemacht werden möchte,

PRINZ COBURG.
Feldmarschall.

Das Corps marschirte an diesem Tage nach *Quievrain*, woselbst es ein Lager bezog.

Den 27sten brach das Corps auf, nahm den Marsch über das Schlachtfeld von *Jemappe* durch *Mons* und bezog ein Lager bey *St. Simphorien*, woselbst es den 28sten Ruhetag hatte. Der Preuſsische Oberbefehlshaber erhielt folgendes Schreiben von seinem Monarchen.

Mein lieber Generallieutenant von Knobelsdorff.

Den in Eurem Schreiben vom 18ten be-
merkten Aufschub Eures Marsches billige ich
bey den angeführten Umständen, und ist es
ganz recht, daſs Ihr diesen den 23sten antreten
werdet. Ich erwarte nun nähere Nachricht vom
Tage Eurer Ankunft in *Trier*. Sonsten ist es
mir recht lieb, daſs Ihr die Gelegenheit wahr-
genommen, dem Feinde einigen Abbruch zu
thun, und bin Euer wohl affectionirter König.

Hauptquartier Edinghofen,   Fr. Wilhelm.
   den 23. August 1793.

Den 29sten brach das Corps wieder auf und bezog ein Lager bey *Chapelle Herlemont*, von wo aus
es am 30sten in ein Lager bey *Sombreff*, den 31sten
in das Lager bey *Namur* rückte und den 1sten *September* daselbst Ruhetag hatte.

Bey Namur vereinigte sich das Corps wieder
mit den beyden Bataillons *von Kunitzky*, den 200
Pferden von den beyden Kürassier-Regimentern,
Leib-Kürassier und Leib-Karabinier, mit der
Bäckerey und sämmtlichen Trains. Den 2ten Sep-
tember brachen wir auf und bezogen ein Lager bey
Ciney im *Lüttichschen*, woselbst wir den 3ten Ruhe-
tag hatten.

Die Franzosen drangen ins *Luxenburgische* vor,
weshalb der Kaiserl. Königl. Feldmarschall Lieutenant, *Freyh. Gottfried v. Schröder*, welcher mit einem

Truppen-Corps bey *Arlon* stand und durch den General von der Bewegung der Preufsischen Truppen
unterrichtet war, denselben den Marsch zu beschleunigen und ihm zu Hülfe zu eilen bat.

Ew. Excellenz.
Hochwohlgebohrner Freyherr,
Sonders hochzuehrender Herr General-
Lieutenant!

Der Umstand, dafs der Feind seit vorgestern in drey Colonnen bey 10000 Mann stark
in die Provinz *Luxenburg* eingedrungen, welchem ich zwar ohnerachtet meiner so weit-
schichtigen Cordonslinie dennoch mit einem
Theil meines unterhabenden Truppen-Corps
noch immer so viel möglich Widerstand gelei-
stet, und an dem fernern Eindringen verhindert,
machet es bey dem fernern Umstand, dafs der
Feind noch stets Verstärkung erhält, dennoch
nöthig, Ew. Excellenz hiervon die Mittheilung
mit dem Ersuchen zu machen, womit es Ew.
Excellenz gefällig seyn wolle, den Marsch mit
dem unterhabenden Corps über *Neufchateau*
einzuleiten und zu beschleunigen. Allem Vermuthen und aller Wahrscheinlichkeit nach ist
die Absicht des feindlichen Eindringens keines-
weges dahin gerichtet, um sich in der Provinz
festzusetzen, sondern es mag denselben die
Noth in seinem Lande dazu verleitet haben, um

Plünderungen allhier zu unternehmen und Früchte und Fourage in sein Land zu führen.

Dahero würde der Feind, wann solcher bis zur Ankunft Ew. Excellenz unterhabenden Corps nicht schon seinen Rückzug genommen hätte, ganz gewiſs bey Vernehmung einer so zahlreichen Verstärkung allhier, sich zurückziehen, und da diese neue Route nicht allein nicht den geringsten Umweg machet, sondern auch viel besser und die Unterkunft viel gemächlicher, als jene auf der alten Strafse sind, so hoffe zuversichtsvoll, daſs Ew. Excellenz dem Wohl, welches hierdurch den hohen allirten Mächten zugeht, ganz gewiſs zu entsprechen keinen Anstand nehmen werden, und habe auch hiervon bereits an Seiner Durchlaucht Prinz Coburg meinen Bericht erstattet.

Damit nun auf der neuen Route alles nach Ew. Excellenz Wunsch und Herbeyschaffung der nöthigen Bedürfnisse eingeleitet werde, schicke unter einem den Herrn Landes-kommissair zur Besorgung und Treffung aller Vorkehrungen mit.

Ich habe die Ehre mit der vollkommensten Hochachtung zu verharren

Ew- Excellenz

Arlon,
den 2. Sept. 1793.

gehorsamster Diener
GOTTFR. FREYH. V. SCHROEDER.
Feldmarschall-Lieutenant.

Da das Corps dadurch, daſs es die Bäckerey, die Artillerie und andern Trains bey sich hatte, in den äuſserst schlimmen Wegen durch die Gebirge der Ardennen nicht anders, als mit groſser Unbequemlichkeit, und wenn es vom Feinde auf dem Marsch angegriffen worden wäre, wegen der groſsen Lücken, die durch das Fuhrwesen der Trains, bey den so äuſserst üblen Wegen nothwendig entstehen muſsten, selbst mit nicht zu verkennender Gefahr marschiren müſste, nicht minder auch, da dem Könige die Marschroute des Corps einmal zugeschickt und von demselben approbirt worden war, wir überdem täglich Befehle erwarteten, welche vielleicht den Bewegungen des Corps eine andere Richtung geben konnten, die uns also, wenn wir eine andere Route einschlugen, verfehlen, wenigstens später einlaufen muſsten, so trat der Preuſsische Befehlshaber nicht mit dem ganzen Corps den von dem Feldmarschall-Lieutenant *Baron v. Schröder* vorgeschlagenen Marsch an, detaschirte aber sogleich das Grenadier-Bataillon *v. Blomberg*, *Kalksteinschen* Regiments, 2 Eskadrons *Graf Golzischer* Husaren und die Jäger-Compagnie *v. Kötticher*, welche das Gebirge und den Wald der Ardennen auf dem äusserstem Rande *Cotoyren*, das Hauptcorps von den Bewegungen des Feindes bey Zeiten unterrichten und demselben die linke Flanke, wenn er wirklich vordränge, abzugewinnen suchen sollten.

Der Oberbefehl dieses Detachements ward dem Obristwachtmeister *v. Blomberg* übertragen. Von

U 5

diesem allen machte der General dem König Meldung.

Den 4ten bezog das Haupt - Corps ein Lager bey *Marche en Famine*, das Seiten-Corps aber Cantonierungen bey *Nafsagne*. Ein Kabinets-Befehl des Königs verordnete, dafs Demselben Anzeige von unserer Ankunft im *Luxenburgischen* gemacht, wo unsere fernere Bestimmung eröffnet werden sollte.

Dies lies vermuthen, dafs noch Unterhandlungen über den Wiener Operationsplan, in dem *Elsafs* und *Lothringen* zu agiren, gepflogen wurden, des Königs Absichten aber vielleicht auf *Thionville* und *Saarlouis* giengen.

Mein lieber General-Lieutenant v. [Kno-belsdorf!

Ich will Euch hierdurch auftragen, Mir sogleich, wenn Ihr mit Eurem Corps in der Gegend von *Luxenburg* eingetroffen seyd, davon Anzeige zu machen, weil ich Euch alsdenn bestimmt werde vorschreiben können, wohin Ihr Euren Marsch ferner zu richten habet, damit Eure Bewegungen mit denen der übrigen Armee zusammen treffen. Ich bin Euer wohl affectionirter König

Hauptquartier Edinghofen,   Fr. Wilhelm.
den 31. August 1793.

Den 5ten bezog das Haupt-Corps ein Lager bey *Roumont*, das Seiten-Corps Kantonierungen bey

Haute bras, und wurde von dort aus gemeldet, der Feind habe sich zurück gezogen. Dies wurde auch durch ein Schreiben des Feldmarschall-Lieutenant Freyherrn *von Schröder* bestätigt.

Ew. Excellenz.

Hochwohlgebohrner Freyherr. Sonders hochzuehrender Herr General-Lieutenant.

So eben sind mir die Berichte zugekommen, daſs sich der Feind gestern als den 3ten gänzlich zurück über die Gränze gezogen habe, welches hiermit Ew. Excellenz mit dem Bemerken bekannt zu machen die Ehre habe, daſs wenn Hochdieselben auf mein Gesuch die neue Route angetreten hätten, solches nicht den geringsten Umweg verursachet, und diese Strafse in Betreff des beyhabenden Trains nunmehro ebenfalls sicher ist.

Mit der vollkommensten Hochachtung habe die Ehre zu beharren.

Ew. Excellenz

Arlon,   gehorsamster Diener
den 4ten Sept. 1793.   GOTTFR. FREYH. V. SCHROEDER.
                        Feldmarschall Lieutenant

Den 6ten hatten beyde, sowohl das Haupt- als Seiten-Corps Ruhetag.

Den 7ten bezog das Haupt-Corps ein Lager bey *Bastogne en Ardenne*, das Seiten-Corps cantonirte in *L' Eglise.* Ein Kabinets-Befehl trug dem General aufs neue auf, bey *Luxenburg* fernere Befehle zu erwarten.

Mein lieber General-Lieutenant v. Kno belsdorff!

.Da Ihr nun schon unterrichtet seyd, dafs Ihr Eure fernere Marschordre in *Luxenburg* zu erwarten habt, so habe ich diesem nichts beyfügen wollen, als dafs ich stets bin Euer wohl, affectionirter König

Hauptquartier Edinghofen, Fr. Wilhelm, den 2. Sept. 1793.

Den 8ten bezog das Haupt-Corps ein Lager bey *Martilange*, das Seiten-Corps Kantonierungen bey *Habay la neuve.*

Den 9ten hatte alles Ruhetag.

Den 10ten vereinigte sich das Seitencorps wieder mit dem Hauptcorps in der Gegend von *Arlon*, und bezog das ganze daselbst ein Lager, von wo es am 11ten wieder aufbrach und ein Lager von *Luxenburg* dergestalt bezog, dafs sich der rechte Flügel an *Merle*, der linke an *Bonne voie* lehnte, und das Dorf *Cessingen* vor der Front hatte; der General-lieutenant v. *Knobelsdorff* nahm sein Quartier in *Hollrich.*

Die Vorposten-Chaine ward folgendergestallt gezogen.

1) Die Esk. v. *Planitzer*, Husaren *Gr. v. d. Golz* hat den linken Flügel, und steht in *Contern*, setzt

1 Unteroffizier und 12 Mann bey *Sieren*, das Dorf vor ich habend, zur Feldwache, 2 doppelte Vedetten stehen vor dem Dorfe zwischen *Hasselt* und *Alzingen* auf der Höhe, so dafs sie mit den Vedetten, welche die *Alzinger* Feldwacht aussetzt, in gleiche Linien kommen. Wenn die Oesterreichische Infanterie von *Sieren* abmarschirt, besetzt der Rittmeister *von Planitzer* das Dorf mit 1 Offizier und 30 Schützen, und giebt die Wachen so wie die Kaiserlichen gestanden.

2) Die Eskadron *von Blücher* steht in *Alzingen*, giebt 1 Unteroffizier und 12 Mann auf die Chausee nach *Diedenhofen* zur Feldwacht, wovon 2 doppelte Vedetten, die eine links vom Wege, der nach *Weiler latur* führt, die 2te gerade auf der Chaussee beym Galgen zu stehen kommt. Bey dieser Feldwacht links im Wald kommen 2 Unteroffiziers und 20 Mann Schützen, welche ihre Posten auf die Höhe hinter den Husaren Vedetts setzen.

3) die Eskadron *v. Coring* steht in *Ventingen*, giebt 1 Unteroffizier 12 Mann vor das Dorf *Röser* zur Feldwacht, wovon die Vedetten auf die Höhen kommen. Von den 80 Schützen wird 1 Offizier und 20 Mann, welcher dazu noch 10 Jäger von der Compagnie des Major *von Bülzig* erhält, nach *Callashoff* detaschirt, von wo die Kaiserlichen den 14ten abmarschiren. Die Schützen-Offiziers von *Ventingen* und die Jägeroffiziers von *Röser* lösen wechselweise täglich diesen Posten ab.

4) Der Jäger Major *von Bölzig* steht mit seiner Compagnie in *Röser*, und zieht die Chaine vereint mit der Jägercompagnie des Hauptmann *von Röt. ticher*, welcher

5) in *Krauten* steht.

6) Die Leib-Eskadron *Graf Golz* steht in *Bewingen*, giebt 1 Unteroffizier und 12 Mann zur Feldwacht. Von den Schützen aus *Bewingen* kommen 1 Unteroffizier und 10 Mann nach *Röser* zum Major *von Bölzig*; 1 Unteroffizier und 10 Mann nach *Krauten* zum Hauptmann *Rötticher* und machen mit den Jägern den Vorposten gemeinschaftlich. Sobald der Kaiserliche Offizier, welcher in *Berghem* steht, von da abmarschirt, besetzt der Rittmeister *v. Kalkreuth* von *Bewingen* aus dieses Dorf mit 1 Unteroffizier und 20 Schützen, wozu die Jägercompagnie von *Rötticher* 10 Mann Jäger giebt. Die Jäger-Offiziers von *Krauten* und die Schützen-Offiziers von *Bewingen* lösen täglich diesen Posten gemeinschaftlich ab.

7) die Eskadron des Major *v. Rudorff* steht in *Leudelange* und hat 2 Offiziers und 80 Schützen bey sich. Da, wo die Chaine dieser Eskadron aufhört, stehen 2 Offiziers und 60 Pferde von den beyden Kürassier-Regimentern, welche ihre Verbindung mit den zu *Dippach* stehenden Kaiserlichen Truppen nehmen.

Zum Replii der Posten des rechten Flügels kommt 1 Staabsofficier und 200 Mann in *Kuchelscheuer*.

Bey einem zu starken feindlichen Angriff repliiren sich sämmtliche Vorposten auf das Lager, und zwar wird der Rückzug der Jäger-Compagnie *von Rötticher* durch die Leib Eskadron Husaren gedeckt; die Jäger-Compagnie des Major *v. Bölzig* durch die Eskadron des Major *von Coring.* Der Infanterieposten von *Callashoff* zieht sich auf *Röser* zurück und schließt sich an die Compagnie des Majors *v. Bölzig.*

Der Schützenposten links vor der Chaussee zieht sich auf *Alzingen* zurück, und wird durch die Eskadron *von Blücher* gedeckt. Der Infanterieposten von *Sieren* wird auf dem Rückzuge von der Eskadron *von Planitzer* gedeckt, und der Rittmeister *v. Planitzer* macht seinen Rückzug durch den Wald nach *Hespringen.*

Der General-Lieutenant *v. Knobelsdorff* erhielt vom Könige folgendes Antwortschreiben.

Mein lieber General-Lieutenant v. Knobelsdorff!

Ich habe Eure beyden Schreiben wohl erhalten, und ist es recht gut, daß Ihr in Absicht des Marsches auf die Bedürfnisse und Verpflegung des Euch anvertrauten Corps d'Armee Rücksicht genommen. Was die Anzeige des Feldmarschall-Lieutenants Freyherrn *v. Schröder* von dem Einrücken des Feindes ins *Luxenburgische* betrifft, so werdet Ihr wohl thun, ihm alle mögliche Unterstützung zu leisten, und überlasse ich Euch hierunter den Umständen gemäß zu handeln, als Euer wohl affectionirter König .

Hauptquartier Edinghofen,   Fr. Wilhelm.
den 7ten Sept. 1793.

Den 12ten des Morgens um drey viertel auf 7 Uhr griff der Feind mit 400 Mann Infanterie und 40 Pferden ein zu *Frisange* stehendes Piquet von 1 Unteroffizier und 30 Mann Kayserlichen Infanterie an, zu welchem sich vielleicht 50 Bauern gesellt haben mogten. Auf den ersten Schuß eilte sogleich der Obrist v. *Blücher* mit seiner und der Leib-Eskadron dem Piquet zu Hülfe, und befahl der Eskadron des Major von *Rudorf* und der Jägercompagnie aus *Krauten*, ihm zu folgen. Der kommandirende General führte während dem selbst 400 Pferde aus dem Lager nach.

Von den in der Vestung *Luxenburg* stehenden 25 Anhalt *Zerbstschen* Pferden rückte ebenfalls 1 Offizier mit einem Zuge an, und gesellte sich zu dem Piquet in *Frisange*.

Der Feind hatte vorher ein kleines vor *Frisange* gerade auf der Chaussee liege des Dorf besetzt und geplündert, als aber der Obrist *von Blücher*, ohne die Ankunft der zum Soutien herbeyeilenden Jäger abzuwarten, blos mit seiner und der Leib-Eskadron Miene machte, das Dorf zu tourniren, so verließ der Feind solches wieder, und nahm seinen

Rück-

Rückzug auf *Rodemachern* zu, von welchem Orte er
die Besatzung ausmachte. Als der Obrist dies sahe,
gieng er gerade auf die, in der gröfsten Ordnung sich
zurückziehende Infanterie los, welche Front machte,
jedoch nicht verwehren konnte, dafs der Lieutenant *von Schulenburg*, welcher mit 20 Pferden
die Avantgarde hatte, in sie eindrang, worauf sie
sich in ein kleines nahgelegenes Holz warf. Da dies
aber nicht grofs war, so umzingelte es der Obrist
mit einem Theil seiner Husaren, um das, was heraus kam, in Empfang zu nehmen, und setzte mit
dem andern Theil der feindlichen Cavallerie nach.
Den Wald aber zu durchsuchen, trug er dem *Grafen
von Dohna*, Adjutanten des kommandirenden Generals auf, und gab ihm hierzu den Unteroffizier
und die 30 Mann Kaiserliche Infanterie, nebst den
30 Bauern. Das, was von den Husaren auf freyem
Felde zu Gefangenen gemacht wurde, mit dem, was
wir im Holze erhielten, betrug 1 Hauptmann und
60 Mann. Der gröfste Theil dieses feindlichen Detachements ward niedergehauen, einige wenige nur
entkamen durch die Flucht. Wir hatten unserer
Seits 1 Unteroffizier von der Schwadron *von Blücher*
und 1 Gemeinen von der Leib-Eskadron tod, 1 Gemeiner 7 Pferde waren durch Bajonette verwundet.

Da die Pferde erst des Tages vorher vom Marsche
gekommen waren, so begnügte sich der Obriste *von
Blücher* den übriggebliebenen Theil des Feindes
bis kurz vor *Rodemachern* zu verfolgen, und kehrte

alsdann zurück. Die Gefangenen übergaben wir
dem Kaiserlichen Gouvernement von *Luxenburg*.

Gegen Abend erhielt der Preufsische General
von dem Feldmarschall-Lieutenant *von Schröder* aus
Arlon die Anzeige, dafs der Feind wieder Absichten vorzurücken habe.

An des Königl. Preufs. Herrn General-Lieutenants Freyherrn von Knobelsdorf Excellenz.

So eben kommt mir der Bericht von dem
Herrn Obrist-Lieutenant Graf *Nobili*, welcher
zu *Neufchateau* stehet, dafs gestern Abends
Französische Cavallerie in die Gegend *Chaspierre*
und die feindliche Infanterie in den *Bois la Dame*,
postirt, und dafs alle Wägen bis *Carignan* in Bereitschaft stünden, um auf den ersten Befehl
den Truppen nachzufolgen.

Zu gleicher Zeit erhalte ich den Bericht von
dem Obrist *Baron von Bolza*, welcher die Vorposten bey *St. Marie* kommandirt, dafs die Nachricht von den Landleuten gekommen, die sich
von *Gironville* geflüchtet, dafs der Feind in vier
Colonnen anrückt.

Besagter Herr Obrister befindet dieses auch
in so weit glaubwürdig, da seine Vorposten
eine Avantgarde von 80 Chasseurs sehen; auch
wird von *Virton* her gemeldet, dafs der Feind
in *Meix devant Virton* mit 200 Mann eingetroffen,
welche unsere Patrouillen gesehen haben. Nach

andern Nachrichten sollen 6000 Mann vom
Feinde gestern in *Longwy* eingetroffen seyn, man
erwartet heute noch durch die dahin geschickten
Kundschafter die gewisse Bestätigung von dieser Nachricht.

Aller sichern Vermuthung nach, scheint der
Feind über *St. Marie* und *Ethal* auf *Arlon* ein-
dringen zu wollen, zu welcher Zeit solcher von
Longwy zugleich hereinbrechen möchte.

Ich mache diesfalls alle meine Dispositionen hiezu. Zu diesem Ende bin ich bemüssiget
das Bataillon von *Sterpenich* anhero zu ziehen, und
ersuche dahero Ew. Excellenz zwey Bataillons
Infanterie und eine proportionirte Anzahl Cavallerie so in Bereitschaft halten zu lassen, daſs
solche auf die weiter eingehende Nachrichten
im Benöthigungsfall gleich auf mein nachfolgendes Gesuch dahin rücken könnten; wo denn
zu gleicher Zeit *Dippach* zu besetzen, allwo
dermahlen 1 Compagnie Infanterie, mit 2 Zügen Cavallerie stehet, der gefällige Bedacht zu
nehmen wäre, und bitte zugleich, diesen beyden Detachements den Befehl gütigst ertheilen
zu wollen, daſs, im Fall wir hier angegriffen
würden, solche uns zu Hülfe zu kommen haben, wo sodann die erstbesagte zwey Posten
zu *Sterpenich* und *Dippach* wieder durch Anordnung einer gefälligen Nachrückung zu besetzen
wären, wodurch wir nicht nur soutenirt, sondern

auch die Communication ohnunterbrochen zu unterhalten in Stand gesetzt seyn würden.

Arlon, GOTTFR. FREYH. V. SCHROEDER.
d. 12. Sept. 1793. Feldmarschall-Lieutenant.

Diesem Schreiben zufolge liefs der Preufsische General sogleich 5 Eskadrons Leib-Kürassiers, die Eskadron *v. Rudorff* von den Gr. *Golzischen* Husaren, das Grenadierbataillon *v. Malschützky Knobelsdorfschen*, und das Grenadierbataillon *v. Hagcken Köthenschen* Regiments den 13ten in der Frühe aufbrechen, und nach *Dippach* und *Sterpenich* rücken, so wie er sogleich den Generallieutenant *v. Kospoth* und Generalmajor *v. Pirch*, unter deren Befehle dieses Detachement gege ben war, auftrug, sich die nöthigen Posten und das übrige, in der Gegend nöthige, überliefern zu lassen. In dem Augenblick, dafs der Preufsische General dem Feldmarschall-Lieutenant *Baron v. Schröder* Anzeige hievon machte, lief von demselben nachfolgendes Schreiben ein.

An des Königl. Preufsischen Herrn Generallieutenants, Freyherrn von Knobelsdorff Excellenz.

Für Ew. Excellenz geneigteste Willfahrung meiner gemachten Bitte erstatte den verbindlichsten Dank. Durch die abermals eingegangene Berichte des Herrn Obristlieutenants *Graf Nobili* stehet der Feind noch bey *Chaspiere* mit 1500 Mann und solle der Feind in Willens

haben über *Bertrix* gegen *St. Hubert* und *Neuf
chateau* vorzudringen. Bey diesen Umständen
muſs ich gegen *Neufchateau* Verstärkung schik-
ken, um die Communikation mit *Namur* sicher
zu stellen. Dahero ersuche Ew. Excellenz von
Dero unterhabendem Corps 1 Bataillon nach
Sterpenich und 1 nach *Dippach*, dann 2 Eskadrons nach *Sterpenich* und 1 nach *Hivingen*, 1 nach
Kahler, 1 nach *Betange* und 1 nach *Fingich* gefälligst abzuschicken, und würde es am besten
seyn, wenn nach *Fingich* die angetragene Hu-
saren-Eskadron verlegt würde. Die zu *Fingich*
und *Betange* dermahlen von meinem Corps
stehende Posten würden so lange allda verbleiben, bis die Truppen von Ew. Excellenz daselbst eintreffen, um alles allda übergeben zu
können. Was hingegen die übrigen benannten
Ortschaften *Kahler*, *Hivingen* und *Sterpenich* betrifft, haben selbe keine andere Beobachtung,
als die Unterstützung der erstern, wie dann
überhaupt der Feind auf dieser Seite nie eine
Force gehabt und die erwähnten Posten nur zur
Observirung der Gränzen die Bestimmung
haben.

Ich ersuche demnach Ew. Excellenz mir
gefälligst bekannt machen zu wollen, zu welcher Zeit die Truppen von dem Ew. Excellenz
unterhabenden Corps an obigbesagte neue Bestimmung abrücken werden, um die meinigen ebenfalls zur angewiesenen Verstärkung

X 3

gegen *Neufchateau* bald möglichst abschicken zu können. Ew. Excellenz haben das alte lateinische Sprüchwort *veni, vidi, vici,* gleich in Erfüllung gebracht und gratulire von Herzen zu dem erlangten Vortheile, wenn die berühmten *Sansculottes* ein paar Mahl auf diese Art zu Paaren getrieben werden, so wird ihnen wohl die Lust auf fremden Boden zu plündern vergehn.

Arlon,	SCHROEDER.
d. 13. Sept. 1798.	Feldm. Lieut.

Da der Feind nichts gegen *Arlon*, weder an diesem noch an dem folgenden Tage unternahm, so schrieb der Preußische General dem Feldmarschall-Lieutenant *Baron von Schröder*, daß, da er stündlich den Befehl zum Aufbruch von seinem Könige erwarte, er keine getrennte Stellung auf lange Zeit seinem unterhabenden Corps geben könne, und deswegen seine Truppen aus der Gegend von *Sterpenich* und *Dippach* wieder an sich zu ziehen, sich genöthiget sehe. Dies wurde auch dergestallt ausgeführt, daß die detaschirten Truppen den 14ten des Abends wieder mit den übrigen im Lager vor *Luxenburg* zusammenstießen. Die Eskadron des Major *Rudorff* rückte nach *Leudelange*, welches einstweilen durch die Leib-Eskadron *Graf Golz* Husaren, von *Ventingen* aus, mit versehen worden war.

Feldmarschall-Lieutenant *Baron von Schröder* erklärte sich hierüber im folgenden Schreiben.

An Sr. Excellenz den Königl. Preußischen
General-Lieutenant Freyherrn von Knobelsdorff.

Aus meinem erstern, an Ew. Excellenz erlassenen Schreiben, werden Höchstdieselben ersehen haben, daß ich aus dieser Ursache eine
Truppenverstärkung hier benöthige, weilen der
Feind bey *Neufchateau* vorgestern eingedrungen,
und dadurch die Communication mit *Namur* abgeschnitten zu werden in Gefahr ist. Da nun
dieses zu verhindern von großer Wichtigkeit
ist, so muß ich Truppen von *Arlon* aus zu diesem Entzweck gleich dahin schicken, und um
hier *Arlon* nicht bloß zu stellen, die Detachements von *Dippach* und *Sterpenich* anhero ziehen. Aus dieser Ursache habe Ew. Excellenz
ersucht, diesen Posten durch Truppen von
Dero unterhabenden Corps gefälligst besetzen
zu lassen. Da nunmehro aber die Umstände
von Ew. Excellenz es nöthig gemacht haben,
Dero Truppen wieder zusammen zu ziehen
und dieserhalben Ew. Excellenz auch die hier-
hin geschickte Verstärkung wieder abberufen
haben, so besetze indessen gedachte Posten
nur mit etwas, um nicht selbe ganz leer zu lassen. *Dippach* kann ich aber nicht besetzen, bis
sich die Umstände bey *Neufchateau* geändert haben und die dahin geschickten Truppen zurück-
gekommen sind, und da dieser Posten nicht

X 4

weit von Ihrem Lager entfernt ist, auch die
Besetzung dieses Postens nicht viele Truppen
fodert, so ersuche Ew. Excellenz denselben
annoch in so lange besetzen zu wollen, bis,
wie schon gesagt, die Truppen von *Neufchateau*
zurück kommen.

Unterdessen bin ich Ew. Excellenz für die
so geschwind als bereitwillig geleistete Hülfe
sehr verbunden.

A r l o n,   GOTTFR. FREYH. v. SCHROEDER,
d. 14. Sept. 1793.   Feldmarschall-Lieutenant.

Aus den Niederlanden erhielten wir folgende
Nachrichten.

Den 27sten August hatte der Feind bey anbre-
chendem Tage mit 6000 Mann Infanterie und Kavallerie und 15 Kanonen alle Posten des Feldmarschall
Lieutenants *Beaulieu* von *Louville* bis *Genais*, mit
solcher Heftigkeit angegriffen, daß die Vorposten
nicht im Stande waren, dieser grofsen Uebermacht
zu widerstehen, sondern sich, dem Feind das Vorrücken so schwer als möglich machend, langsam zurückzogen. Die Hauptabsicht des Feindes entdeckte
sich bald, indem derselbe seine gröfste Stärke auf die
ehemals von den Preufsischen Truppen an der Wald-
spitze vor *Cysoing* angelegte Fleche richtete, und solche
mit 7 Kanonen beschofs. General *Beaulieu* lies dies
Feuer beantworten, und das Würtembergsche und
Clerfaytsche Regiment zum Soutien anrücken. Indefs dies geschah, fiel der Obriste Graf *von Hohen-*

zollern an der Spitze des *Kavannagschen* Kürassier-
Regiments den Feind an, und zwang ihn zum Wei
chen; auch General *Kray* war mit einer Eskadron
Husaren und zwey Zügen *von Lobkowitz* gegen *Ge-
nech* vorgerückt und dem Feind in die Flanke gegangen.

Das Gefecht dauerte 4 Stunden. Der Feind
verlor in demselben 4 Kanonen mit Pulverkarren
und ganzer Bespannung.

Auch *Lannoy* ward von den Franzosen angegriffen, allein auch hier waren sie durch die Königl.
Preußische Anspachische Brigade unter dem Generalmajor *von Reitzenstein* mit Verlust von zwey
Kanonen zurückgeschlagen worden.

Den 6ten September wurde *Quesnoy* aus 14 Batterien der ersten Paralelle lebhaft beschossen, und
an der 2ten Paralelle mit vielem Fleiß gearbeitet.
Am 7ten ward damit fortgefahren, und der bedeckte
Weg mit Ricochet-Batterien beschossen, auch
abermals ein Munitions-Depot in die Luft gesprengt.

Den 8ten wurde der in der 2ten Paralelle ver-
längerte Theil erweitert, die Banquetten angelegt
und zwey Demontier- und zwey Ricochet-Batterien
zustande gebracht. Das Geschütz wurde eingeführt
und aus demselben das Feuer angefangen; auch
wurden die zum Ausbruch gegen die 3te Paralelle
erforderliche Requisiten und Materialien zusammen
getragen.

Alle Ricochet- und Demontier-Batterien beschossen mit so guter Wirkung die feindlichen Werke

X 5

und den bedeckten Weg, dafs der Feind fast nirgends zu antworten im Stande war. Die Kessel-Batterien unterstützten das Feuer der übrigen. Es ward abermahls ein kleines Pulvermagazin in die Luft gesprengt.

In der Nacht vom 8ten zum 9ten wurde der linke Flügel der ersten Paralelle um 140 Klafter verlängert, damit man die Courtine vom Valenciennes Thor ricochetiren konnte. Ferner ward auf dem linken Flügel eine Communication zur 1sten Paralelle gezogen. Die feindlichen Batterien wurden an diesem Tage ganz zum Schweigen gebracht, überdem 5 Pulver-Depots in die Luft gesprengt; in der Stadt selbst entstand ein heftiges Feuer. Den 10ten ward die 3te Paralelle angefangen, und den 11ten übergab sich die Vestung, wodurch 4000 Mann in die Hände der Kaiserlichen Truppen fielen.

In der Nacht vom 4ten zum 5ten griff Feldmarschall *Freitag* das vom Feinde mit 1200 Mann besetzte Dorf *Sedreghem* an, ein Theil der Besatzung wurde niedergemacht, 50 Mann gefangen genommen und die übrigen gänzlich aus einander gesprengt. Bey dieser Gelegenheit ward der schon aus dem Türkenkrieg rühmlichst bekannte Kaiserlich Königl. General *Fabris* schwer verwundet. Den 5ten früh drang der Feind mit 12000 Mann und vieler Artillerie über *Stenvoorde* gegen *Poperingen* vor, die daselbst stehenden zwey Bataillons Hannoveraner leisteten die tapferste Gegenwehr, und erschwerten dem Feinde fast jeden Schritt, bis sie endlich fast

gänzlich umringet und genöthiget waren, der allzu
grofsen Ueberlegenheit zu weichen, worauf sie sich
gegen *Memmeringen* zurückzogen.

Da die Holländischen Posten von *Watrelos*,
Tourcoing und *Roncq* am 27sten August ebenfalls
angegriffen und zum Rückzuge nach *Courtray* gezwungen worden, so verliefs auch General *Reizen-
stein* am 28sten *Lannoy* und gieng bis *Templeuve* bey
Tournay zurück; die Communication von *Courtray*
bis *Templeuve* blieb offen.

Den 6ten versammelte der Feind seine ganze
Macht bey *Bailleul*, griff den Hannöverischen Feldmarschall *Freitag*, welcher zwischen *Wormhoudt*
und *Poperingen* stand, an, und drang gegen *Wattou*
und *Houtckerke* vor. Hierdurch wurde dem Feldmarschall aller Rückzug abgeschnitten, so dafs er
sich nur mit dem Säbel in der Faust durchschlagen
konnte, bey welcher Gelegenheit er selbst zwey Sä-
belhiebe in den Kopf erhielt. Auch Prinz *Adolph von
England* bekam eine Säbelwunde in den Kopf. Wenn
ich hier die Bravour der Hannöverischen Truppen
erwähne, welche allein beyde der Gefangenschaft
entrifs, in welcher sie sich wirklich schon befanden,
so kann ich auch die Uneigennützigkeit von 6 Mann
französischen Linien-Truppen hier nicht unberührt
lassen, welche nicht nur den Feldmarschall gegen
die Nationalgarden schützten, ihn selbst nicht allein
nicht plünderten, sondern sogar von ihm nur mit
Mühe dahin gebracht werden konnten, sein Geld
und seine Uhr anzunehmen. Nachdem der Feld-

marschall durch seine Grenadiers dem Feinde wieder entrissen war, bezog die Armee ein Lager bey *Hoonschoote*. Unter Begünstigung eines heftigen Artillerie Feuers aus der Vestung *Dünkirchen* griff der Feind die Stellung des Herzogs *von Yorck* an und beschofs zugleich seine rechte Flanke.

Dies waren unglückliche Tage für die Truppen der Alliirten; ein Unglück schien dem andern zu folgen. Der Herzog ward durch die Franzosen, welche längst dem Strande herauf zu gehen durch keine Englische Flotte verhindert wurden, in die Flanke genommen. Die Armee unter dem Feldmarschall *Freitag* war, ohnerachtet die Hannoveraner gewifs alle Bravour anwendeten, welche menschliche Kräfte nur leisten können, zum Rückzuge gezwungen worden, den sie jedoch dem Feinde theuer genug machte; die Holländer waren mit Zurücklassung von 22 Kanonen bis *Brüges* und *Gent* zurück gegangen, und somit wurde also der Herzog *von Yorck* gezwungen, mit Verlust des Geschützes die Belagerung von *Dünkirchen* aufzuheben.

Dafs die braven Hannöverischen Truppen das Schlachtfeld den Siegern nicht ohne die standhafteste Gegenwehr überliefsen, dafs sie blofs der schrecklichen Uebermacht zu weichen genöthigt waren, zeigt sich deutlich genug darin, dafs bey einem Verlust von 85 Offiziers, nur 11 gefangen, die übrigen alle entweder todt oder blefsirt waren, so wie sich auch unter 1900 Gemeinen ohne die Todten, 1200 Verwundete befanden. Der Verlust der Holländer bestand in 1200 Mann, von denen der gröfste Theil gefangen oder zerstreuet war. — Der Erbprinz *von Oranien* hatte den Feldmarschall *Beaulieu* ersuchen lassen, zu Hülfe zu eilen; derselbe brach auch am 13ten im Lager von *Cysoing* auf, aber er konnte nichts mehr zur Erhaltung der von den Holländern besetzt gewesenen Gegend von *Menin* und *Courtray* beytragen.

Feldmarschall Prinz *von Coburg* schickte seinen General-Adjutanten, den Obrist *Fischer*, den Holländern nach, der sie bey *Gent* einholte und gegen *Maubeuge* zurück führte.

Der Herzog *von Yorck* nahm den Franzosen *Menin* wieder ab, und deckte mit den Englischen, Hessischen und einigen wenigen Hannöverischen Truppen das Kaiserliche Flandern. Der Hannöverische General der Cavallerie *Graf von Wallmoden* bezog ein Lager bey *Cysoihg*; der Kaiserliche General *Otto* besetzte *Orchies*.

Den 15ten fiel nichts wesentliches bey dem Preufsischen Corps vor; der Feind zeigte einige einzelne Reuter auf den Höhen vor *Frisange*, ohne jedoch im mindesten etwas zu unternehmen und zog sich auch bald wieder zurück. Das Infanterie-Piquet welches bey *Kuchelscheuer* oder *Petburg* gegeben ward, wurde bis auf 1 Capitain und 100 Mann vermindert. Die Truppen erhielten den Befehl, sich so marschfertig zu halten, dafs sie auf den ersten Wink den Marsch antreten könnten.

Den 16ten gegen Abend erhielt der kommandirende General folgenden Kabinetsbefehl des Königs,
welcher den Aufbruch des Corps auf den folgenden
Tag, und zwar um sich in die Gegend von *St. Wendel* zu begeben, festsetzte.

Mein lieber General-Lieutenant von Knobelsdorff!

Ich ertheile Euch hierdurch die Anweisung,
gleich nach Empfang dieses alle nöthige Anstalten zu treffen, dafs Ihr folgenden Tages
Euren Marsch fortsetzen könnt. Diesen habt
Ihr nun dergestalt zu dirigiren, dafs Ihr auf
den besten und wo möglich kürzesten Wege in
der Gegend von *St. Wendel* eintreffet. Vom
Tage Eurer Ankunft am letztern Ort habt Ihr
mich auf das schleunigste zu benachrichtigen,
und sodann fernern Befehlen entgegen zu sehen.
Ich bin Euer wohl affectionirter König

Edinghofen,   Fr. Wilhelm.
den 14. Sept 1793.

Diesem Befehle zufolge meldete der General-
lieutenant *von Knobelsdorff* dem Könige die Zahl der
Märsche, welche er bis *St. Wendel* zu nehmen ge-
dächte und schickte zugleich die nehmliche Marschroute dem in dortiger Gegend befehligenden Preufsischen General-Lieutenant *Grafen v. Kalkreuth* zu.

Das Corps brach den 17ten auf und bezog ein
Lager bey *Nieder-Anwen*, von wo aus es am 18ten

Kantonnirungen in der Gegend von *Grävemachern* und *Wasserbillig* bezog. Am 19ten gieng das Corps vor *Trier* über die *Mosel* und bezog Kantonnirungen jenseits dieser Stadt, von welchen die Abtey *St. Martin* für den Preufsischen Befehlshaber zum Hauptquartier bestimmt ward. Hier erhielt der General einen neuen Kabinets Befehl, welcher die Operation bestimmte, bey welcher das Corps sogleich nach seinem Zusammentreffen mit der übrigen Preufsischen Armee mitwirken sollte.

Mein lieber General-Lieutenant v. Knobelsdorff!

Ich mache Euch hierdurch bekannt, welchergestalt Ich beschlossen habe, die bevorstehende Operation zu dirigiren. Sobald Ihr bey *St. Wendel* eingetroffen seyn werdet, sollet Ihr ein kleines Corps daselbst stehen lassen, mit dem gröfsten Theil Eures Corps aber gemeinschaftlich mit dem General-Lieutenant *Grafen von Kalkreuth* das feindliche Lager bey *St. Imbert* angreifen und schlagen. Wenn dieses geglückt ist, sollet Ihr *Saarbrück* gegenüber stehen bleiben, während der General-Lieutenant *Graf von Kalkreuth* dem Lager von *Bliescastel* im Rücken marschirt. So wie das feindliche Lager von *Bliescastel* verlassen wird, soll das Corps des Erbprinzen *von Hohenlohe*, nachdem es eine Brigade Infanterie, und etwas Kavallerie, etwa in der Gegend von *Auerbach* zurück gelassen, gegen *Medesheim* vorrücken und dem Lager von *Hornbach* im Rücken zu kommen suchen.

Ihr werdet nun Eurer Seits hierüber mit dem General-Lieutenant *Grafen v. Kalkreuth* die nöthige Abrede nehmen, und demnächst Mich von allem, was vorgeht, genau benachrichten, da sich denn nach den eintretenden Umständen das fernere wird bestimmen lassen. Ich bin Euer wohl affectionirter König

Hauptquartier Edinghofen,   F r. W i l h e l m.
    den 17. Sept. 1793.

General-Lieutenant *Graf von Kalkreuth* dankte in einem Schreiben dem General-Lieutenant *v. Knobelsdorff* für die Ihm überschickte Marschroute und schlug Ihm vor, den 23ten zu einer Unterredung in *Wiebelskirchen* einzutreffen, welcher der Erbprinz von *Hohenlohe*, der in *Homburg* stand, auch beywohnen würde, und in welcher die nähere Umstände der Unternehmung festgesetzt werden sollten. Nach der Berechnung des gedachten Generals sollten wir den 24sten bey *St. Wendel* Ruhetag haben, den 25sten mit in die Quartiere rücken, die schon durch die Truppen seines Corps besetzt waren und den 26sten gemeinschaftlich schlagen.

Von der Armee des Herzogs von *Braunschweig* liefen heute die Nachrichten ein, dafs zwischen ihm und dem Feinde eine Aktion, zu Gunsten des Herzogs gewesen sey. Eine kurze blos historische Beschreibung wollten wir hier aus des Herrn Obristen

von

von *Grauert* ganz vortrefflichen ausführlichen Beschreibung der Schlacht bey *Pirmasens* auszugsweise liefern.

Den 14ten September des Morgens gegen 6 Uhr rückte der Feind in verschiedenen Colonnen aus dem Thale bey *Walshausen* nach der Höhe herauf und in die Zweybrücker Hochstrafse nach der *Beerenziegelhütte.* Die Armee des Herzogs stand damals in vier Lägern, das 1ste, 2te und 3te Bataillon *Prinz Heinrich*, 1ste, 2te und 3te Bataillon Herzog von *Braunschweig*, 5 Eskadrons *Borstell* Kürassiers, 5 Eskadrons Dragoner *von Tschiersky* nebst den Batterien *von Pototzki* und *von Wundersitz*, unter den Befehlen des General-Lieutenants *von Kalkstein* und der Generalmajors *von Romberg*, *Graf Herzberg*, General-Lieutenant *v. Schönfeld*, und Generalmajor *v. Borstell* standen mit dem rechten Flügel gegen *Winzeln*, vor ihrem linken Flügel lag *Thal Simmten*, im Rücken *Pirmasens*. Ein zweytes Lager, bestehend aus dem 1sten Bataillon *v. Schladen*, dem 2ten Bataillon von *Wolframsdorff*, dem 1sten Bataillon *v. Borch* und der halben reutenden Batterie des Lieutenants *Hahn* des Ersten stand mit dem linken Flügel gegen den *Felsenbrunner Hof*, Front gegen *Vinningen*. Ein drittes Lager bestehend aus dem 2ten Bataillon *v. Borch*, dem Grenadier-1sten und 2ten Bataillon *Prinz Ferdinand*, 5 Eskadrons Dragoner *von Lottum*, den Batterien *von Menz* und *von Meier* stand auf dem *Ketterich*; beyde Läger unter den Befehlen des General-Lieutenants *von Courbiere*, der Generalmajors *v. Kleist*, *Prinz von Baaden* und *von Katte*. Ein viertes Lager endlich, bestehend aus dem 2ten und 3ten Bataillon *Garde*, dem Bataillon *Rhodich* und der Batterie *Willem* stand unter dem Befehle des Generalmajors *von Röder* bey dem *Erlenbrunner Hof*; in der Stadt *Pirmasens* stand ein Staabsoffizier mit 200 Mann. Als der Herzog das Anrücken des Feindes erfuhr, liefs er sogleich das 2te und 3te Bataillon *Garde* und die Batterie *Wille* aus ihrem Lager aufbrechen und auf den Höhen zwischen *Winzeln* und *Thal Simmten*, wo die Kavallerie kampirt hatte, aufmarschiren. Das Dragonerregiment *von Tschiersky* mufste dagegen sogleich auf der Zweybrücker Chaussee dem Feinde entgegen eilen, um ihn so viel wie möglich, aufzuhalten, und dem Fufsvolke Zeit zu verschaffen, sich auf den *Huster* Höhen zu formiren, welche, da der Feind seine Richtung über *Fährbach* und *Staffelhof* genommen, zum Schlachtfelde gewählt werden mufsten. Der Feind formirte sich in denen bey *Fährbach* befindlichen Vertiefungen, in dicht auf einander gerückten Linien, und beschofs unsere, ihm entgegen gerückte Reuterey mit einem aus 40 Piecen gemachten äusserst heftigen Artilleriefeuer, während dem kleine Trupps der seinigen eine Kette von Vedetten längst dem Defilee der *Steinbach* zogen. Die 5 Eskadrons *von Tschiersky* waren mit weiten Intervallen auf den Höhen zwischen dem *Steinbach* und dem *Blümelsthal* aufmarschirt, hinter ihnen setzten sich 4 Eskadrons v. *Horstell*, die 5te Eskadron blieb zur Dekkung der Batterie *Pototzki*, welche etwas besser zurück auf den *Huster* Höhen auffuhr. Sobald die Bat-

terie zu spielen anfieng, zog sich unsere Kavallerie
etwas besser zurück und formirte eine Linie, so dafs
der rechte Flügel des Regiments *Tschiersky* sich an
das Defilee des *Steinbachs*, der linke des Regiments
von Borstell an das, des *Blümelsthals* appuyrte. Die
Batterie von *Wundersitz*, welche jetzt ankam, wurde
sogleich links neben der *von Pototzky* aufgefahren.
Hinter diesen Batterien formirten sich in einem Treffen 3 Bataillons des Regiments *Herzog von Braunschweig* und das 1ste und 2te Bataillon *Prinz Heinrich.* Das Grenadier-Bataillon *Prinz Heinrich* führte
der Herzog selbst, nebst 2 Kanonen von der Batterie
Pototzky durch den *Ruppertswald* und wählte vortheilhafte Stellen, um den Uebergang über den
Steingrund und das Eindringen in diesen Wald dem
Feinde zu verwehren. Die Schützen des Grenadier
Bataillons *Heinrich* wurden auf dem *Köpfel* placirt,
um die vorliegenden Gründe zu beobachten. Die
Schützen des 1sten und 2ten Bataillons *Heinrich*, des
Grenadier und 1sten Bataillons *Herzog* nebst einer
Kanone und einer Haubitze von der Batterie *Wundersitz*, wurden an der Lisiére des Waldes, welcher
den *Steinbach* longirt, aufgestellt. Die halbe reutende Batterie des Lieutenants *Hahn d. 1.* war aus
dem Lager vom *Felsenbrunnerhof* herbeygeeilt, rückte
im Strich des feindlichen Feuers auf der Chaussee
demselben entschlossen entgegen und fuhr vor unserer Kavallerie auf, wo sie sich dem feindlichen
Geschütz mit vieler Wirksamkeit entgegen setzte,
ohne denen in der Position stehenden Batterien hin-

derlich zu seyn. Der Herzog liefs nun das 1ste Bataillon *Schladen*, das 2te *Wolframsdorf* und 1ste *Borch* nebst den Batterien *Scholten, Decker* und *Allier* anrücken, auch mufste das 2te und 3te Bataillon *Garde* wieder aus der Position von *Winzeln* aufbrechen und auf den *Huster* Höhen das 2te Treffen formiren. Kavalleriepatrouillen, welche der Herzog von *Rothalben* aus bis nach der *Apostelmühle* vorschickte und das Thal der *Erbach* abpatroullirten, sicherten vor der Besorgnifs, dafs der Feind von dort her etwas unternehmen würde. Da der Feind sich noch immer im Grunde bey *Fährbach* hielt, ohne etwas anders als die Kanonade zu unternehmen, gegen *Zweybrücken* zu, wo der Erbprinz *von Hohenlohe* stand, sich auch eine starke Kanonade hören liefs, man also nicht wissen konnte, ob die Hauptabsicht des Feindes gegen *Pirmasens* oder *Zweybrücken* gerichtet war, so berief der Herzog sämmtliche Generäle und Brigadiers zwischen beyden Treffen zusammen, und eröffnete ihnen, dafs er unter Protektion eines starken Artilleriefeuers den Feind in seiner verdeckten Stellung mit der gröfsten Heftigkeit angreifen wolle, um hierdurch die Gewifsheit eines wirklichen oder Scheinangriffs zu erlangen, und im Fall des letzten, dem Erbprinzen Luft zu verschaffen. Ehe aber diese Unternehmung ausgeführt werden konnte, hörte auf einmal des Feindes Feuer auf, alle sein Geschütz wandte sich nach der Chaussee und die Têten seiner Colonnen debouschirten aus und neben *Fährbach.* Der Herzog lies

sogleich alle in der Position stehende Bataillons-
stücke neben den Batterien *von Potoizky* und *Wun*
dersiz auffahren, und formirte hierdurch eine ganze
Linie Artillerie, welche den Feind mit einem Regen
von Kartätschen empfangen sollte. Sobald diese
Linie formirt war, zog sich die Kavallerie, nebst der
halben reutenden Batterie *Hahn*, welche den Feind
schon ein paarmal begrüfst hatte, zurück, die halbe
reutende Batterie ward auf dem linken Flügel der
Artillerielinie placirt. Die vier Eskadrons vom Regiment *von Borstell* giengen durch die Intervallen
der Infanterie und formirten sich hinter dem Regiment *Heinrich*, das Regiment *Tschiersky* zog sich *en*
echequier gegen den linken Flügel der Stellung. Der
Feind rückte in drey Infanterie und einer Kavallerie
Colonne an. Zwey dieser Infanterie-Kolonnen vom
linken Flügel marschirten auf und neben der Chaussee, hinter ihnen folgte eine zahlreiche Haubitzbat-
terie, welche ohnweit des Platzes, wo unsere Reuterey zum erstenmale aufmarschirt gewesen, auffuhr,
und über ihre attaquirende Kolonnen weg uns auf
das lebhafteste bewarf. Als diese Kolonnen sich bis
zum Kartätschen Schufs genähert hatten, drehete
sich eine Abtheilung aus der äufsersten Kolonne
linker Hand von etwa 3 Bataillons links ab nach dem
Steingrunde, da sie aber den schroffen, nur an wenig Stellen zu erkletternden Abhang dieses Grundes
sah, sie auch durch das Feuer unserer gegenüber
postirten Schützen und durch das Kartätschenfeuer,
der bey den Schützen placirten zwey Piecen begrüfst

Y 3

wurde, so wendete sie sich schnell wieder rechts
nach der Chaussee, wo sie unter dem stärksten Kartätschenfeuer die in der gerade vorrückenden Kolonne bereits sichtbar werdende Verwirrung verdop-
pelte und mit ihr sich rechts ins *Blümelsthal* herein-
warf. Hier waren die beyden andern Kolonnen
bereits eben so weit vorgerückt, nehmlich die In-
fanterie-Kolonne rechter Hand und die, aus zwey Regimentern bestehende Kavallerie-Kolonne. Das Dragoner-Regiment *Tschiersky* entdeckte diese beyden
feindlichen Kolonnen, als sie eben das *Blümelsthal*
traversirten, und im Begriff standen, den steilen
Berg, die *Schach* genannt, zu ersteigen. Die 2te und 4te
Eskadron dieses Regiments, welche bey ihrer Retraite
en echequier eben im Durchziehen durch die drey andern Eskadrons begriffen waren, giengen daher zuerst
und so geschwind als möglich über dieses Thal herüber und formirten sich, die andern drey Eskadrons
folgten und formirten sich dahinter. Zur nehmlichen
Zeit hatte die den *Schachberg* erkletternde feindliche
Infanterie sich ebenfalls gesammelt, und angefangen,
eine Linie zu formiren, hinter welcher die feindliche
Reuterey ebenfalls aufmarschirte. Um diesen ent-
scheidenden Augenblick zu benutzen, warteten unsere sich formirt habenden zwey Eskadrons die Ankunft der übrigen drey nicht erst ab, sondern giengen gerade auf den vor sich habenden Feind los,
dessen weit überlegene Kavallerie aber durch seine
Infanterie durchbrach, unsern beyden Eskadrons
entgegen rückte, ihre beyden Flügel umfafste und

hierdurch zurückwarf. Das äusserst difficile Terrain, welches hier durch den einen Arm des *Blümelsthals* und durch dessen nahe an der Stadtmauer liegenden Brücke äusserst verengt wird, nöthigte die drey hinteren Eskadrons sich an der Mauer eine kleine Strecke links wegzuziehen, allwo sie sich sogleich wieder formirten, die beyden andern Eskadrons aber wurden bey der besagten Brücke von der ganzen feindlichen Kavallerie gegen die Stadtmauer gedrängt, welches auch der zum Soutien herbeygeeilten Leibschwadron *von Borstell* begegnete, die auf der einen, so wie jene beyden Eskadrons auf der andern Seite der Brücke mit der vorgedrungenen feindlichen Reuterey im nachtheiligsten Handgemenge standen, wobey der Generalmajor *von Katt* selbst blessirt wurde. Dieses Uebel würde aber noch weit ärger geworden seyn, da das feindliche Fußvolk ihrer Reuterey im Geschwindschritt folgte, und ein Schwarm davon schon bis an das neue Thor vorgedrungen war, wenn sie nicht auf einmal durch die Manoeuvres, welche der Herzog erst auf ihre linke, und gleich darauf auf ihre rechte Flanke machen ließ, in ihrem Angriffe gestört und plötzlich zurückgeworfen wären. Der Herzog hatte nehmlich, sogleich als die auf der Chaussee anrückenden feindlichen Kolonnen sich ins *Blümelsthal* warfen, sich selbst vor das 2te Bataillon seines Regiments gesetzt und führte solches mit linksum zur Deckung der linken Flanke zwischen die Stadt und den Ursprung des *Blümelsthals*, wo so eben die Tête des Feindes ankam, und mit einer

Bataillonssalve empfangen wurde. Nach dieser Salve
rückte das Bataillon mit linksum weiter, um dem
Feinde vorzubiegen, machte sodann wieder Front
und gab ihm eine zweyte Salve, welches hiernächst
durch eine abermalige Linksrückung noch zum drit-
tenmale wiederhohlt wurde, wo dieses Bataillon dem
Feinde noch acht bis zehn Batalllonssalven zuschickte.
Die halbe reutende Batterie des Lieutenant *Hahm
des 1sten* so wie die halbe Batterie von *Wundersitz*
machten eine Linksschwenkung und beschossen den
Feind mit Kartätschen; auf ihrem linken Flügel wurden die Bataillonskanonen des 2ten Bataillons *Herzog von Braunschweig* placirt. Das 1ste Bataillon des
Regiments *Herzog* hatte sich ebenfalls in Bewegung
gesetzt, und war — um den auf die Stadtgärten zu-
dringendem Feinde zuvorzukommen — durch Gär-
ten und Zäune gebrochen, und über die hohe un-
termauerte Terrassen herab gesprungen, um zu seinem 2ten Bataillon zu stofsen, dessen Feuer es noch
mit einigen Salven unterstützte. Durch diese eben
so passende als schnelle Bewegung sahe der Feind
sich zuvorgekommen, und empfand zugleich den
Nachdruck unseres Musquetenfeuers, er ergriff daher auf dieser Seite völlig die Flucht, die sich zu
gleicher Zeit auch den bis zur Brücke und dem Neu-
thöre vorgedrungenen, mittheilte. Diese warfen
sich anfänglich in den ihnen rechts gelegenen Grund,
und schienen daselbst sogar sich von neuem formiren zu wollen, wurden aber auch hier gleich darauf
von der, bey der neuen Ziegelhütte aufgefahrnen

Artillerie des General-Lieutenants von *Courbiere* in ihrer rechten Flanke und Rücken beschossen. Dieser General hatte, wie oben erwähnt worden, das 1ste Bataillon *Schladen*, 2te *Wolframsdorf* und 1ste *Borch* nebst den Batterien *Scholten*, *Decker* und *Alkier*, wel ches die Brigade des *Prinzen von Baaden* ausmachte, auf den gleich im Anfang erhaltenen Befehl des *Herzogs* bis gegen *Pirmasens* geführt, als der von dem *Herzoge* abgeschickte Rittmeister von *Grauert* ihm entgegen kam und meldete, in welcher Lage sich alles befände. Dieser Rapport bestimmte den Generallieutenant von *Courbiere* dem Marsch der Brigade des *Prinzen von Baaden* eine andere Richtung zu geben, um die jetzt so wichtige Höhe der neuen Ziegelhütte zu gewinnen. Hier wurden sogleich einige Kanonen aufgefahren, deren erste Schüsse nach des Feindes rechten Flanke, auch auf dieser Seite sogleich die Flucht seiner Kavallerie bewirkten, deren Beyspiel die Infanterie ebenfalls bald nachfolgte. Der Herzog ließ den fliehenden Feind sogleich durch sämmtliche Kavallerie, welche in der Aktion gewesen war, verfolgen, zu welchen sich noch 2 Eskadrons des *Wolfrathschen* Husarenregiments unter den Major *Erichsen* gesellten. Auch ließ er einige Bataillons und Batterien nachrücken. Die Ermüdung der Truppen, die durch den fliehenden Feind gänzlich unbrauchbar gemachten Brücken, verhinderten, daß an diesem glänzenden Tage es den Siegern noch möglich wurde, mit dem Feinde zugleich in sein *Hornbacher* Lager einzudringen, den

Ueberrest dort zu zersprengen, seine übrigen Kanonen abzunehmen und dadurch auf eine Zeit lang von der Bühne abtreten zu machen. Der Feind hatte nach seiner eigenen Aussage 4000 Mann verlohren, 800 Todte vom Feinde wurden von uns begraben, gegen 2000 Unteroffiziers und Gemeine fielen als Gefangene in unsere Hände, so wie ebenfalls 20 Offiziers, 15 Kanonen, 2 Haubitzen und 10 Munitionswagen. Von unsern Truppen waren kaum 7000 zur Aktion gekommen, deren Verlust sich gegen 200 Mann, unter denen 6 Offiziers waren, belief.

Vollkommen hätte der Sieg allerdings werden können, wenn nicht der Feind durch eine, gegen den *Prinzen von Hohenlohe* detaschirte sehr ansehnliche Truppenmacht, demselben es unmöglich gemacht hätte, dem Herzoge zu Hülfe, dem Feinde in den Rücken oder noch früher, als der Feind selbst, in des Feindes *Hornbacher* Lager zu kommen und durch dieses Manoeuver die feindliche Armee gänzlich zu vernichten. Indefs hatte auch er den Feind glücklich zurückgeschlagen.

———

Den 20sten hatte unser Corps Ruhetag. Der General Lieutenant *von Knobelsdorff* verliefs das Corps, um zu der mit dem General-Lieutenant *Grafen von Kalkreuth* verabredeten Unterredung zu eilen, und übertrug den Oberbefehl über dasselbe dem General-Lieutenant *von Kospoth.*

Den 21sten kantonnirte das Corps in der Gegend von *Hermeskeil.* Dem Generallieutenant *von*

Knobelsdorff ward durch den Generallieutenant *von Kalkreuth* bey seiner Ankunft in *Neukirchen, Ottweiler* zur Zusammenkunft vorgeschlagen und von demselben angenommen. Auch vom Könige erhielt er folgenden Kabinettsbefehl, nach welchem derselbe, der bevorstehenden Expedition auf *St. Imbert* persönlich beywohnen zu wollen, erklärte.

Mein lieber General-Lieutenant v. Knobelsdorff!

Ich habe aus Eurem Schreiben vom 17ten ersehen, dafs Ihr nach 6 Märschen *St. Wendel* zu erreichen gedenket. Da solches den 23sten seyn wird, Ich aber den Entschlufs genommen habe, der bevorstehenden Expedition auf das Lager von *St. Imbert* persönlich beyzuwohnen, so mache ich Euch bekannt, dafs ich den 22sten von hier abgehen und den 23sten zu *Homburg* eintreffen, und den folgenden Tag an einem noch zu bestimmenden Orte, mit Euch, dem Generallieutenant *Grafen von Kalkreuth* und dem Erbprinzen v. *Hohenlohe* eine mündliche Conferenz halten werde, um die Attake genau zu verabreden und festzusetzen. Ich bin Euer wohlaffectionirter König

Hauptquartier Edinghofen,   FR. WILHELM.
den 20. Sept. 1793.

Den 22sten bezog das Corps Kantonirungen bey Neukirchen. Der Generallieutenant *von*

Knobelsdorff traf in *Ottweiler* mit dem General-Lieutenant Grafen *von Kalkreuth* zusammen, welcher Ihm
die vom Könige bestimmte Disposition mittheilte.

Disposition.

Der Generallieutenant *von Knobelsdorff* hat den
24sten bey *St. Wendel* Ruhetag, welcher seinen
Truppen, wegen der drey starken Märsche, die sie von
Trier bis dahin gehabt haben, nöthig ist. Den 25sten
bricht er auf und läfst nur bey seiner Bagage, die in
St. Wendel verbleibet ein komponirtes Bataillon
und verhältnifsmäfsige Kavallerie unter Kommando
eines Staabsoffiziers: lauter solche Leute und Pferde,
denen der Marsch sauer geworden, und denen das
weitere marschiren schwer werden würde, damit sie
ein paar Tage Zeit gewinnen, sich auszuruhen, denn
sie stehen da völlig sicher. Das Corps marschirt auf
der grofsen und guten Strafse, die von *St. Wendel*
nach *Saarbrück* geht, so weit vorwärts, als es kann,
ohne entdeckt zu werden, und kantonirt enge zusammen, so nahe hinter der Kette unserer Vorposten als möglich. Kein Lager, welches 'der Feind
von der Höhe von *Neuhaus* und dem *Roehlsberge*,
welches ohngefehr eins ist, sehen könnte. In der
Nacht vom 25sten zum 26sten bricht der General-
Lieutenant *v. Knobelsdorff* dergestallt auf, dafs er
mit dem Tage den Feind von *Neuhaus* und dem
Roehlsberge delogiren kann. Der *Roehlsberg* ist die
höchste Höhe des Landes, bis jetzt vom Feinde
nur mit 1 Bataillon, 2 Kanonen und 120 Pferden be-

setzt; die gröfste Verschwiegenheit ist nöthig, damit
er sich da nicht verstärke.

Dieser Berg ist ohngefehr der, welcher auf der
Bühnaschen Charte zwischen *Falgeling* und *Sulzbach*
angezeigt ist, nur liegt er so mehr nach *Saarbrück*
hin, dafs er *Dutweiler* schon im Rücken nimmt. Das
kleine fliegende Corps, welches Generallieutenant
Gr. Kalkreuth bisher zur Deckung des *Kellerthals* dort
gehabt, würde dem Generallieutenant *v. Knobelsdorff*
die rechte Flanke decken, und zu mehrerer Deckung
dieser Flanke von Seiten von *Saarlouis* würden die
Kaiserlichen, in dortiger Gegend unter dem Major
von Vogel stehenden Truppen gebeten, den 26ten
mit dem Tage so weit als möglich gegen *Saarlouis*
vorzurücken. Auch mit Anbruch des Tages den
26sten macht Generallieutenant *Gr. Kalkreuth* seinen
Angriff auf die feindlichen Läger bey *Dutweiler* und
St. Imbert. Zu diesem Ende detaschirt er den Obristen von *Szekeli* in zwey Kolonnen auf *Dutweiler.*
Die Kolonne rechter Hand, wozu Generallieutenant
von Knobelsdorff die Truppen giebt, besteht in zwey
Bataillons und drey Eskadrons. Hiervon bleibt ein
halb Bataillon mit zwey Kanonen auf der *Bildstocker*
Höhe als Soutien stehen. Der Rest geht über die
Glashütte von *Sulzbach* auf *Dutweiler,* und mufs auf
dieser Seite von *Dutweiler* zu eben der Zeit eintref-
fen, wenn der Obrist *von Szekeli* auf jene Seite des
Ravins mit seinem durch das Grenadier-Bataillon von
Vittinghoff verstärkten Corps zur Attake des feind-

lichen Lagers bey *Duttweiler* eintrifft. Er marschirt
über den *Neuweiler* Hof dahin, ihm folgt der Generalmajor *von Vittinghof* mit seinem Regiment,
nebst etwas Artillerie und Kavallerie, und marschirt
so weit vorwärts, bis er die Strafse von *Saarbrück*
auf *St. Imbert* erreicht hat. Alsdenn macht er Front
formirt seine Bataillons zur Attake und avancirt dergestallt gegen die, auf dieser Strafse von *Saarbrück*
vor *St. Imbert* angelegte Schanze, dafs er solche
umzingelt und überwältigt. Sobald solches geschehen, läfst der General die Schanze, wenn es nöthig,
mit etwas besetzen, geht durch *St. Imbert*
durch, und unterstützt die Hauptattake durch
Deckung der rechten Flanke. Dadurch, dafs diese
beyden Kolonnen die des Obristen *Szekeli* und die
des Generalmajor *von Vittinghoff* in der Nacht so weit
vorgehen, dafs sie beyde die von *Saarbrück* auf *St.
Imbert* gehende Strafse erreichen, der eine alsdenn
nach *Duttweiler*, der andere nach *St. Imbert* marschirt, decken sie sich respective den Rücken und
Obrist *von Szekeli* sorgt dafür, dafs durch seine Kavallerie sowohl seine linke, als die rechte Flanke
des Generalmajor *von Vittinghoff* gedeckt werde.
Sobald der Generallieutenant *von Knobelsdorff*
sich der Anhöhe von *Neuhaus* und des *Roehlsberges*
bemächtiget hat, detaschirt er, so viel er missen
kann, auf *Duttweiler*, um diese Attake zu verstärken. Auf der Anhöhe hinter der *Spieser Mühle* bleibt
1 Bataillon Infanterie mit einem 12pfündner und
zwey Mortiers; auf der Anhöhe von *Spiessen* eben-

falls 1 Bataillon, und auf beyden Posten zwey Eskadrons; alles unter Befehl des Generalmajors *von
Gersdorf.* Diese drey Piecen hinter der *Spieser*
Mühle dienen dazu, die Batterie von 3 Piecen,
welche der Feind vor dem Walde, die *Aue* genannt,
bey seinen Vorposten in der Ebene halb eingeschnitten hat, zum Schweigen zu bringen, damit der Generalmajor *von Köhler* mit seinen 3 Bataillons und
seinen Eskadrons bey *Rohrbach* debouchiren, und
die Aue eben so attakiren und emportiren könne,
wie es der Generallieutenant *von Kalkreuth* am 17ten
August gemacht.

In dieser Stellung bleibt Generalmajor *v. Gersdorf* so lange, bis er die völlige Gewifsheit hat, dafs
der Feind in die Flucht geschlagen, und das sie-
gende Corps ihn weiter als den Posten von *St. Imbert* verfolgt. Sobald er aber solches gewifs weifs,
rückt er ohne weitere Ordre zu erhalten, in den
Posten von *St. Imbert* vor und besetzt solchen, wo
er alsdann weitere Befehle erwartet. Bey den Bataillons auf der Anhöhe von *Spiesen* und verhältnifsmäfsig bey dem halben Bataillon auf der *Bildstocker*
Höhe bleiben alle Generals und Kommandeurs-
Chaisen, Regiments-Chirurgi, Wagen, die nicht
sichtbar seyn müssen, und verhältnifsmäfsig so viel
Bauernwagens, als für die etwanigen blefsirten nöthig seyn könnten. Alle Bagage unter Bedeckung
der Maroden und unter Kommando eines Staabsoffiziers bleibt im Lager gepackt und aufgefahren.

Der Sächsische reserve 4pfündner bleibt dabey und kommt erst nach, wenn der Befehl dazu den folgenden Tag gegeben werden sollte. Die Packpferde halten sich bereit, auf den ersten Wink nachzukommen. Mit den übrigen 6 Bataillons, als drey *Crusatz*, drey Sächsische Truppen, und 6 Eskadrons Sächsische Kavallerie unter Befehl des Generallieutenants *von Lindt* und des Generalmajors *von Wägner* und *von Bomsdorf* marschirt der Generallieutenant *von Kalkreuth* den Weg über *Spiesen* nach *St. Imbert* auf die bewußte Anhöhe, wo die Artillerie so auffährt, daß sie mit dem Tage placirt ist. Hier formirt der Generallieutenant *von Lindt* die Bataillons zur Attake *en echelon*, um nach den Umständen von einem der Flügel *oder* aus der Mitte zu attakiren.

Die Kavallerie deckt, wie gewöhnlich, debordirend die Attaque ihres *Echelons*. Mit dem Tage und ohngefehr, wenn der Generalmajor *von Vittinghoff* zu seiner Attake heran ist, und der Generalmajor *von Köhler* den Feind aus dem Delilés bey *Rohrbach* jagt, fängt das superieure Feuer der großen Batterie an, wo an 26 Piesen zusammen kommen. Unter Protection dieses Feuers geht die *Echelon-Attake* so an, daß sie bey der Schanze um die Zeit eintreffen, wenn die attakirende Infanterie des Generalmajors *von Köhler* durch die *Aue* seyn kann, und Generalmajor *von Vittinghoff* beschäftigt ist, die Schanze vor *St. Imbert* zu überwältigen. Flieht der

Feind

Feind in Unordnung, wie es zu vermuthen, wird so
die Flucht benutzt, der Generallieutenant *Graf von
Kalkreuth* sucht, solchen verfolgend, die Höhe von
Ensheim zu gewinnen; wirft sich aber der Feind mit
Unordnung in das hinter seinem Posten liegende
waldigte Gebürge, der *Schafskopf* genannt, so fahren die Wurfbatterien sogleich bey der ohne Zweifel eroberten Schanze auf, und delogiren ihn durch
Bomben- und Granadenfeuer. Unterdessen behält
Generalmajor *von Köhler* die *Aue* und *Rohrbach* besetzt
und seine Kavallerie zwischen beyden aufmarschirt.

Generallieutenant *von Lindt* besetzt die eroberte Schanze und das Terrain zwischen der *Aue* und
St. Imbert, wo sich auf dem rechten Flügel der Generalmajor *von Vittinghoff* anschließt.

Sobald *Dutweiler* erobert ist, so nimmt General-
Lieutenant *v. Knobelsdorff* seine Stellung so, daß er
Meister aller Zugänge bleibt, und dadurch allen
Succurs abhält, der von *Saarbrück* kommen könnte.

Sollte aber der Feind die Contenance dergestalt
verliehren, daß er die Anhöhen diesseits der *Saar*
verließe, als den *Homberg*, *Schwarzenberg*, *Esch-
berg*, *Caninchenberg*, *Halberg* u. s. w., so besetzt sie
der General-Lieutenant *von Knobelsdorff*, in so fern
sie unter keinem dominirenden Kanonenfeuer der
jenseitigen Anhöhen des feindlichen Lagers auf dem
Winterberge liegen, er besetzt ebenfalls den *Lud-
wigsberg* mit einem Vorposten, und könnte General-Lieutenant *von Knobelsdorff* alsdenn von einer
seiner Anhöhen den Feind mit Batteriefeuer aus

Saarbrück vertreiben, so geschieht es, und der Theil von *Saarbrück* diesseits der *Saar*, *St. Johann* genannt, wird als Vorposten behandelt.

Nachdem *Duttweiler* erobert ist, läfst der Obrist *von Szekely* die vom General-Lieutenant *v. Knobelsdorff* geliehene Kolonne zu desselben Disposition allda zurück, und marschirt, die Communication mit dem General-Lieutenant *v. Knobelsdorf* über die Höhe von *Scheidt*, und wo die Kette der Vorposten sonst nöthig seyn wird, beybehaltend, auf *Fechingen*, doch dem Corps des Generallieutenant *Graf von Kalkreuth* immer aportée, so dafs sie nichts trennt und dermafsen, dafs, hätte der Feind den *Schafskopf* und die Anhöhen von *Ensheim* nicht verlassen, der Obrist *von Szekely* durch kräftige Demonstrations in desselben linke Flanke, solchen an dem Tage noch dazu zwingt, und sobald es geschehen, eilt er durch vorpoufsirte Truppen, das wichtige Magazin von *Sargemünde* zu nehmen oder wenigstens zu bedrohen. Alle Gefangene werden mit so wenig Eskorte als möglich, damit vorne nicht so viel Leute fehlen, an die hinterwärts postirten Bataillons zum weitern Transport ins Lager abgeliefert, und die Eskortirenden gehen gleich wieder zu ihren Bataillons und Eskadrons zurück. Der Erbprinz *v. Hohenlohe* ängstiget die Communication des Feindes zwischen *Rohrbach* und *Bliescastel*, um dem Generalmajor *von Köhler* die linke Flanke und den Rücken zu decken, und damit vor *Bliescastel* nichts über *Hasselt* nach *St. Imbert* zu Hülfe komme, bedroht er mit einem bereit stehenden Corps das Lager von *Bliescastel*, um desselben Aufmerksamkeit auf sich zu ziehn, bereit, es zu besetzen, sobald es verlassen wird und auch Truppen gegen das Magazin von *Saargemünde* vorzuschicken. General-Lieutenant *Graf von Kalkreuth* bleibt die Nacht auf den Höhen von *Ensheim* unter dem Gewehr, detaschirt so viel Truppen als es die Umstände zulassen vor, dem Lager von *Bliescastel* im Rücken, und nachdem er den folgenden Tag auf den Höhen von *Ensheim* so viel stehen lassen, als die Sicherheit der Communication mit dem Generallieutenant v. *Knobelsdorff* erfordert, marschirt derselbe nach der mit dem Erbprinzen v. *Hohenlohe* zu nehmenden Abrede dahin, wo er desselben Angriff auf das Lager von *Bliescastel*, falls es nicht wie zu vermuthen, vom Feinde in der Nacht verlassen würde, am besten secundiren kann.

Nach gehaltener Abrede kehrte der Generallieutenant *von Knobelsdorff* nach *St. Wendel* und Generallieutenant *Graf von Kalkreuth* nach *Wiebelskirchen* zurück,

---

Nachricl...

Das zu diesem Bande gehörige Titelkupfer wird
bei Ablieferung des vierten Theils, der auch nächj
stens erfolgen soll, nachgeliefert.

Verbesserungen zum dritten Theile.

Seite 228 Zeile 22 statt Zweybrücker lies Zweybrücken,
— 229 — 25 - Schmalze l. Schmelze.
— 238 — 11 - meiner l. einer.
— 238 — 12 - nun l. and.
— 238 — 18 - and l. um.
— 246 — 21 - nach Holländischen setze Truppen hinzu.
— 248 — 25 - Bougheller l. Bourghelle,
— 253 — 14 - welchen l. welcher.
— 257 — 8 - clusive l. exclusive.
— 259 — 1 - Rataillons l. Bataillons,
— 274 — — - Norde l. Nord.
— 275 — - Commune et Arcis l. Commune et Arcis,
— 275. u. 276. - Aise l. Aisne.
— 303 — 10 - cotés l. cotes.
— 308 — 20 - attaqnes l. attaqués.
— 334 — 13 - den l. dem.